500 Übungen
FRANZÖSISCH

Das große Grammatik- und Wortschatztraining

PONS
500 Übungen
FRANZÖSISCH

Das große Grammatik- und Wortschatztraining

von Isabelle Langenbach

5. Auflage 2026

Projektleitung Majka Dischler
Logoentwurf: Erwin Poell, Heidelberg
Logoüberarbeitung: Sabine Redlin, Ludwigsburg
Einbandgestaltung: Mariela Schwerdt, Design & Feinschliff Studio
Layout: PONS Langenscheidt GmbH, Stuttgart
Satz: Digraf.pl - dtp services
Druck und Bindung: Multiprint Ltd., Kostinbrod

ISBN: 978-3-12-562302-6

Willkommen

Mit den **500 Übungen FRANZÖSISCH** können Sie Ihre Grammatikkenntnisse und Ihren Wortschatz trainieren, festigen oder auffrischen. Lernen Sie spielerisch leicht mit abwechslungsreichen Grammatik- und Wortschatz-Übungen. Dabei erfahren Sie auch viel Wissenswertes zu den Themen, die Sie üben möchten.

Von leicht bis schwer

Die Übungen sind inhaltlich nach Themen sortiert, damit Sie gezielt nach Ihren persönlichen Bedürfnissen üben können. Zu jedem Thema stehen Ihnen Übungen in drei Schwierigkeitsstufen zur Verfügung:

★ = leicht

★★ = mittelschwer

★★★ = schwer

Erweitern Sie nebenbei Ihre Sprachkenntnisse

Zahlreiche Tipps weisen Sie auf wichtige Ausnahmen, Stolperfallen, typische Fehler und schwierige Regeln hin und helfen Ihnen bei der Lösung einer Übung.

! = Infos zu Ausnahmen und Stolperfallen

= weiterführende Erklärungen

ABC = Angaben zum Wortschatz

§ = Angaben zur Grammatik

= Hinweise zu Aussprache und Betonung

So überprüfen Sie Ihren Lernfortschritt

Mithilfe der **Lösungen** im Lösungsteil können Sie Ihren Lernfortschritt überprüfen. Übungen, in denen Sie noch nicht ganz fehlerfrei waren, wiederholen Sie einfach nach einiger Zeit.

Setzen Sie vorne im **Inhaltsverzeichnis** einen Haken hinter alle Themen, die Sie erledigt haben. So können Sie auf einen Blick sehen, wie viel Sie schon trainiert haben.

Unbekannte Wörter? Kein Problem!

Alle wichtigen Wörter und Wendungen aus den Übungen können Sie im französisch-deutschen **Wortverzeichnis** im Anhang nachschlagen.

Viel Spaß und Erfolg beim Üben!

Ihre PONS-Redaktion

TEIL 1 GRAMMATIK-ÜBUNGEN

TEIL 2 WORTSCHATZ-ÜBUNGEN

ANHANG

1 GRAMMATIK

§

Mit den Grammatik-Übungen können Sie in kleinen Portionen und wo immer Sie möchten Ihre Grammatikkenntnisse trainieren und festigen oder auffrischen.

2

Grammatikbegriffe in der Übersicht

Französisch	Fachausdruck	Umgangssprachlich
Adjectif	Adjektiv	Eigenschaftswort
Adverbe	Adverb	Umstandswort
Article	Artikel	Geschlechtswort
Comparatif	Komparativ	1. Steigerungsstufe
Conditionnel	Konditional	Bedingungsform
Conjonction	Konjunktion	Bindewort
Futur	Futur	Zukunft
Futur composé/proche	-	„nahe" Zukunft
Futur I/simple	-	„einfache" Zukunft
Imparfait	Imperfekt	Vergangenheit
Impératif	Imperativ	Befehlsform
Indicatif	Indikativ	Wirklichkeitsform
Infinitif	Infinitiv	Grundform
Nom	Substantiv	Hauptwort
Participe passé	Partizip Perfekt	Mittelwort der Vergangenheit
Passé composé	Perfekt	Vollendete Gegenwart
Passé simple	-	literarische Erzählvergangenheit
Passif	Passiv	Vorgangsform des Verbs
Pluriel	Plural	Mehrzahl
Plus-que-parfait	Plusquamperfekt	Vorvergangenheit
Préposition	Präposition	Verhältniswort
Présent	Präsens	Gegenwart
Pronom	Pronomen	Fürwort
Pronom démonstratif	Demonstrativpronomen	Hinweisendes Fürwort
Pronom indéfini	Indefinitpronomen	Unbestimmtes Fürwort
Pronom interrogatif	Interrogativpronomen	Fragefürwort
Pronom personnel	Personalpronomen	Persönliches Fürwort
Pronom possessif	Possessivpronomen	Besitzanzeigendes Fürwort
Pronom réfléchi	Reflexivpronomen	Rückbezügliches Fürwort
Pronom relatif	Relativpronomen	Bezügliches Fürwort
Singulier	Singular	Einzahl
Subjonctif	Konjunktiv	Möglichkeitsform
Superlatif	Superlativ	2. Steigerungsstufe
Verbe	Verb	Tätigkeitswort

DER ARTIKEL

Der bestimmte Artikel

1 ★ Ergänzen Sie die Lücken mit dem korrekten bestimmten Artikel **le, la, l'** oder **les**.

a) ______ chat dort dans son panier.

b) Madame Martin met ses courses dans ______ voiture.

c) J'adore ______ enfants.

d) Le cours de philosophie a lieu dans ______ amphithéâtre.

e) Pour aller plus vite, ils prennent ______ autoroute.

f) Mon mari a choisi ______ pantalon blanc.

g) Son voisin prend ______ train tous ______ matins.

Nicht alle französischen Substantive haben den gleichen Artikel im Französischen wie im Deutschen: **le soleil** - *die Sonne*, **la lune** - *der Mond!*

2 ★ Welche Länder sind im Französischen weiblich, welche männlich? Ergänzen Sie die Tabelle.

Maroc • France • Suisse • Danemark • Italie • Norvège • Allemagne • Kenya • Espagne • Portugal • Sénégal • Canada

a) männlich: **le, l'**	**b)** weiblich: **la, l'**

3 ★★

Einige Substantive, die mit h beginnen, benötigen den bestimmten Artikel le oder la, einige immer l'. Wissen Sie welche? Ergänzen Sie.

a) Je n'aime pas dormir à ______ hôtel.

b) Tu es ______ héros de la journée.

c) Vous parlez ______ hollandais ?

d) Elle déteste ______ hareng.

e) Ils ont conduit le blessé à ______ hôpital.

f) Je n'ai pas ______ habitude de me lever tôt.

g) ______ hold-up a été commis hier après-midi.

h) Elle s'intéresse beaucoup à ______ Histoire de France.

i) Au lac, nous nous sommes allongés sur ______ herbe.

Bei den Substantiven mit **h**, die von **l'** begleitet werden, wird im Plural die Liaison verwendet: **les habits** [z], bei den anderen nicht: **les** [-] **haricots** [∅].

4 ★★

Entscheiden Sie, welche der beiden Formen richtig ist.

a) Elle ne pense qu'**au/à la** travail.

b) Je vais **à la/à l'**école.

c) Tu veux **de la/du** confiture ?

d) Moi, je prends **du/de la** miel.

e) Nous parlons **de la/des** vacances.

f) Il raconte une histoire **des/aux** enfants.

g) Je parle **de la/du** film d'hier.

h) Vous venez **à la/au** bal ce soir ?

i) Donne-moi **de la/de l'**eau, s'il te plaît.

j) Ma femme travaille **au/à la** mairie.

k) Tu as entendu parler **de la/du** nouveau film avec Juliette Binoche ?

l) Pense **aux/des** enfants qu'il faut aller chercher !

Der bestimmte Artikel wird auch oft in festen Redewendungen benutzt. Können Sie folgende Sätze mit dem richtigen Artikel ergänzen?

a) _______ chancelière Angela Merkel a fait un voyage officiel en France.

b) Nous sommes en vacances chez nos amis, _______ Dupont.

c) Ma grand-mère a consulté _______ docteur Giroud.

d) J'aime _______ viande, mais je n'aime pas _______ poisson.

e) Frédéric habite dans _______ Vosges, Patrice dans _______ Périgord.

f) _______ lundi, beaucoup de magasins sont fermés en France.

g) Aujourd'hui, nous sommes _______ vendredi 12 juillet.

h) Ma fille adore _______ lait et tous _______ produits laitiers.

i) _______ tomates sont très bonnes pour la santé.

j) Dans mon cours _______ mardi, j'apprends _______ anglais.

k) Son fils a _______ yeux bleus et _______ cheveux blonds.

l) Où sont _______ jouets des enfants ?

m) _______ argent ne fait pas _______ bonheur.

Der unbestimmte Artikel

6 ★

Setzen Sie **un**, **une** oder **des** ein.

a) ______ homme
b) ______ femme
c) ______ gens
d) ______ lunettes
e) ______ manteau
f) ______ robe
g) ______ pulls
h) ______ exposition
i) ______ musée
j) ______ soldes
k) ______ vache
l) ______ cheval
m) ______ animaux
n) ______ maison

Im Deutschen hat der unbestimmte Artikel keine Pluralform. Er wird nicht übersetzt: **des livres** – *Bücher.*

7 ★★

Ordnen Sie die Sätze so zu, dass sie einen Sinn ergeben.

a) Je prends
b) Babette a deux enfants,
c) Nous avons vu
d) Elle va faire
e) Vous irez
f) Elle essaie
g) Attendez
h) Un chat noir,

___ A dans un hôtel ?
___ B un film génial hier soir.
___ C des courses au marché.
___ D des bottes en 38.
___ E un garçon et une fille.
___ F un instant, s'il vous plaît.
___ G un menu et une boisson.
___ H attention !

Lernen Sie Verben, wenn möglich, nicht alleine, sondern im Kontext:

prendre un verre – *etwas trinken*
avoir une raison – *einen Grund haben*
faire des courses – *einkaufen*
avoir raison – *Recht haben.*

8 ★★

Übersetzen Sie folgende Sätze ins Französische.

a) *Mein Freund erzählt mir Geschichten.*

____

b) *Sie möchte ein Auto kaufen.*

____

c) *Wir sehen uns Fotos an.*

____

d) *Ich habe einen Bruder und eine Schwester.*

____

e) *Er verbringt einen Monat in den Bergen.*

____

f) *Ich kaufe mir ein Kleid und Schuhe.*

____

g) *Ich trinke einen Kaffee mit einem Freund.*

____

h) *Sie möchte gerne eine Auskunft haben.*

____

9 ★★

Kreuzen Sie an, ob ein Artikel eingesetzt werden soll. Und wenn ja, welcher?

a) Je prends _______ menu du jour.

☐ **A** ∅ ☐ **B** le ☐ **C** un

b) Ils regardent _______ documentaire sur les animaux.

☐ **A** ∅ ☐ **B** le ☐ **C** un

c) Après le sport, on a toujours _______ soif.

☐ **A** ∅ ☐ **B** la ☐ **C** une

d) Vous prendrez _______ verre d'eau ?

☐ **A** ∅ ☐ **B** le ☐ **C** un

e) Mon copain a _______ raison, je dois vraiment me dépêcher.

☐ **A** ∅ ☐ **B** la ☐ **C** une

f) J'adore regarder _______ télévision.

☐ **A** ∅ ☐ **B** une ☐ **C** la

10 ★★★

Ordnen Sie die Redewendungen den Definitionen zu.

a) ne tenir qu'à un fil	___	**A** être en danger
b) être une fine bouche	___	**B** pleurer
c) un beau jour	___	**C** une fois
d) faire un tour	___	**D** se moquer de quelqu'un
e) verser des larmes	___	**E** avoir une idée
f) jouer un tour à quelqu'un	___	**F** aller se promener
g) être sur une piste	___	**G** aimer manger des bonnes choses

Teilungsartikel und Mengenangaben

11 ★

Von welchem Teilungsartikel werden diese Substantive begleitet?

café • eau • œufs • confiture • pain • tomates • miel • jus d'orange • farine • croissants • huile • soupe • ail • oignons • orangeade • basilic • margarine • olives • omelette • moutarde

a) du	**b)** de la	**c)** de l'	**d)** des

12 ★

Ergänzen Sie die Lücken mit dem richtigen Teilungsartikel.

a) Au petit-déjeuner, Richard boit ________ thé.

b) Nadège achète ________ boissons : ________ vin, ________ limonade, ________ eau minérale et ________ coca.

c) Au marché, ils vendent ________ viande, ________ poisson et ________ fruits de mer, ________ fruits et légumes, ________ produits laitiers et ________ fleurs.

d) Pour faire des crêpes, il faut ________ farine, ________ lait, ________ œufs, ________ huile et ________ sucre.

e) En entrée, je prends ________ salade, comme plat principal ________ poulet et ________ frites et en dessert ________ mousse au chocolat.

13 ★★

Für die meisten Mengenangaben brauchen Sie den Teilungsartikel. Einige Redewendungen werden jedoch mit **de** gebildet. Ordnen Sie zu. Jedes Wort darf nur einmal verwendet werden.

a) une bouteille	___	A	de vin
b) un litre	___	B	de farine
c) un pot	___	C	d'œufs
d) une douzaine	___	D	de carottes
e) un kilo	___	E	de lait
f) un paquet	___	F	de jambon
g) une tranche	___	G	de conserve
h) une boîte	___	H	de confiture
i) une tonne	___	I	d'embouteillages
j) un kilomètre	___	J	de sable

14 ★★

Welche von beiden Formen ist richtig? Kreisen Sie ein.

a) Je ne bois pas **de l'/d'**alcool.

b) Il n'y a plus **d'/de l'**eau gazeuse !

c) Heureusement, il y encore **de/du** jus de pomme.

d) Non, merci, pour moi pas **du/de** dessert.

e) Il ne fume jamais **des/de** cigares.

f) Il nous faut encore **des/de** pommes de terre.

g) Il ne te reste vraiment plus **de l'/d'**argent ?

h) Ne prends plus **du/de** gâteau !

i) Ce couple n'a pas **des/d'**enfants.

j) J'ai besoin **de/d'**un conseil.

!

Achten Sie darauf, dass der Teilungsartikel bei der Verneinung immer zu **de** wird:

Je prends du sucre. – *Ich nehme Zucker.*
Je ne prends pas de sucre. – *Ich nehme keinen Zucker.*

15 ★★★

Ergänzen Sie die Sätze mit **de, d', du, de la, de l'** oder **des.**

a) Pour la rentrée scolaire, il vous faut _______ livres, _______ cahiers et _______ stylos.

b) J'ai beaucoup _______ travail, je dois faire _______ heures supplémentaires tous les jours.

c) Les Roy n'ont plus _______ argent, ils ont tout dépensé.

d) Mon beau-frère a pris _______ poids car il mange beaucoup trop gras et trop sucré.

e) Buvez beaucoup _______ eau et faites surtout _______ sport, m'a conseillé le médecin.

f) J'ai décidé de faire ____________ gymnastique et ____________ natation pour rester en forme.

g) Ma mère a assez _______ soucis comme ça, laissez-la tranquille !

h) Je suis si fatigué que j'ai absolument besoin _______ vacances : il me faudrait _______ soleil, _______ sable fin, une chaise longue et une glace. Ce serait le rêve !

DAS SUBSTANTIV

Geschlecht

Sehen Sie sich die Bilder an und schreiben Sie den passenden Begriff mit dem bestimmten Artikel.

a) ______________ b) ______________ c) ______________

d) ______________ e) ______________ f) ______________

Da man das Geschlecht der Substantive oft nur am Artikel erkennen kann, empfiehlt es sich, den Artikel und das Substantiv immer gleichzeitig zu lernen.

Die männliche und die weibliche Form dieser Substantive sind identisch. Können Sie sie in der Wortschlange finden?

secrétairemédecinjournalisteenfantphotographeélève
professeuringénieur

____

18 ★★

Wie lautet die weibliche Form des jeweiligen männlichen Substantivs?

a) un ami ______________________

b) un boucher ______________________

c) un vendeur ______________________

d) le voisin ______________________

e) le prince ______________________

f) un instituteur ______________________

g) l'Italien ______________________

h) le dentiste ______________________

19 ★★

Die männliche und die weibliche Form mancher Substantive sind völlig unterschiedlich. Was passt zusammen? Verbinden Sie.

a) un homme ___ **A** une dame

b) un frère ___ **B** une femme

c) un coq ___ **C** une fille

d) un oncle ___ **D** une sœur

e) un garçon ___ **E** une tante

f) un monsieur ___ **F** une nièce

g) un neveu ___ **G** une poule

!

Deutsche Substantive haben im Französischen manchmal ein anderes Geschlecht:

la mort – *der Tod*
la lune – *der Mond*
le vase – *die Vase*
le soleil – *die Sonne*

20 ★★★ Oft kann man das Geschlecht des Substantivs anhand der Endung bestimmen. Unterstreichen Sie den richtigen Begleiter.

a) Je cherche un mot dans **le/la** dictionnaire.

b) J'adore faire **un/une** promenade.

c) Il travaille dans **un/une** bureau.

d) Il a dû aller dans **un/une** hôpital.

e) C'est très bon pour **le/la** santé !

f) Elle a trouvé **un/une** nouvel ordinateur.

g) Je ne comprends pas **le/la** question.

h) Elle achète de la crème pour **le/la** visage.

i) Je prends deux croissants et **un/une** baguette.

j) Mon café le matin, c'est **un/une** habitude !

21 ★★★ Bestimmen Sie, welche Substantive männlich und welche weiblich sind.

lundi ▪ France ▪ printemps ▪ nord ▪ Italie ▪ Loire ▪ Rhône ▪ médecine ▪ sapin ▪ argent ▪ aluminium ▪ train ▪ voiture ▪ avion ▪ géographie ▪ Renault

a) männlich	**b)** weiblich

Pluralbildung

22 ★ Setzen Sie folgende Wörter in den Plural.

a) un chien des ______

b) une voiture des ______

c) un enfant des ______

d) un emploi des ______

e) une Française des ______

f) un jardin des ______

g) une fille des ______

h) un enfant des ______

23 ★ Ergänzen Sie die Pluralformen der Substantive.

a) le tuyau ______

b) un bateau ______

c) le cheveu ______

d) un noyau ______

e) un lieu ______

f) le gâteau ______

g) un dieu ______

h) un château ______

i) le jeu ______

j) un oiseau ______

k) un neveu ______

l) le cadeau ______

! Die meisten Substantive bilden den Plural mit **-s,** andere aber mit **-x**. Merken Sie sich die Endungen aus der Übung, diese werden bis auf ein paar Ausnahmen alle mit **-x** gebildet!

24 ★★ Ergänzen Sie die Lücken mit der richtigen Pluralendung.

a) J'ai des trou____ dans mes chaussettes.

b) En tombant, il s'est fait mal aux genou____.

c) Lucas fait sans arrêt des bisou____ au chat.

d) Son mari lui a offert des bijou____ pour leur anniversaire de mariage.

e) Tous les enfants de la maternelle ont des pou____.

f) En hiver, on fait souvent de la soupe aux chou____.

g) Ce sont tous des fou____, ces Romains !

h) Les enfants se pendaient toujours aux cou____ de leurs mères.

i) Avec son frère, il lançait des caillou____ dans l'eau.

25 ★★ Erkennen Sie die Singularform dieser Substantive? Ergänzen Sie.

a) les animaux — l' ____________________

b) les journaux — le ____________________

c) des bocaux — un ____________________

d) des travaux — un ____________________

e) des prix — un ____________________

f) les nez — le ____________________

g) les bois — le ____________________

h) les gaz — le ____________________

i) les maux — le ____________________

26 ★★★

Vervollständigen diese Sätze mit dem richtigen Substantiv. Kreuzen Sie an.

a) Ce matin, je me suis fait couper les ______________.

- ☐ **A** chevaux
- ☐ **B** cheveu
- ☐ **C** cheveux

b) Pourquoi mets tu des lunettes ? Tu as mal aux ______________ ?

- ☐ **A** yeux
- ☐ **B** cieux
- ☐ **C** œufs

c) Lila prend des ______________ de maths le mercredi.

- ☐ **A** courses
- ☐ **B** cours
- ☐ **C** courts

d) Mon père va tous les jours à la boulangerie pour acheter du ______.

- ☐ **A** pont
- ☐ **B** pain
- ☐ **C** peint

27 ★★★

Verbinden Sie die Satzteile, so dass die Sätze einen Sinn ergeben.

a) Pour lire, elle met	___	**A** c'est dans les environs.
b) Pardon, où sont	___	**B** des lunettes.
c) Je coupe la feuille	___	**C** il y avait beaucoup de gens.
d) Ce n'est pas loin,	___	**D** les toilettes, s'il vous plaît ?
e) Franck déteste	___	**E** avec des ciseaux.
f) Au cinéma,	___	**F** les épinards.
g) Ils ont fêté	___	**G** en vacances.
h) Les Roy ne partent pas souvent	___	**H** leurs fiançailles.

!

Eigennamen sind unveränderlich, auch wenn sie hinter einem Artikel im Plural stehen: **les Dupont**, **les Renoir**.

DAS ADJEKTIV

Formen

28 ★

Ordnen Sie die Adjektive den entsprechenden Substantiven zu.

a) l'importance ____ **A** chaud
b) la profondeur ____ **B** important
c) la chaleur ____ **C** léger
d) l'intelligence ____ **D** profond
e) la direction ____ **E** intelligent
f) la légèreté ____ **F** direct

29 ★

Bilden Sie die weibliche und die Pluralformen der Adjektive wie im Beispiel.

männlich Singular	weiblich Singular	männlich Plural	weiblich Plural
a) petit	*petite*	*petits*	*petites*
b) mauvais			
c) bon			
d) grand			
e) difficile			
f) riche			
g) pauvre			
h) intéressant			

!

Die Adjektive **sympa** *nett* und **chic** *schick* werden nicht im Geschlecht, sondern nur in der Zahl angeglichen:

un garçon sympa, une fille chic – *ein netter Junge, ein schickes Mädchen*
des enfants sympas, des femmes chics – *nette Kinder, schicke Frauen.*

Entscheiden Sie, welche Form richtig ist.

a) Elle a mangé une salade **grec/grecque**.

b) Sa femme est toujours **jalouse/jaloux**.

c) Ce sont des gens très **amicaux/amicales**.

d) J'aime beaucoup sa **doux/douce** voix.

e) C'est un très **mauvais/mauvaise** acteur.

f) Cette idée n'est pas vraiment **nouveau/nouvelle**.

g) Cette route est **dangereux/dangereuse**.

h) Je n'ai qu'une petite valise très **légère/léger**.

Ergänzen Sie den Satz mit der passenden Form des in Klammern angegebenen Adjektivs.

a) Elle est partie se promener avec sa ____________ sœur dans la forêt de Compiègne. (petit)

b) À Brest, je mange toujours des galettes ____________ et je bois du cidre ! (breton)

c) Les apparences sont ____________, rien n'est comme il le paraît. (trompeur)

d) Vous m'avez fait une ____________ peur ! (gros)

e) Par cette chaleur, je boirais bien un grand verre d'eau bien ____________. (frais)

f) Tous les résultats sont ____________ ! (faux)

g) En ville, Simon s'est acheté des chaussures ____________ et ____________. (noir, blanc)

Besondere Adjektive

32 ★ Ergänzen Sie die Tabelle mit den richtigen Formen dieser besonderen Adjektive.

a) vieux	**b)** beau
un ______ monsieur	un ______ garçon
un ______ homme	un ______ enfant
une ______ femme	une ______ fille
des ______ bâtiments	des ______ voisins
des ______ robes	des ______ fleurs

33 ★★ Sie schreiben eine E-Mail. Wählen Sie die richtigen Adjektivformen aus.

nouvelle • beau • belles • bel • nouveau • vieille • Nouvel

Salut Estelle !

Je t'écris une ______ **(a)** fois pour te parler de nos vacances. Patrick et moi habitons ici dans un ______ **(b)** appartement dans un quartier de la ______ ville **(c)**. Comme il fait très ______ **(d)**, nous sommes souvent dehors et faisons de ______ **(e)** excursions. Nous avons découvert un super restaurant, il est tout ______ **(f)** ! Je suis pressée de te revoir au ______ **(g)** An !

À bientôt ! Sarah

34 ★★★

Übersetzen Sie ins Deutsche anhand der Farbadjektive und achten Sie dabei auf deren Besonderheiten.

bleu clair • vert foncé • blanc • jaune • orange • rouge

a) *eine rote Hose* ____________________

b) *ein hellblauer Pullover* ____________________

c) *eine dunkelgrüne Jacke* ____________________

d) *weiße Socken* ____________________

e) *eine gelbe Brille* ____________________

f) *orange Schuhe* ____________________

!

Farbadjektive bleiben unveränderlich, wenn sie aus einem Substantiv stammen - **olive** *(olivefarben)*, **marron** *(braun)* - oder wenn sie aus mehreren Wörtern bestehen - **rose clair** *(hellrosa)*, **bleu marine** *(marineblau)*.

35 ★★★

Ergänzen Sie, wenn es nötig ist, mit der richtigen Pluralendung.

a) Ils partent en vacances avec leurs grand_____-parents.

b) Mon train part dans une demi_____-heure.

c) L'infirmière travaille dans le service des nouveau_____-nés.

d) C'est très calme aujourd'hui, je n'ai pas grand_____-chose à faire.

e) Le mois prochain, il y a une conférence sur les pays sous-développé_____.

f) Les relations franco_____-allemande_____ sont le moteur de l'Europe.

g) Le meeting devrait durer environ une heure et demi_____.

Stellung

36 ★

Verbinden Sie die Satzteile, so dass es einen Sinn ergibt.

a) une haute ___ **A** froide
b) des feuilles ___ **B** secs
c) un beau ___ **C** montagne
d) une douche ___ **D** tableau
e) une mauvaise ___ **E** mortes
f) des fruits ___ **F** mauvais
g) avoir un air ___ **G** nouvelle
h) du vin ___ **H** extérieure
i) une porte ___ **I** enfant
j) un bel ___ **J** rosé

Die meisten kurzen Adjektive werden dem Substantiv nachgestellt. Einige häufig verwendete Adjektive werden dennoch vorangestellt: **bon** *(gut)*, **beau** *(schön)*, **grand** *(groß)*, **petit** *(klein)*, **nouveau** *(neu)*, **vieux** *(alt)*, **mauvais** *(schlecht)*, **gros** *(dick)*.

37 ★★

Bringen Sie die Sätze in die richtige Reihenfolge.

a) Christine | rideaux | des | neufs | achète

____

b) rouge | blanc, | bleu, | Le | français | drapeau | est

____

c) Vous | la | ouverte | porte | laisser | pouvez

____

d) Nous | une | visitons | catholique | église

____

e) Le | nouveau | est | très | sympathique | professeur

____

f) ai | intéressant | livre | J' | lu | un

____

g) Paris | ville | grande | une | très | est

____

38 ★★★

Steht das Adjektiv vor oder nach dem Substantiv? Schreiben Sie die korrekte Form in die richtige Lücke.

a) Elle a les ____________ jambes ____________. (lourd)

b) Christian marche toujours la ____________ tête ____________. (haut)

c) Cela ne durera qu'un ____________ instant ____________. (bref)

d) Je l'ai revu la ____________ semaine ____________. (dernier)

e) Ma ____________ tante ____________ (cher), je t'envoie une lettre pour te remercier.

f) C'est une ____________ femme ____________ (jeune) aux ____________ cheveux ____________. (long)

g) On n'oublie jamais son ____________ amour ____________. (premier)

h) Une ____________ étudiante ____________ (seul) a répondu à ma question.

Steigerung

39 ★

Ergänzen Sie die Sätze mit der richtigen Steigerungsform.

aussi… que • moins… que • plus… qu' • plus… que • moins… qu'

a) La Tour Eiffel est ____________ haute ________ la Tour de Pise.

b) Gérard Depardieu est ____________ sportif ________ Sylvester Stallone.

c) Ils mesurent tous les deux 1,78 m. Sylvie est ____________ grande ________ Christophe.

d) Un studio est ____________ cher ________ un grand appartement.

e) Il est millionnaire, et elle est au chômage : il est ____________ riche ________ elle.

f) Si j'ai bien compris, ils sont bien ____________ intelligents ________ les autres !

40 ★★

Verbinden Sie die passenden Satzteile miteinander.

a) Le fleuve le plus long d'Europe, ___ **A** c'est le T.G.V.

b) Le fleuve le plus long de France, ___ **B** c'est Paris.

c) La ville la plus grande de France, ___ **C** c'est Neuilly.

d) Le train le plus rapide de France, ___ **D** c'est la Loire.

e) La ville la plus riche de France, ___ **E** c'est le Mont-Blanc.

f) Le sommet le plus haut de France, ___ **F** c'est Castelmoron-d'Albret.

g) Le village le plus petit de France, ___ **G** c'est le Rhin.

41 ★★

Schreiben Sie die Sätze, wie im Beispiel, um. Verwenden Sie dabei das angegebene Adjektiv in der Komparativform.

a) Le château de Chenonceaux date du XVIe siècle, le château de Versailles date du XVIIe siècle. (vieux)

Le château de Chenonceau est plus vieux que le château de Versailles.

b) Jacques pèse 92 kilos, Simon pèse 75 kilos. (lourd)

____

c) L'emplacement de tente coûte 25 euros au camping des Sables, et seulement 22 euros au camping des Dunes. (cher)

____

42 ★★★

Ergänzen Sie die Sätze mit der richtigen Steigerungsform der Adjektive.

a) Ce vin n'est pas mauvais, mais celui-ci est encore ______________. (bon)

b) Tous les gâteaux sont réussis, mais celui-là est ______________ de tous ! (bon)

c) Elle n'est vraiment pas grande, elle est ______________ que sa sœur ! (petit)

d) Il nous explique toujours tout dans les ______________ détails... (petit)

e) Attendre, c'est ______________ des choses ! (mauvais)

f) Son café est mauvais, mais le mien est ______________. (mauvais)

!

Die Adjektive **mauvais** im Sinne von *schlecht* und **petit** im Sinne von *klein* werden regelmäßig mit **plus** gesteigert. Nur wenn sie *schlimm* und *gering* bedeuten, werden die unregelmäßigen Formen **pire** *(schlimmer, der/die/das schlimmste, am schlimmsten)* und **moindre** *(kleiner, der/die/das kleinste, am kleinsten)* verwendet.

PERSONAL- UND ADVERBIALPRONOMEN

Verbundene und unverbundene Personalpronomen

43 ★ Ergänzen Sie die Sätze mit dem jeweils richtigen verbundenen Personalpronomen.

Je • J' • Tu • il • Elle • Nous • vous • Ils • Elles

a) _______ es arrivé hier de Nice ?

b) Êtes-_______ sûrs de votre décision ?

c) _______ ai envie de manger une bonne glace.

d) _______ s'achètent des robes et des bijoux.

e) _______ ont reçu un paquet de leur grand-mère.

f) _______ est partie ce matin en avion.

g) _______ travaille comme employée dans une banque.

h) Pourquoi est-_______ descendu à la cave ?

44 ★ Verbinden Sie die Sätze mit der gleichen Bedeutung.

a) Il faut être silencieux.	___	A	On doit faire du sport.
b) Ne sortez pas vos cigarettes !	___	B	On ne doit pas fumer.
c) Bougez le plus possible !	___	C	On ne doit pas faire de bruit.
d) Il ne faut pas mentir.	___	D	On ne doit pas ouvrir la porte.
e) Interdiction d'ouvrir la porte.	___	E	On doit dire la vérité.

In Sprichwörtern oder Anweisungen steht das Pronomen **on** im Sinne von *man*, in der Umgangssprache oft im Sinne von *wir*. In diesem Fall gilt es als Pluralsubjekt: **On est allés au ciné.** – *Wir sind ins Kino gegangen.*

45 ★★ Welcher Satz passt zum Bild? Kreuzen Sie an.

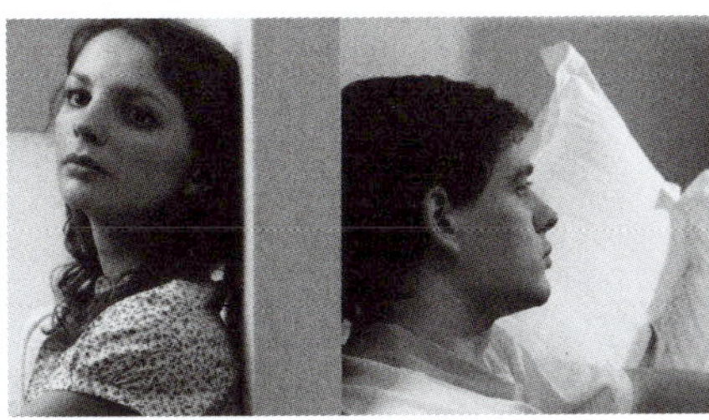

a) ☐ **A** Je tourne à gauche.
☐ **B** Elle se tourne vers Marc.
☐ **C** Ils se tournent le dos.

b) ☐ **A** Tu lis un livre.
☐ **B** Elle passe un examen.
☐ **C** Il passe un concours.

c) ☐ **A** Tu t'appelles Christine.
☐ **B** Je suis votre voisin !
☐ **C** Ils se présentent.

d) ☐ **A** Il regarde le ballon.
☐ **B** Il est assis sur le ballon.
☐ **C** Nous sommes vers le ballon.

46 ★★ Ergänzen Sie die Sätze mit dem jeweils richtigen Pronomen.

a) ________ est infirmière dans un grand hôpital de Paris. (Jade)

b) ________ sont partis pour deux semaines dans le Pas de Calais. (Luc et Jean)

c) ________ sont mariés depuis plus de dix ans. (France et son mari)

d) Ont- ________ déjà des enfants ? (Lila et Mélina)

e) ________ travaille dans l'industrie automobile. (Simon)

f) ________ se sont rencontrés chez des amis. (Christophe et Aude)

47 ★★

Finden Sie die unverbundenen Pronomen in dem Buchstabensalat und schreiben Sie sie auf.

lgmoiautoiixluiybelleornousetvousomeuxietelles

____

48 ★★★

Ergänzen Sie die Sätze mit dem richtigen unverbundenen Personalpronomen.

a) Vous venez avec ________ ? *(mit mir)*

b) ________, il est toujours en retard ! *(er, betont)*

c) Pourquoi est-il parti en vacances sans ________ ? *(ohne dich)*

d) ________ ? Elle a toujours des bonnes notes, c'est la meilleure de la classe. *(sie, betont)*

e) Le bouquet de fleurs que j'ai apporté est pour ________. *(für euch)*

f) Les joueurs de l'équipe adverse sont plus forts que ________. *(als wir)*

g) L'avion de nos amis atterrit à 19 heures, nous avons réservé une voiture de location pour ________. *(für sie)*

h) Le chat est couché sur les genoux de Marie, il est blotti contre ________. *(an ihr geschmiegt)*

i) Passez devant, j'entrerai après ________. *(nach Ihnen)*

j) Il parle toujours d'________. *(von ihr)*

k) J'ai acheté un petit cadeau, mais il n'est pas pour ________, il est pour ________. *(dich/ihn)*

Direkte Objektpronomen

49 ★ Ergänzen Sie die Lücken mit den richtigen Formen der direkten Objektpronomen.

a) je ______

b) tu ______

c) il ______

elle *la*

d) nous ______

vous *vous*

e) ils ______

f) elles ______

Vor Vokal und stummem **h** werden **me**, **te**, **le**, **la** apostrophiert. Das heißt, sie werden zu **m'**, **t'**, **l'**, **l'**:

Il l'appelle. – *Er ruft ihn/sie.*
Cela ne m'intéresse pas du tout. – *Es interessiert mich überhaupt nicht.*
Sa mère l'habille tous les matins. – *Seine/Ihre Mutter zieht ihn/sie jeden Morgen an.*

50 ★ Verbinden Sie den Satz links mit dem entsprechenden Satz rechts.

a) Il prend le bus.	___	**A** Je l'achète.
b) Tu regardes la télé.	___	**B** Il l'a lu.
c) J'achète le journal.	___	**C** Il le prend.
d) Nous faisons la vaisselle.	___	**D** Tu la regardes.
e) Il a lu le livre.	___	**E** Il les prend.
f) Vous invitez Pascal.	___	**F** Nous la faisons.
g) Il écoute les CD.	___	**G** Il les écoute.
h) Il prend les valises.	___	**H** Vous l'invitez.

51 Unterstreichen Sie das passende Objektpronomen.

a) Elle ne **l'/le/la** aime pas. (Yves)

b) Il **le/la/les** choisit. (la part de gâteau au chocolat)

c) Nous **le/l'/les** achetons. (les chaussures)

d) Ils ne **le/les/nous** prennent pas. (le train)

e) Il ne **l'/les/la** a pas vus. (les enfants)

f) Je ne veux pas **le/la/les** ranger. (ma chambre)

g) Tu **le/la/les/l'** vois régulièrement ? (ton ami)

Im Passé composé wird das Hilfsverb **avoir** mit dem vorangestellten direkten Objekt angeglichen:

Je l'ai vu. – *Ich habe ihn gesehen.*
Je l'ai vue. – *Ich habe sie gesehen.* (weiblich Singular)

52 Beantworten Sie die Fragen mit Hilfe der direkten Objektpronomen wie im Beispiel.

★★★

a) Est-ce que tu as vu mes clés ?

Non, je ne les ai pas vues.

b) Est-ce que tu cherches tes cigarettes ?

Non, ____________________

c) Tu as trouvé mon livre d'anglais ?

Oui, ____________________

d) C'est toi qui a pris ma bouteille d'eau ?

Non, ______________________________

e) Est-ce que tu as aidé ton amie ?

Oui, ______________________________

f) Vous avez perdu toutes vos affaires ?

Oui, ______________________________

g) Est-ce que tu écoutes souvent la radio ?

Non, ______________________________

Indirekte Objektpronomen

53 ★

Kreuzen Sie das richtige indirekte Pronomen an.

a) Tu me donnes ton avis ? - Oui, je ________ donne mon avis.

☐ **A** te ☐ **B** lui ☐ **C** le

b) Il offre un voyage à ses beaux-parents ? - Oui, il ________ offre un voyage.

☐ **A** leur ☐ **B** lui ☐ **C** eux

c) Il nous écrit souvent, et à vous, il ________ écrit aussi ?

☐ **A** me ☐ **B** nous ☐ **C** vous

d) Tu crois qu'il a demandé à sa femme de venir ? - Oui, il ________ a demandé.

☐ **A** leur ☐ **B** la ☐ **C** lui

e) Nous avons invité nos amis, ils vont venir ________ voir.

☐ **A** vous ☐ **B** les ☐ **C** nous

54 ★★ Ergänzen Sie mit dem richtigen indirekten Personalpronomen.

a) Elle ________ dit quelque chose.

b) Elle ________ montre une recette.

c) Elle ________ téléphone.

d) Il ________ donne un cours de maths.

e) Elle ________ donne une interview.

f) Elle ________ raconte une histoire.

55 ★★★

Übersetzen Sie die Sätze ins Französische.

a) *Ich gebe dir ein Buch.*

____

b) *Kannst du ihr antworten?*

____

c) *Die Nachbarn zeigen uns die Fotos.*

____

d) *Ich sage ihr nichts mehr.*

____

e) *Sprich sie nicht an!* (Patrick et Christelle)

____

f) *Frag ihn!*

____

Manchmal ist das Objektpronomen im Französischen direkt und im Deutschen indirekt oder anders herum:

Je l'aide. – *Ich helfe ihm/ihr.*
Je lui demande. – *Ich frage ihn.*

56 ★★★

Welche Sätze bzw. Satzteile passen zusammen? Verbinden Sie.

a) J'ai une question.	___	**A**	Raconte-leur l'histoire !
b) Quelles belles photos !	___	**B**	Montrez-nous les photos !
c) Tu lui as menti ?	___	**C**	Tu peux me répondre ?
d) Ils ne le savent pas ?	___	**D**	Pourquoi ne lui dis-tu pas la vérité ?
e) Ne raccroche pas,	___	**E**	je te passe Jean-Pierre.

Reflexivpronomen

57 ★

Ergänzen Sie die Tabelle mit dem entsprechenden Reflexivpronomen.

Subjektpronomen	Reflexivpronomen
a) je	
b) tu	
c) il/elle	
nous	*nous*
d) vous	
e) ils/elles	

Nur in der 3. Person Singular und Plural ist die Form des Reflexivpronomens anders als die des Objektpronomens:

Il s'appelle – *er heißt*
Elles se lavent. – *Sie waschen sich.*

58 ★★

Ergänzen Sie die Sätze mit dem richtigen Reflexivpronomen.

a) Je _______ appelle Christian, et vous, comment _______ appelez-vous ?

b) Il faut _______ laver les mains avant de passer à table.

c) À quelle heure _______ couches-tu le soir ?

d) Nous _______ dépêchons de partir pour arriver à l'heure à la gare.

e) Elle _______ est trompée de bus et elle a dû refaire tout le chemin en sens inverse.

f) Christophe et Sophie _______ lèvent dès le chant du coq !

g) Irez-vous _______ baigner dans la mer quand vous serez en vacances à Deauville ?

h) Je ne _______ souviens plus de son prénom.

i) Le papillon _______ est envolé et _______ est posé sur la fleur d'à côté.

j) Nous _______ moquons des feux rouges, nous traversons la route quand même !

k) Elles _______ sont tuées dans un accident de voiture sur l'autoroute du Sud en revenant de vacances.

59 ★★★

Übersetzen Sie die Sätze ins Französische und achten Sie dabei besonders auf die Reflexivpronomen.

a) *Er steht jeden Tag um 10 Uhr auf.*

____

b) *Ich gehe oft in den Park spazieren.*

____

c) *Wir werden nächsten Monat heiraten.*

____

d) *Sie sind geflohen.*

____

e) *Er redet viel aber sie schweigt immer.*

____

Adverbialpronomen *en* und *y*

60 ★

Kreuzen Sie den passenden Satz an.

a) Tu prends du café ?

☐ **A** Oui, j'en prends.
☐ **B** Non, j'y vais.
☐ **C** Oui, je la prends.

b) Il parle du livre de Sartre.

☐ **A** Il le lit.
☐ **B** Elle en parle.
☐ **C** Il en parle.

c) Vous allez à Paris ?

☐ **A** Oui, elle y va.
☐ **B** Non, je n'y vais pas.
☐ **C** Oui, nous y sommes.

d) Tu as répondu à son e-mail ?

☐ **A** Oui, elle en a parlé.
☐ **B** Oui, je lui ai répondu.
☐ **C** Oui, j'y ai répondu.

e) Tu penses à apporter le livre ?

☐ **A** Oui, je pense à lui.
☐ **B** Non, je n'en veux pas.
☐ **C** Oui, j'y pense.

f) Il croit aux miracles ?

☐ **A** Oui, il y pense.
☐ **B** Oui, il y croit.
☐ **C** Non, je ne le crois pas.

61 ★★

Ergänzen Sie die Lücken mit en oder y.

a) Il _______ a des gens qui préfèrent prendre le train que la voiture.

b) Il est rentré il _______ a une demi-heure de sa promenade avec les chiens.

c) Vous _______ avez pour combien de temps avant d'avoir fini vos devoirs ?

d) J'_______ ai assez, ça m'énerve, je rentre !

e) Elle a tellement couru qu'elle n'_______ peut plus !

62 ★★★ Verbinden Sie die passenden Sätze miteinander.

a) Tu prends des pommes ?	___	**A**	Si, je vais y aller tout de suite.
b) N'est-il pas l'heure de partir ?	___	**B**	Vas-y, sers-toi, prends-en !
c) Tu es déjà rentré de Martinique ?	___	**C**	Non, je n'y peux rien !
d) C'est de ta faute !	___	**D**	Oui, et j'en rêve encore !
e) Tu n'es toujours pas prêt ?	___	**E**	Oui, j'en achète un kilo.
f) Je peux avoir du vin ?	___	**F**	Si, je mets mes chaussures et ça y est !

Stellung bei mehreren Pronomen im Satz

63 ★ Ersetzen Sie die markierten Stellen durch Pronomen wie im Beispiel.

a) Je raconte **l'histoire à mon fils.**

Je la lui raconte.

b) J'ai montré **les photos à mes parents.**

____

c) Je parle **de mes vacances à mon amie.**

____

d) Il faut inviter **Marc à la fête.**

____

Die Stellung der Pronomen ist im Französischen vorgeschrieben:

Das Subjekt **je/tu/il/elle/nous/vous/ils/elles** steht unmittelbar vor **me/te/se/nous/vous**, dann kommt **le/la/les**, dann **lui/leur** oder **y** bzw. **en**. Erst dann kommt das Verb.

64 ★★

Bringen Sie die Wörter wieder in die richtige Reihenfolge und bilden Sie sinnvolle Sätze.

a) demande | Je | la | lui

____

b) Il | y | | a | vu | pas | ne | l'

____

c) Vous | prêtées | leur | avez | les

____

d) Il | lui | offrir | tasse | une | en | va

____

65 ★★★

Kreisen Sie die richtige Reihenfolge der Pronomen ein.

a) Tu veux du gâteau ? Oui, passe-**le moi/m'en deux/les leur**.

b) C'est son jouet ! Donne-**le moi/le lui/les leur**.

c) La voiture est au garage. Il **l'y/le lui/les nous** fait réparer.

d) Horrible ! Ne **me le/m'en/m'y** parle pas !

e) Il reste du café ? Oui, il **y en/le lui/me l'**a encore.

f) Sa mère veut entendre son histoire. Il **le lui/l'y/la lui** raconte.

g) Les magazines ? Attends, je **me les/te les/te l'**apporte.

h) C'est secret ! Ne **le leur/le nous/le moi** dis pas !

i) Ton sac est dans la cuisine. Ne **l'en/le lui/l'y** oublie pas !

j) Quelle histoire ! Ne **m'en/me la/m'y** parle pas !

SONSTIGE PRONOMEN

Demonstrativbegleiter und -pronomen

66 ★ Welcher Demonstrativbegleiter passt zum Bild? Kreuzen Sie an.

a) ☐ **A** ce
☐ **B** cette
☐ **C** ces

b) ☐ **A** ce
☐ **B** cet
☐ **C** ces

c) ☐ **A** cette
☐ **B** ces
☐ **C** cet

d) ☐ **A** ce
☐ **B** cet
☐ **C** cette

67 ★★ Verbinden Sie den Begriff mit seiner Bedeutung.

a) cet après-midi ____ **A** *heute Morgen*

b) cette nuit ____ **B** *heute Abend*

c) ce soir ____ **C** *heute Nacht*

d) ce matin ____ **D** *heute Nachmittag*

68 ★★

Ergänzen Sie die Sätze mit dem richtigen Demonstrativbegleiter.

ce ▪ cette ▪ cette ▪ ces ▪ cet ▪ ces ▪ cet ▪ ces

a) Vous désirez ________ robe-ci ou ________ robe-là ?

b) Je vais m'acheter ________ chaussures rouges en cuir.

c) Qu'est-ce que vous pensez de ________ acteur américain ?

d) Je suis très content de demeurer dans ________ hôtel.

e) Prenez d'abord ________ chemin-là puis ensuite au bout, tournez à gauche.

f) Je n'aime pas toutes ________ histoires !

g) Il ne parle pas beaucoup ________ jours-ci.

69 ★★★

Verbinden Sie die passenden Sätze bzw. Satzteile miteinander.

a) Ce n'est pas mon livre,	___	**A**	Celui-ci ou celui-là ?
b) Tu as pris tous les vêtements de sport ?	___	**B**	Non, seulement ceux dont j'ai besoin.
c) Tu emportes les BD ?	___	**C**	c'est celui de Pascal.
d) Tu veux quel pull ?	___	**D**	Oui, mais seulement celles qui m'intéressent !
e) Tu me donnes ton adresse e-mail ?	___	**E**	Non, ce sont ceux de ma sœur !
f) Ce sont vos enfants ?	___	**F**	Celle de la maison ou celle du bureau ?
g) Lesquelles désirez-vous ?	___	**G**	Je vais prendre celles-là.

Possessivbegleiter und -pronomen

70 ★ Ergänzen Sie die Tabelle mit dem richtigen Possessivbegleiter.

	a) ein Besitzer	**b) mehrere Besitzer**
1. Person	*mon* frère ______ sœur ______ frères/sœurs	______ frère ______ sœur ______ frères/sœurs
2. Person	______ père ______ mère ______ copains/copines	*votre* père ______ mère ______ copains/copines
3. Person	______ oncle ______ tante ______ travaux/maisons	______ oncle *leur* tante ______ travaux/maisons

Im Gegensatz zum Deutschen richtet sich der Possessivbegleiter im Französischen nicht nur nach dem Geschlecht, sondern auch nach der Zahl des Besitzers: **son chien/sa chienne** können sowohl ***sein Hund/ihr Hund*** als auch ***seine Hündin/ihre Hündin*** bedeuten.

71 ★★ Ergänzen Sie die Lücken mit dem richtigen Possessivbegleiter.

a) Je vais à l'exposition de peinture avec **mon/ma** amie.

b) **Sa/Son** auberge se trouve à dix kilomètres d'ici.

c) Il est monté dans **sa/son** auto et est parti aussitôt.

d) Tu me racontes **ton/ta** histoire ?

72 ★★

Schreiben Sie die Sätze um und ersetzen Sie dabei die markierte Stelle durch einen Possessivbegleiter wie im Beispiel.

a) Cet appareil photo est **à moi**.

C'est mon appareil photo. ______________________

b) Ces jouets sont **aux enfants**.

Ce sont ______________________

c) C'est la voiture **de Papa**.

____

d) Excusez-moi, ces billets sont **à vous** ?

____

e) Désolé, mais cette place de parking est **à nous**.

____

73 ★★★

Kreuzen Sie das richtige Possessivpronomen an.

a) C'est votre maison ? Oui, c'est ______________________.

☐ **A** la mienne ☐ **B** la tienne ☐ **C** le mien

b) Est-ce que ce sont vos parents ? Non, ce ne sont pas ______________________.

☐ **A** les siens ☐ **B** les leurs ☐ **C** les nôtres

c) Ce tableau t'appartient ? Oui, c'est ______________________ depuis que je l'ai hérité de mes parents.

☐ **A** la leur ☐ **B** le vôtre ☐ **C** le mien

d) C'est la voiture de Sébastien et Irène ? Oui, c'est______________________.

☐ **A** la sienne ☐ **B** le leur ☐ **C** la leur

Indefinitpronomen

74 ★

Ordnen Sie den Fragen die jeweils passende Antwort zu.

a) Tu as un problème ? ___	**A** Oui, un pour chacun.
b) Vous avez invité beaucoup de personnes ? ___	**B** Non, absolument aucun.
c) Il y a assez de bonbons ? ___	**C** Oui, mais certaines ne peuvent pas venir, malheureusement.
d) Que veux-tu comme cadeau ? ___	**D** Non, ils ont tout mangé !
e) Tu prends un seul morceau ? ___	**E** Non, j'en prends plusieurs.
f) Est-ce qu'il reste du gâteau ? ___	**F** Quelque chose de beau !

75 ★★

Wählen Sie die richtige Form von tout.

a) Ils ont passé leurs vacances **tout/tous/toute** ensemble.

b) Ils ont passé **tous/toute/toutes** les vacances ensemble.

c) Je travaille **tout/toute/tous** la journée.

d) Chez eux, **tout/toutes/tous** doit toujours être rangé et propre.

e) Tu m'as déjà montré les photos, je les connais déjà **tous/toute/toutes**.

f) Il y avait du monde, même mes cousins, ils étaient **tout/tous/toutes** là.

g) Vous pouvez faire **tous/tout/toute** ce que vous voulez !

h) **Tout/Tous/Toute** les élèves ont assisté au spectacle.

Tous und **toutes** richten sich nach dem Substantiv, das sie ersetzen. **Tout** ist unveränderlich und bedeutet *alles*. Vom bestimmten Artikel gefolgt, bedeuten **tout le/toute la/tous les/toutes les** *der/die/das ganze, die ganzen*.

76 ★★★

Übersetzen Sie die Sätze ins Französische.

a) *Einige meiner Freunde wollen zu der Feier nicht kommen.*

____

b) *Möchten Sie etwas zu trinken?*

____

c) *Er hat mir alles erzählt.*

____

d) *Es ist dunkel, ich sehe nichts.*

____

77 ★★★

Ergänzen Sie die Sätze mit den passenden Pronomen.

aucun • aucune • quelques-uns • quelques-unes • chacun • chacune

a) Il a beaucoup de défauts, mais moi, je n'en ai ____________.

b) Des pommes, oui, je vais en prendre ____________.

c) On ne passe pas devant les autres comme ça, c'est ____________ son tour.

d) Des difficultés ? Non, il n'en a eu ____________ !

e) Ils sont ____________ à vouloir faire le voyage en train, mais nous, nous partirons en voiture.

f) Dans le musée, il y avait plusieurs salles, nous sommes entrés dans ____________.

DIE VERNEINUNG

Verneinungselemente

78 ★

Ordnen Sie die Antworten den passenden Fragen zu.

a) Tu as fait la vaisselle ? ____
b) Elle n'est pas encore partie ? ____
c) Le train est déjà parti ? ____
d) Il y avait du monde au cinéma ? ____
e) Vous buvez de l'alcool ? ____

A Non, il est encore là.
B Si, ses valises ne sont plus là.
C Un peu, j'adore le vin.
D Oui, il y a dix minutes, et je l'ai même essuyée.
E Non, il n'y avait personne !

79 ★★

Verneinen Sie die Sätze mit **ne ... pas** bzw. **n' ... pas** vor Vokal oder stummem **h**.

a) Philippe est très intelligent.

____

b) Je suis allée au musée hier.

____

c) Vous viendrez nous rendre visite la semaine prochaine ?

____

d) Ils sont mariés et ont des enfants.

____

e) Elle habite dans une grande villa.

____

80 ★★

Ergänzen Sie die Tabelle mit dem passenden Verneinungselement im Französischen.

nicht	ne… pas
a) *nicht mehr*	ne…
b) *nichts*	ne…
c) *nie*	ne…
d) *nie mehr*	ne…
e) *niemand*	ne…
f) *nichts mehr*	ne…
g) *niemand mehr*	ne…
h) *noch nicht*	ne…

81 ★★★

Kreuzen Sie die richtige Formulierung an.

a) Ich komme nicht.

- ☐ **A** Je ne viens plus.
- ☐ **B** Je ne viens pas.
- ☐ **C** Je ne viens jamais.

b) Ich kann nichts mehr essen.

- ☐ **A** Je ne peux rien manger.
- ☐ **B** Je ne peux jamais manger.
- ☐ **C** Je ne peux plus rien manger.

c) Er kennt niemand.

- ☐ **A** Personne ne le connaît.
- ☐ **B** Il ne connaît personne.
- ☐ **C** Il ne connaît plus personne.

d) Das Boot ist immer noch nicht da.

- ☐ **A** Le bateau n'est toujours pas là.
- ☐ **B** Le bateau n'est pas encore là.
- ☐ **C** Le bateau n'est plus là du tout.

Stellung der Verneinung und kombinierte Verneinung

82 ★

Setzen Sie die durcheinandergeratenen Sätze in die richtige Reihenfolge.

a) Gérard | vient | soir | ce | pas | ne

____

b) personne | elle | Elle | ne | reçoit | chez

____

c) merci, | Non | ne | rien | prends | je

____

d) quand | Depuis | ne | plus | -vous | fumez | ?

____

e) Elle | personne | jamais | ne | voit

____

Die Verneinungselemente umschließen in einfachen Zeiten und im Imperativ das konjugierte Verb:

Je n'aime pas les maths.
Ich mag Mathe nicht.

Ne fumez pas dans les toilettes.
Rauchen Sie nicht auf der Toilette.

83 ★★

Ordnen Sie die Verbote den Orten, wo sie erteilt werden können, zu.

a) Ne pas fumer dans les toilettes. ___ A à l'école

b) Ne pas parler au conducteur. ___ B dans le train

c) Ne pas courir dans les couloirs. ___ C à la piscine

d) Ne pas plonger. ___ D dans le bus

84 ★★

Verneinen Sie die Sätze mit dem Verneinungselement in Klammern. Achten Sie dabei auf die Stellung und die Apostrophierung der Verneinung.

a) Il me téléphone. (ne ... jamais)

____

b) J'en parle souvent. (ne... pas)

____

c) Vous y allez tous les dimanches ? (ne... plus)

____

d) Nous avons beaucoup voyagé ces temps-ci. (ne... plus)

____

85 ★★★

Kreuzen Sie die richtige Übersetzung der kombinierten Verneinung an.

a) nie etwas sagen

☐ **A** dire quelque chose
☐ **B** ne rien dire
☐ **C** ne jamais rien dire

b) nie jemandem wehtun

☐ **A** ne jamais faire de mal à personne
☐ **B** ne rien faire de mal
☐ **C** faire du mal à quelqu'un

c) ohne etwas zu essen

☐ **A** en mangeant
☐ **B** en ne mangeant pas
☐ **C** sans rien manger

d) ohne jemanden zu fragen

☐ **A** sans demander
☐ **B** en demandant à quelqu'un
☐ **C** sans demander à personne

e) nie ein einziges Problem haben

☐ **A** ne pas avoir de problème
☐ **B** ne jamais avoir de problème
☐ **C** ne jamais avoir aucun problème

f) nie wieder etwas sagen

☐ **A** ne jamais rien dire
☐ **B** ne plus jamais rien dire
☐ **C** ne plus rien dire

Verneinung und Mengenangaben

86 ★

Ergänzen Sie den verneinten Satz, indem Sie den Begriff auf dem Foto und **die Verneinung** wie im Beispiel kombinieren.

a) Au marché, il n'y avait *pas* *de pommes.*

b) Moi, je ne joue ______________________ .

c) Nous n'avons ______________________ .

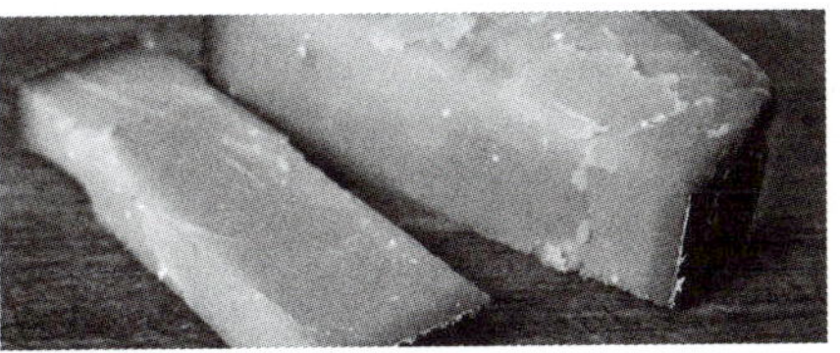

d) Il ne prend ______________________ .

Bei Verneinung in Verbindung mit Mengenangaben drückt die Verneinung die Menge Null aus und bedeutet ***kein*** im Deutschen. Zwischen der Verneinung und dem folgenden Substantiv steht **de/d'**.

87 ★★

Umkreisen Sie das passende Verneinungselement.

a) Je n'achète **pas des/pas d'**oranges.

b) Il ne prend **pas de la/pas de** viande.

c) Je ne vois **pas d'/pas des** enfants.

d) Pour faire des crêpes, il ne faut **pas des/pas de** levure.

88 ★★

Ergänzen Sie die Sätze mit dem richtigen Verneinungselement.

pas d' • pas de • pas un • pas une • pas du • pas de • pas des

a) Ce n'est ____________ clémentine que j'ai achetée au marché, mais une mandarine.

b) Non, il n'y a ____________ restaurant dans le coin, je vous conseille d'aller dans le centre-ville.

c) Il nous faut des bougies, il n'y a ____________ électricité depuis plus d'une heure !

d) Pour le coq au vin, ce n'est ____________ vin blanc qu'il faut, mais du vin rouge bien sûr !

e) Ne prenez ____________ casque, ce n'est pas dangereux !

f) Vos moules, ce ne sont ____________ fraîches ?

g) Ce n'est ____________ caniche, c'est un colley !

89 ★★★

Ordnen Sie die Sätze ihrer richtigen Übersetzung zu.

a) Je n'aime pas les concombres. ___ **A** *Ich kaufe keine Gurke.*

b) Ce n'est pas un concombre. ___ **B** *Sie hasst Gurken.*

c) Je n'achète pas de concombre. ___ **C** *Ich mag keine Gurken.*

d) Vous aimez le concombre ? ___ **D** *Es gibt keine Gurke mehr.*

e) Vous prenez du concombre ? ___ **E** *Ich kaufe zwei Gurken.*

f) J'achète deux concombres. ___ **F** *Nehmen Sie etwas Gurke?*

g) Il n'y a plus de concombre. ___ **G** *Mögen Sie Gurke?*

h) Elle déteste les concombres. ___ **H** *Es ist keine Gurke.*

VERBEN IM PRÄSENS

Verben auf -er

90 ★ Ergänzen Sie die Tabelle mit den richtigen Endungen.

a) parler	**b)** aimer
je parl______	j'aim______
tu parl______	tu aim______
il/elle parl______	il/elle aim______
nous parl______	nous aim______
vous parl______	vous aim______
ils/elles parl______	ils/elles aim______

Es lohnt sich, die Konjugation der Verben auf **-er** auswendig zu lernen: Sie machen rund 90 % der französischen Verben aus! Die meisten sind regelmäßig und werden nach dem obigen Muster konjugiert.

91 ★ Geben Sie an, ob diese Verben im Singular (S) oder im Plural (P) konjugiert sind.

a) aimes ______

b) parlons ______

c) chantes ______

d) regarde ______

e) écoutez ______

f) aiment ______

g) habite ______

h) demandons ______

i) entres ______

j) chante ______

k) chauffe ______

l) fermons ______

m) sautez ______

n) joues ______

o) amuses ______

p) travaillent ______

92 ★★ **Konjugieren Sie die in Klammern stehenden Verben.**

a) Les enfants ____________ dans leur chambre. (jouer)

b) Je ne vous ____________ pas. (parler)

c) Nous ____________ la télé ensemble ce soir. (regarder)

d) Vous ____________ la porte, s'il vous plaît ? (fermer)

e) Est-ce que tu ____________ les raviolis ? (aimer)

f) Elle ____________ dans un grand appartement de trois pièces en plein centre de Paris. (habiter)

g) Je lui ____________ un renseignement et j' ____________. (demander, arriver)

h) Il ____________ dans une société agro-alimentaire. (travailler)

i) Tu ____________ de te faire arrêter par la police si tu ____________ trop vite. (risquer, rouler)

93 ★★ **Verwandeln Sie die Sätze in den Plural, indem Sie die entsprechende 1., 2. oder 3. Person Plural wie im Beispiel wählen.**

a) J'écoute de la musique.

Nous écoutons de la musique.

b) Tu parles toujours beaucoup.

Vous ____________

c) Elle allume la lumière.

Elles ____________

d) Je tire une carte.

____

e) Tu me gardes une part de gâteau.

____

f) Il déjeune tous les jours à la cantine.

____

g) Elle déguste un bon vin rouge.

____

94 ★★

Umkreisen Sie die richtige Verbform.

a) Le film **commence/commençons/commences** à vingt heures.

b) Nous **commences/commençons/commencent** vraiment à avoir faim !

c) Les enfants se **lance/lancent/lançons** le ballon.

d) Vous n'**avance/avancez/avances** pas très vite.

e) Elle **mange/manges/mangez** tout avec les doigts.

f) Nous **mange/mangent/mangeons** toujours chaud à midi.

g) Tu **nage/nages/nagent** comme un poisson dans l'eau !

h) Ils **partages/partage/partagent** toujours tout.

i) Vous **déménager/déménagent/déménagez** quand ?

Die Verben auf **-cer** und **-ger** weisen eine Besonderheit beim Schriftbild der 1. Person Plural auf, damit die Aussprache des Stammes immer erhalten bleibt: **-c-** wird zu **-ç-** und **-g-** wird zu **-ge-**.

95 ★★

Konjugieren Sie die Verben nach den Pronomen.

a) payer	je ______/	il ______/	nous ______
	je ______	il ______	
b) essayer	tu ______/	vous ______	ils ______/
	tu ______		ils ______
c) nettoyer	je ______	elle ______	vous ______
d) tutoyer	tu ______	il ______	ils ______
e) essuyer	j'______	elle ______	nous ______
f) ennuyer	il ______	vous ______	ils ______

!

Bei den Verben auf **-ayer** kann in allen Singularformen und bei der 3. Person Plural vorzugsweise ein **-i** verwendet werden (ein **-y** ist aber auch möglich): **j'égaie/égaye** *ich heitere auf*. Bei den Verben auf **-oyer** und **-uyer** muss ein **-i** verwendet werden:

il aboie – *er bellt*　　　**j'essuie** – *ich wische ab*

96 ★★

Kreuzen Sie die richtige Form des Verbs an.

a) J'______ deux kilos de tomates et un kilo de poivrons.

☐ **A** achète　☐ **B** achetez　☐ **C** achetons

b) Elle ______ toujours la main quand le professeur pose une question.

☐ **A** lèves　☐ **B** levez　☐ **C** lève

c) Tu nous ______ en voiture à la gare, s'il te plaît ?

☐ **A** emmenez　☐ **B** emmènes　☐ **C** emmènent

d) Je ________________ toujours mes déchets à la poubelle.

☐ **A** jeté ☐ **B** jettes ☐ **C** jette

e) Tu m'________________ ton nom, s'il te plaît ?

☐ **A** épelles ☐ **B** épelez ☐ **C** épelle

f) Comment vous ________________-vous ?

☐ **A** appelle ☐ **B** appelons ☐ **C** appelez

g) Qu'est-ce que tu ________________, la glace à la vanille ou au chocolat ?

☐ **A** préférez ☐ **B** préfère ☐ **C** préfères

h) Je vous le ________________ encore une fois.

☐ **A** répètes ☐ **B** répétons ☐ **C** répète

i) Nous vous ________________ qu'il faut arriver à temps.

☐ **A** rappelle ☐ **B** rappelons ☐ **C** rappelez

97 ★★★

Verwenden Sie die Verben in der richtigen Form.

fermer • manger • enlever • commencer • nettoyer • jeter • répéter • regarder

a) Le soir, je ________________ toujours toutes les portes avant d'aller dormir.

b) À quelle heure ________________-nous à travailler demain ?

c) Le samedi, ils ________________ toujours au restaurant.

d) Ils ne ________________ pas à la dépense, ils ________________ tout leur argent par les fenêtres.

e) Tu me ________________ ton prénom, s'il te plaît, je n'ai pas bien compris.

f) Vous ________________ aussi le tapis de la salle de bains, s'il vous plaît ?

g) Elle ________________ son manteau car il fait beaucoup trop chaud dans la pièce.

Verben auf -ir

98 ★ Ergänzen Sie beide Verben mit den richtigen Endungen.

a) partir

je	par_______
tu	par_______
il/elle	par_______
nous	par_______
vous	par_______
ils/elles	par_______

b) finir

je	fin_______
tu	fin_______
il/elle	fin_______
nous	fin_______
vous	fin_______
ils/elles	fin_______

Die Verben auf **-ir** werden in Verben mit und ohne Stammerweiterung unterteilt, insgesamt gibt es ungefähr 300 Verben, die auf **-ir** enden.

Die Verben ohne Stammerweiterung werden wie **partir** (*weggehen/-fahren*) konjugiert, die Verben mit Stammerweiterung wie **finir** (*beenden*).

99 ★ Ergänzen Sie die Lücken mit der richtigen konjugierten Form des Verbs in Klammern.

a) Vous _______________ vos devoirs et on y va ! (finir)

b) Ils _______________ tous les jours en train à leur travail. (partir)

c) Je _______________ à ce que je voudrais faire quand je serai plus grande. (réfléchir)

d) Nous faisons tout le circuit en voiture et nous _______________ dans des hôtels différents chaque soir. (dormir)

e) Lila est rusée, elle _______________ toujours à me faire faire ce qu'elle veut ! (réussir)

f) Les spectateurs ________________ lorsque le chanteur entre en scène. (applaudir)

g) Je ________________ qu'il va encore arriver en retard comme à son habitude... (sentir)

h) Et vous, vous ________________ souvent le soir avec votre mari ? (sortir)

i) La voiture devant nous ________________, peut-être qu'il y a des travaux, soyons prudents ! (ralentir)

Tragen Sie die Verben in die richtige Spalte ein.

★★

dormir • applaudir • mentir • sentir • choisir • réussir • réfléchir • sortir • agir • nourrir • punir • saisir

a) Verben auf -ir ohne Stammerweiterung wie **partir**	**b)** Verben auf -ir mit Stammerweiterung wie **finir**

Prägen Sie sich gut ein, welche Verben auf **-ir** mit Stammerweiterung gebildet werden, denn genau diese Unterscheidung werden Sie machen müssen, wenn Sie die Vergangenheitsform **Imparfait** lernen!

101 ★★

Ordnen Sie die Pronomen den passenden Satzenden zu.

a) Je	___	**A**	part dans dix minutes.
b) Tu	___	**B**	réfléchis à mon exercice.
c) Il	___	**C**	saisissons l'occasion.
d) Nous	___	**D**	finis ton dessert ?
e) Vous	___	**E**	mentent, ce n'est pas vrai !
f) Elles	___	**F**	dormez jusqu'à quelle heure ?

102 ★★★

Ergänzen Sie die Lücken mit den richtigen Formen von **choisir**, **dormir**, **réfléchir**, **sentir** und **sortir** anhand der Bilder.

a) Je ______________ à l'hôtel.

b) Nous ______________ dans notre chambre.

c) Je ______________ la salade grecque.

d) Elle ______________.

e) Nous ______________________
les frites.

f) Ils se ______________________
très heureux.

g) Elle ____________________ la fleur de
tournesol.

h) Le mardi, ils ____________________
ensemble au restaurant.

103 ★★★ Übersetzen Sie ins Französische.

a) *wir lügen*

____

b) *sie fährt weg*

____

c) *ich ernähre mich*

____

d) *ihr schlaft*

____

e) *sie beenden*

____

f) *ich überlege*

____

g) *er geht aus*

____

h) *wir handeln*

____

Verben auf -re

104 ★

Ergänzen Sie die Sätze mit den richtigen Formen von **mettre**.

a) Je ________________ mon costume et mes chaussures chic pour aller au mariage de ma cousine.

b) Tu ________________ la table, s'il te plaît ? Les invités arrivent dans une demi-heure !

c) Elle ________________ la quiche dans le four.

d) On ________________ de la musique classique ?

e) Nous ________________ nos gants pour sortir dans la neige.

f) Vous ________________ le beurre dans le frigo ?

g) Ils ________________ beaucoup de temps à arriver...

h) Il ________________ son cartable dans le coffre de la voiture.

Es gibt viele Wendungen mit **mettre**, die Sie am besten auswendig lernen:

mettre la table – *den Tisch decken*
mettre un vêtement – *ein Kleidungsstück anziehen*
mettre du temps – *Zeit brauchen*

105 ★★

Kreuzen Sie die passende Antwort an.

a) Je peux sortir au cinéma avec mes amis ce soir ?

☐ **A** Oui, bien sûr je te le permets.

☐ **B** Oui, mets-le au porte-manteau !

☐ **C** Ça, je le lui promets!

b) Vous êtes sûrs que nous allons avoir un cadeau ?

- ☐ **A** Oui, bien sûr je te le permets.
- ☐ **B** Oui, mets-le !
- ☐ **C** Ça, je vous le promets !

c) Tu trouves que ce pantalon est assez bien pour sortir en boîte ?

- ☐ **A** Oui, bien sûr je te le permets.
- ☐ **B** Oui, mets-le !
- ☐ **C** Ça, je vous le promets !

Die Verben **admettre** *(zugeben)*, **omettre** *(auslassen)*, **permettre** *(erlauben)*, **promettre** *(versprechen)* und **transmettre** *(übermitteln)* werden wie **mettre** *(setzen, legen, stellen,* etc.*)* konjugiert.

106 ★★

Ergänzen Sie das Verb **attendre** mit der richtigen Endung.

a) J'atten_______ le bus pour aller à l'aéroport.

b) Nous vous atten_______ déjà depuis plus d'une heure, qu'est-ce que vous avez fait ?

c) Tu m'atten_______ pour qu'on aille ensemble au concert ?

d) Elles atten_______ la fin de l'année scolaire avec impatience et sont pressées d'être en vacances.

e) Qu'atten_______-il pour démarrer la voiture ?

f) Vous atten_______ ? Il ne me faut plus que dix minutes et je suis prête !

g) On atten_______ souvent longtemps avant de rencontrer l'âme sœur...

107 ★★ Ergänzen Sie die Sätze mit dem passenden Pronomen.

Je • Tu • Il • Nous • Vous • J' • Il • Elles • Tu

a) ________ étendent le linge sur le fil pour qu'il sèche.

b) ________ perds de l'argent si tu investis dans ce fonds.

c) ________ vendons des voitures neuves et quelques-unes d'occasion.

d) ________ perdez le match, avec deux points de retard sur l'autre équipe.

e) ________ entends mon père qui arrive, chut !

f) ________ lui tend les bras pour l'accueillir.

g) ________ prétend qu'il a raison, mais je vous dis qu'il a tort.

h) ________ me détends le mieux en prenant un bain chaud avec de la mousse.

i) ________ me rends mon crayon !

108 ★★★ Übersetzen Sie folgende Sätze ins Französische.

a) *Sie erwartet ein Kind.*

____

b) *Er verliert seine Haare.*

____

c) *Wir verkaufen unser Haus.*

____

d) *Du hörst Stimmen.*

____

e) *Ich reiche dir die Hand.*

____

f) *Ich gebe dir dein Geschenk zurück.*

____

g) *Wir warten vor der Kirche.*

____

109 ★★★

Verbinden Sie die konjugierten Formen mit dem passenden Infinitiv.

a) j'atteins	___	**A**	peindre
b) il peint	___	**B**	teindre
c) nous craignons	___	**C**	contraindre
d) vous contraignez	___	**D**	se plaindre
e) tu teins	___	**E**	atteindre
f) ils se plaignent	___	**F**	geindre
g) je geins	___	**G**	craindre
h) il feint	___	**H**	éteindre
i) nous éteignons	___	**I**	feindre

!

Die Verben auf **-indre** verlieren das **-d** vom Stamm im Singular:

craindre – *befürchten:* **je crains, tu crains, il craint**

Aber Vorsicht, es gibt einige Verben auf **-oudre**, die das **-d** behalten:

coudre – *nähen:* **je couds**
moudre – *mahlen:* **elle moud**

Die wichtigsten unregelmäßigen Verben

110 ★

Rahmen Sie die waagerecht und senkrecht konjugierten Formen von **être** und **avoir** ein. Schreiben Sie sie danach in die Lücken.

X	Z	I	Ê	T	E	S	A
G	E	S	T	P	S	O	I
A	V	O	N	S	U	A	O
Q	B	N	H	N	I	V	N
U	N	T	T	X	S	E	T
S	O	M	M	E	S	Z	X
T	K	J	V	S	I	X	J
C	A	I	D	F	R	A	S

a) avoir

____

____

____

b) être

____

____

____

! Lernen Sie beide Verben auswendig, da Sie diese für alle zusammengesetzten Zeiten brauchen werden!

111 ★

Konjugieren Sie das Verb **aller**.

a) Je ________________ en ville pour acheter un pantalon.

b) Il ________________ à Barcelone demain.

c) Où ________________-nous en voyage cette année ?

d) Vous ________________ au cours de sport tous les mercredis soirs ?

e) Ils ________________ bien depuis qu'ils ont pris des vacances.

f) Tu ________________ au bureau à pied ou en vélo ?

g) On ________________ au café du coin.

112 ★★

Verbinden Sie die passenden Satzteile. Nur eine Antwort ist erlaubt.

a) Je ne veux pas	___	**A**	arrêter de fumer.
b) Tu dois absolument	___	**B**	toujours la vérité.
c) Il sait parfaitement	___	**C**	une lettre.
d) Nous ne pouvons pas	___	**D**	nager.
e) Elle m'écrit	___	**E**	venir demain soir.
f) Vous ne dites pas	___	**F**	de café.

Die Modalverben behalten den Infinitivstamm bei **nous** und **vous**. Im Singular und in der 3. Person Plural ändert sich jedoch der Stamm:

devoir – *sollen; müssen:* **je dois, nous devons**
pouvoir – *können; dürfen:* **je peux, nous pouvons**
vouloir – *wollen; mögen:* **je veux, nous voulons**
savoir – *wissen; können:* **je sais, nous savons**

113 ★★

Ergänzen Sie die Tabelle mit den richtigen Formen der Verben.

a) prendre	**b)** comprendre	**c)** apprendre
je *prends*	je ___	j' ___
tu ___	tu ___	tu ___
il/elle ___	il/elle ___	il/elle ___
nous ___	nous *comprenons*	nous ___
vous ___	vous ___	vous ___
ils/elles ___	ils/elles ___	ils/elles *apprennent*

114 ★★

Kreisen Sie die richtige konjugierte Form ein.

a) Nous **bois/buvons/boivent** du café au lait au petit-déjeuner.

b) Vous **conduisez/conduis/conduisons** vraiment ce camion ?

c) Ils se **connais/connaît/connaissent** depuis toujours.

d) Qu'est-ce que vous **croyons/croient/croyez** ?

e) Tu **écrivent/écrit/écris** vraiment bien.

f) Qu'est-ce que vous **faisons/faites/fait** dans la vie ?

g) Je **vient/venons/viens** chez toi dimanche après-midi.

h) Elle **vis/vit/vivent** seule dans cette grande maison.

i) Nous **lit/lisez/lisons** les journaux tous les matins.

115 ★★★

Erzählen Sie eine Geschichte und verwenden Sie dabei die folgenden Wörter.

dormir tard • courir dans la nature • déjeuner en famille • faire des courses • dîner au restaurant • lire un livre • aller au cinéma le soir

Le samedi, je ____________________

Reflexivverben

116 ★

Ergänzen Sie die Lücken mit der richtigen konjugierten Form des Reflexivverbes in Klammern.

a) Je ______________________ les mains. (se laver)

b) Vous ______________________, s'il vous plaît, pour que je vous examine. (se déshabiller)

c) Tu ______________________ dans le miroir ? (se voir)

d) Nous ______________________ dans le seizième arrondissement de Paris. (se trouver)

e) Elle ______________________ et ______________________. (se coiffer, se maquiller)

117 ★★

Nicht alle französischen Reflexivverben sind es auch im Deutschen und anders herum auch nicht! Ordnen Sie zu.

a) s'appeler	___	**A** *heiraten*
b) bouger	___	**B** *spazieren gehen*
c) se promener	___	**C** *duschen*
d) se marier	___	**D** *sich bewegen*
e) s'endormir	___	**E** *heißen*
f) se doucher	___	**F** *sich schämen*
g) avoir honte	___	**G** *aufwachen*
h) se lever	___	**H** *aufstehen*
i) se réveiller	___	**I** *einschlafen*

VERBEN IN DER VERGANGENHEIT

Imparfait und Passé composé

118 Setzen Sie die Verbformen ins **Imparfait**.

★

Präsens	Imparfait
a) je parle	
b) nous avons	
c) vous prenez	
d) ils veulent	
e) tu peux	
f) il sait	
g) vous faites	

Das Imparfait wird bei allen Verben außer **être** ***(sein)*** gleich gebildet:

Stamm der 1. Person Plural Präsens + Endungen **-ais, -ais, -ait, -ions, -iez, -aient**.

119 Ordnen Sie die konjugierten Formen von **être** im **Imparfait** den richtigen Pronomen zu.

★

a) j'	___	**A** était
b) il	___	**B** étaient
c) elles	___	**C** étions
d) nous	___	**D** étiez
e) vous	___	**E** étais

120 ★

Kreuzen Sie an, ob die Aussage richtig oder falsch ist.

	Vrai	Faux
a) Das Passé composé wird mit **aller** gebildet.	☐	☐
b) Das Passé composé wird mit **avoir** oder **être** gebildet.	☐	☐
c) Das Participe passé ist immer unveränderlich.	☐	☐
d) Es gibt Verben, die sowohl mit **avoir** als auch mit **être** gebildet werden können.	☐	☐

Viele Partizipien sind unregelmäßig und müssen auswendig gelernt werden. Diese finden Sie im Kapitel **Andere Modi** - Die Partizipien, Übung 145 - 150.

121 ★★

Setzen Sie die Verben ins **Passé composé.**

a) je regarde — j' ______________________

b) il fait — il ______________________

c) tu téléphones — tu ______________________

d) nous dansons — nous ______________________

e) vous finissez — vous ______________________

f) elle boit — elle ______________________

g) il mange — il ______________________

h) ils travaillent — ils ______________________

i) vous préparez — vous ______________________

j) tu vois — tu ______________________

k) elle comprend — elle ______________________

122 ★★

Ergänzen Sie die Sätze mit den richtigen Formen des **Passé composé** von **avoir** und **être.**

a) Quand j'étais jeune, j'_______________ la rougeole.

b) Il _______________ malade toute la semaine dernière.

c) Nous _______________ de la chance, il n'a pas plu du tout pendant notre séjour en Irlande !

d) Vous _______________ à la piscine hier ?

e) Elle _______________ des problèmes avec la police.

f) Tu _______________ longtemps absent ?

!

Beide Verben **avoir** ***(haben)*** und **être** ***(sein)*** bilden das Passé composé mit **avoir**:

j'ai eu – *ich habe gehabt*   **j'ai été** – *ich bin gewesen*

123 ★★

Setzen Sie die Sätze ins **Passé composé**.

a) Je vais en ville avec des amies faire du shopping.

____

b) Il reste deux semaines aux Pays-Bas.

____

c) Qu'est-ce qu'il devient ?

____

d) Elle vient nous voir tous les mois.

____

Ordnen Sie zu, mit welchem Hilfsverb das **Passé composé** der folgenden Verben gebildet wird.

rester • dîner • faire • avoir • être • prendre • tomber • mourir • partir • arriver • perdre • choisir • aller • venir • voyager • entrer

a) mit **avoir**	b) mit **être**

Kreisen Sie die richtige Form des Partizips ein.

a) J'ai **vu/vue/vus** mes cousins à l'anniversaire de ma tante.

b) Elle est **arrivé/arrivée/arrivées** hier soir au train de 23 heures.

c) Nous sommes **partis/parti/partie** de bonne heure ce matin.

d) Elle leur a beaucoup **parlée/parlés/parlé** durant cette soirée.

e) Tu t'es **réveillées/réveillée/réveillés** à quelle heure ?

f) Elle s'est **lavée/lavé/lave** les mains avec du savon.

g) C'est la robe que tu m'as **prêté/prêtée/prêtés**.

- Verben mit **avoir**: unveränderlich, Angleichung bei vorangestelltem direktem Objekt
- Verben mit **être**: Angleichung mit dem Subjekt des Satzes
- Reflexivverben: immer mit **être**, Angleichung mit dem Subjekt des Satzes, außer wenn ein direktes Objekt folgt

126 ★★★

Ergänzen Sie die Sätze mit der richtigen Form des **Passé composé** der Verben in Klammern.

a) Je/J'__________________ du train. (descendre)

b) Je/J'__________________ mes valises du train. (descendre)

c) Elle __________________ les escaliers quatre à quatre. (monter)

d) Elle __________________ dans sa chambre. (monter)

e) Vous __________________ à la sortie 25 ? (sortir)

f) Vous __________________ les poubelles ? (sortir)

127 ★★★

Entscheiden Sie sich für das **Passé composé** oder für das **Imparfait**.

a) Chaque jour, Sylvie __________________ à huit heures. Aujourd'hui, elle __________________ à dix heures. (se lever)

b) Ce matin, Monsieur Merlin __________________ dans la rue avec son chien quand celui-ci __________________ sur sa laisse et __________________.
(se promener, tirer, partir)

c) D'abord, je/j' __________________ au cinéma avec mes amis et après le film, nous __________________ un coup dans un café tous ensemble avant de rentrer. (aller, boire)

d) Hier soir, il __________________ tellement froid que je/j'__________________ mettre un manteau et un bonnet. (faire, devoir)

e) Autrefois, il __________________ me voir tous les jours, mais cela fait maintenant deux mois qu'il __________________. (venir, ne pas venir)

Plusquamperfekt

128 ★

Kreuzen Sie die passende Verbform im Plusquamperfekt an.

a) Cette année, il a fait beau alors que l'an passé, il _____ tout le temps.

- ☐ **A** pleut
- ☐ **B** a plu
- ☐ **C** avait plu

b) Il pleurait parce qu'il _____ son jouet.

- ☐ **A** avait perdu
- ☐ **B** perdait
- ☐ **C** perd

c) Je voulais rendre visite à Claire, mais malheureusement elle _____.

- ☐ **A** était partie
- ☐ **B** étaient parties
- ☐ **C** est partie

d) J'_____ au marché la veille car je voulais du poisson.

- ☐ **A** allais
- ☐ **B** étais allé
- ☐ **C** étais

129 ★★

Schreiben Sie die Sätze im Plusquamperfekt wie im Beispiel um.

a) Le voleur est entré par la fenêtre et a volé tous les bijoux.

Le voleur était entré par la fenêtre et avait volé tous les bijoux.

b) L'accident a eu lieu sur la nationale 7 en direction d'Aix-en-Provence.

____

c) Ils ont voté la loi à l'unanimité.

____

d) Le spectacle s'est déroulé sur la scène de Bercy.

____

Passé simple

130 ★

Ordnen Sie die Formen des **Passé simple** den passenden Infinitiven zu.

a) parlâtes	___	**A**	finir
b) finis	___	**B**	aller
c) partîmes	___	**C**	parler
d) eus	___	**D**	savoir
e) furent	___	**E**	partir
f) fit	___	**F**	faire
g) prirent	___	**G**	avoir
h) prièrent	___	**H**	prendre
i) allai	___	**I**	prier
j) sus	___	**J**	être
k) dûmes	___	**K**	dire
l) dîtes	___	**L**	devoir

Kreuzen Sie an, welche Form im **Passé simple** der vorgeschlagenen Form im **Passé composé** entspricht.

a) j'ai fait

- ☐ **A** je fais
- ☐ **B** je fis
- ☐ **C** je fus

b) il a bu

- ☐ **A** il boit
- ☐ **B** il buvait
- ☐ **C** il but

c) nous avons pris

- ☐ **A** nous prenons
- ☐ **B** nous prenions
- ☐ **C** nous prîmes

d) vous êtes venus

- ☐ **A** vous vainquez
- ☐ **B** vous vîntes
- ☐ **C** vous veniez

e) tu as dit

- ☐ **A** tu dis
- ☐ **B** tu disais
- ☐ **C** tu avais dit

f) elles sont rentrées

- ☐ **A** elle rentra
- ☐ **B** elles rentrèrent
- ☐ **C** elles rentrent

Ist Ihnen aufgefallen, dass bei einigen Verben auf **-ir** manche Formen im **Passé simple** identisch mit den Formen im Präsens sind?

je dis – *ich sage/sagte*
il choisit – *er wählt/wählte*
tu finis – *du beendest/beendetest*
je lis – *ich lese/las*

132 ★★

Ergänzen Sie die Lücken mit der richtigen Form der angegeben Verben im Passé simple.

a) Vers midi, il ____________________ à pleuvoir. (se mettre)

b) Le chat ____________________ dans son panier et ____________________ à ronronner. (sauter, commencer)

c) Le TGV ____________________ en gare avec plus d'une heure de retard. (entrer)

d) Ils ____________________ le tour de la cathédrale pour prendre des photos sous tous les angles. (faire)

e) Elle ____________________ beaucoup de chance d'avoir été attachée au moment de l'accident. (avoir)

133 ★★★

Imparfait oder **Passé simple**? Wählen Sie die richtige Form.

a) Je **dormais/dormis** profondément quand un bruit me **réveillait/réveilla**.

b) Lorsque le train **arrivait/arriva**, je **lisais/lis** mon livre.

c) Dans notre location de vacances, il y **avait/eut** plusieurs chambres et un grand jardin.

d) Quand elle **voyait/vit** le serveur, elle **commandait/commanda** un diabolo menthe et un capuccino.

134 ★★★

Übersetzen Sie die Sätze ins Französische und benutzen Sie dabei das **Passé simple**.

a) *Er ging in die Bäckerei hinein.*

____

b) *Der Unfall ereignete sich* (avoir lieu) *auf der Autobahn.*

____

c) *Sie waren sehr schockiert über die Situation.*

____

d) *Er zog seinen Mantel an und ging heraus.*

____

e) *Ich bekam einen Brief von meinem Anwalt.*

____

f) *Sie erkannte zuerst ihren Bruder.*

____

VERBEN IN DER ZUKUNFT

Futur composé

135 ★

Ergänzen Sie die Lücken mit den richtigen Formen des **Futur composé**.

a) Cet après-midi, je ______________________ les courses avec ma mère. (faire)

b) Vous ______________________ à quelle heure ? (revenir)

c) Il ______________________ son baccalauréat en juin. (passer)

d) Tu ______________________ dans un laboratoire médical ? (travailler)

e) Elles ______________________ à la piscine couverte avec leurs amies. (aller)

f) En Russie, nous ______________________ des difficultés à comprendre l'écriture cyrillique. (avoir)

Die Bildung der Formen des **Futur composé** ähnelt der Zukunft im Deutschen: **aller** im Präsens + Infinitiv des Verbs: **Je vais faire la vaisselle.** (*Ich werde spülen.*).

Es drückt die nahe Zukunft aus und wird hauptsächlich in der gesprochenen Sprache verwendet.

136 ★

Setzen Sie die Verben im Präsens ins **Futur composé**.

a) je prends ______________________

b) nous téléphonons ______________________

c) Sylvie appelle ______________________

d) vous savez ______________________

e) il fait du sport ______________________

f) tu entends ______________________

Futur I

137 ★ Ergänzen Sie die Tabelle mit den richtigen Endungen.

	a) regarder	**b)** finir	**c)** attendre
je/j'	regarde________	fini________	attend________
tu	regarde________	fini________	attend________
il/elle	regarde________	fini________	attend________
nous	regarde________	fini________	attend________
vous	regarde________	fini________	attend________
ils/elles	regarde________	fini________	attend________

Die Endungen sind leicht zu merken, sie entsprechen den Formen von **avoir** im Präsens mit einem **-r** davor, außer bei **nous** und **vous**:

travailler - *arbeiten* → **travaille + r + -ai, -as, -a, -ons, -ez, -ont**

138 ★★ Ergänzen Sie die Sätze anhand der Fotos mit dem richtigen Verb im **Futur I**.

a) Je ____________________ un gros livre.

b) Elle ____________________ un contrôle d'histoire. (passer)

c) Elle ____________________ par la fenêtre.

d) Tu ____________________ à l'hôpital.

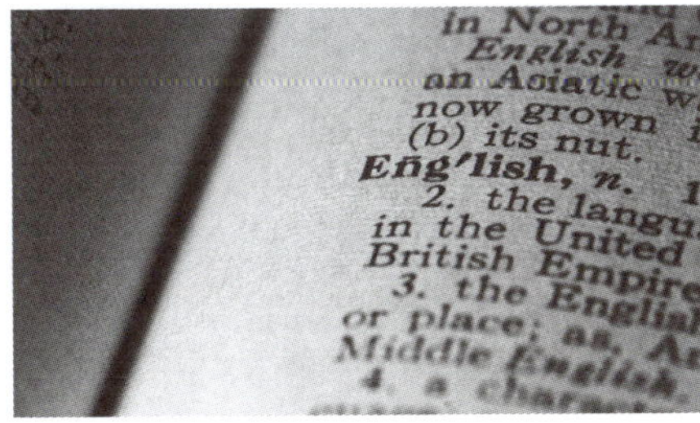

e) Elle ____________________ le mot « English ».

f) Elle ____________________ les assiettes.

139 ★★ **Setzen Sie die Sätze in den Plural.**

a) Je dormirai dans une toile de tente.

Nous ____

b) Viendras-tu manger avec nous au restaurant ?

____

c) Il se plaira beaucoup dans la région.

____

140 ★★

Ordnen Sie die unregelmäßigen Zukunftsformen ihrem jeweiligen Infinitiv zu.

a) aller	___	**A** il mourra
b) savoir	___	**B** il faudra
c) voir	___	**C** il pleuvra
d) devoir	___	**D** j'aurai
e) avoir	___	**E** tu iras
f) être	___	**F** nous verrons
g) mourir	___	**G** ils sauront
h) faire	___	**H** vous serez
i) falloir	___	**I** ils feront
j) pleuvoir	___	**J** tu devras

141 ★★★

Ergänzen Sie die Sätze mit den richtigen Verbformen im **Futur I**.

peindre • voir • vouloir • devoir • pouvoir • recevoir • venir • éteindre • tenir

a) Nous ________________ les murs de notre maison en beige.

b) Tu ________________ un paquet par la poste.

c) Vous ________________ marcher à pied, les chauffeurs de bus sont en grève.

d) Je ne ________________ malheureusement pas venir à votre anniversaire, j'ai une grippe intestinale.

e) Qu'est-ce que tu ________________ comme dessert ?

f) Vous ________________ la lumière, s'il vous plaît.

g) Ils ne ________________ pas, ils sont en voyage de noces aux Canaries.

h) Vous la ________________ sûrement, elle arrive par le même avion que vous !

i) Cette étagère ne ________________ pas, elle est beaucoup trop lourde !

142 ★★★

Übersetzen Sie die Sätze ins Französische und benutzen Sie dabei das **Futur I**.

a) *Nachher kaufe ich mir ein Eis.*

____

b) *Später kommt mein Bruder.*

____

c) *Ich hoffe, die Sonne scheint heute Nachmittag.*

____

d) *Mit etwas Glück gewinne ich bestimmt.*

____

e) *Später gehen wir ins Kino.*

____

Im Deutschen wird die Zukunft oft auch durch das Präsens ausgedrückt. Im Französischen muss man für alle künftigen Ereignisse zwischen **Futur composé** oder **Futur I** wählen. Man erkennt das oft an kleinen Wörtern wie **plus tard** *(später)*, **après** *(danach)*, **ce soir** *(heute Abend)* oder an Verben wie **espérer** *(hoffen)*:

Je dormirai plus tard. – *Ich schlafe später/werde später schlafen.*

Futur II

143 Wählen Sie die richtige Form des **Futur II**.

★

a) Il est huit heures. À midi, j'**ai préparé/avais préparé/aurai préparé** le repas.

b) Dans une heure, ils **auront fini/aura fini/avait fini** leur match de foot.

c) Lundi prochain à cette heure-ci, notre stage **étaient terminées/sera terminé/ seront terminés**.

d) Quand tu **avais déjeuné/as déjeuné/auras déjeuné**, tu feras la vaisselle et tu l'essuieras.

e) Demain, je me reposerai quand j'**ai terminé/avais terminé/aurai terminé** mon exposé.

f) Tu pourras aller jouer dehors avec tes amis quand tu as **fini/auras fini/aurais fini** tes devoirs.

144 Verbinden Sie die passenden Satzteile.

★★

a) Quand il aura fêté ses dix-huit ans,

b) Quand j'aurai gagné au loto,

c) Je ferai les vitres de la cuisine

d) J'arrêterai de prendre mes médicaments

e) Vers vingt-et-une heure trente,

___ **A** quand je serai complètement guérie.

___ **B** son avion aura déjà pris son envol pour New York.

___ **C** je m'achèterai un yacht et une porsche.

___ **D** quand j'aurai fini de passer l'aspirateur.

___ **E** il passera son permis de conduire.

ANDERE MODI

Die Partizipien

145 ★ Ergänzen Sie die Lücken mit der richtigen Form des **Participe présent**.

a) parler *parlant*
b) attendre ______
c) finir ______
d) regarder ______
e) aller ______
f) choisir ______
g) vouloir ______
h) avoir ______
i) être ______
j) savoir ______
k) faire ______
l) prendre ______

146 ★ Ergänzen Sie die Sätze mit den richtigen Formen des **Participe passé**.

a) J'ai *travaillé* deux ans dans cette entreprise. (travailler)
b) Vous avez ______ une entrée ? (choisir)
c) Ils ont ______ dans une toile de tente. (dormir)
d) J'espère que tu n'as pas ______ trop longtemps. (attendre)
e) Les filles sont ______ tard hier soir. (rentrer)
f) Je vous ai ______ le dernier modèle. (vendre)
g) Nous avons ______ tout le travail en une journée. (accomplir)
h) Tu as ______ ton exercice ? (finir)
i) Ils sont ______ pour deux semaines au Canada. (partir)

Alle Verben auf **-er**	Partizipendung **-é**	**parler** *(sprechen)*	→ **parlé**
Alle Verben auf **-ir**	Partizipendung **-i**	**finir** *(beenden)*	→ **fini**
Viele Verben auf **-re**	Partizipendung **-u**	**entendre** *(hören)*	→ **entendu**

147 ★★

Kreuzen Sie die richtige Form des Verbs an.

a) J'ai ______________ de la chance de trouver un emploi aussi vite.

☐ **A** été ☐ **B** eu ☐ **C** su

b) C'est toi qui as ______________ la porte ?

☐ **A** ouvert ☐ **B** fermée ☐ **C** offert

c) Elle a ______________ rater son train, elle n'est jamais en retard d'habitude.

☐ **A** pu ☐ **B** vu ☐ **C** dû

d) Avez-vous ______________ votre parapluie ? Il pleut dehors.

☐ **A** mis ☐ **B** pris ☐ **C** dit

e) Philippe a ______________ malade pendant une semaine.

☐ **A** été ☐ **B** eu ☐ **C** lu

f) Je n'ai pas ______________ jardiner parce qu'il a plu toute la journée.

☐ **A** pu ☐ **B** venu ☐ **C** plu

148 ★★

Ergänzen Sie die Formen des **Participe passé**.

a) boire ______________

b) connaître ______________

c) craindre ______________

d) écrire ______________

e) faire ______________

f) falloir ______________

g) mourir ______________

Setzen Sie die passenden Formen des **Participe passé** der folgenden Verben ein.

★★★

lire • pleuvoir • plaire • falloir • vivre • voir • prendre

a) Pendant nos vacances, il a ____________ tous les jours, horrible !

b) Il y avait des bouchons sur l'autoroute, il a ____________ prendre la nationale.

c) En cours, nous avons ____________ un roman de Victor Hugo.

d) Le concert ne m'a pas ____________ du tout !

e) Ils ont ____________ pendant deux ans au Portugal.

f) Tu as ____________ du dessert ?

g) Sophie, je ne l'ai pas ____________ depuis longtemps.

Vergessen Sie nicht, dass das **Participe passé** mit **avoir** normalerweise unveränderlich ist, sich aber nach dem vorangestellten direkten Objekt in Geschlecht und Zahl richtet:

Ils les ont acheté(e)s. – *Sie haben sie gekauft.*

Übersetzen Sie die Sätze ins Französische und achten Sie dabei auf das Partizip.

★★★

a) *Ich habe ihm nicht geglaubt.*

____

b) *Sie sind ihr gefolgt.*

____

c) *Sie ist an einer schlimmen Krankheit gestorben.*

____

Der Konditional

151 ★ Ergänzen Sie die drei Verben mit den richtigen Endungen des Konditional I.

	a) donner	**b)** écrire	**c)** rendre
je/j'	donne________	écri________	rend________
tu	donne*rais*	écri________	rend________
il/elle	donne________	écri________	rend________
nous	donne________	écri________	rend________
vous	donne________	écri________	rend*riez*
ils/elles	donne________	écri*raient*	rend________

Die Verbstämme im Konditional I sind die gleichen wie in Futur I, nur die Endungen sind anders. Auch die Ausnahmen sind gleich, zum Beispiel:

avoir → j'aurais – *ich hätte* **être → je serais** – *ich wäre.*

152 ★ Ordnen Sie die **Pronomen** den passenden Satzenden zu.

a) Je ____ **A** pourrais te dépêcher ?

b) Est-ce que tu ____ **B** voudrais m'acheter une voiture.

c) Il ____ **C** aimeriez du vin ?

d) Nous ____ **D** aurait tort de ne pas venir !

e) Vous ____ **E** mourraient de peur ici !

f) Elles ____ **F** serions les premiers à réussir...

153 ★★

Ergänzen Sie die Sätze mit den richtigen Formen der Verben in Klammern im **Konditional I**.

a) À ta place, je ________________ de voiture. (changer)

b) Il ________________ beaucoup avoir des animaux domestiques. (aimer)

c) Est-ce que vous ________________ m'aider ? (pouvoir)

d) Nous ________________ partir en vacances ensemble. (adorer)

e) Que ________________-vous de faire une partie de badminton ? (dire)

f) La ville ________________ à 100 kilomètres d'ici. (être)

g) Si j'étais riche, je ne ________________ plus. (travailler)

h) Je ________________ deux kilos de pommes, s'il vous plaît. (vouloir)

i) S'il travaillait moins, il ________________ plus de temps. (avoir)

154 ★★

Kreisen Sie jeweils die richtige Form im **Konditional I** ein.

a) Nous **pourrions/pouvons/pourrons** aller en ville.

b) Je **veux/voudrai/voudrais** bien jouer du piano.

c) Ils **seraient/seront/furent** là pour huit jours, m'a dit la voisine.

d) Qu'est-ce que vous **direz/diriez/disiez** ?

e) Tu **fais/feras/ferais** des belles photos ici, regarde !

f) Ne faites-pas de bruit, l'enfant **put/pouvait/pourrait** se réveiller.

g) Elle **aimait/aimerait/aimera** avoir des enfants.

h) Il **devra/devrait/devrais** arriver dans quelques minutes.

155 ★★

Setzen Sie die Verben im **Konditional I** in den **Konditional II** wie im Beispiel.

a) je ferais

j'aurais fait

b) tu irais

____

c) nous prendrions

____

d) ils auraient

____

e) vous seriez

____

f) on voudrait

____

g) ils pourraient

____

h) tu saurais

____

i) tu devras

____

j) il verra

____

k) nous aurons

____

l) tu seras

____

156 ★★

Verbinden Sie die passenden Satzteile.

a) Le ministre de l'Intérieur ____ **A** t'habiller plus chaudement !

b) Deux criminels ____ **B** aurait démissionné.

c) Tu aurais dû ____ **C** tu aurais eu ton bac !

d) Nous aurions aimé ____ **D** auraient tué un étranger.

e) Si tu avais fait des efforts, ____ **E** venir chez vous demain.

f) S'il avait fait plus beau, ____ **F** je me serais baignée.

157 ★★★

Ergänzen Sie die Lücken mit den richtigen Verben im **Konditional I** oder **II.**

aimer • prendre • pouvoir • devoir • rentrer

a) Je ________________ bien un petit café !

b) Il ________________ faire un grand voyage.

c) Il ________________ déjà ________________ hier de New-York.

d) ________________-vous me donner un renseignement, s'il vous plaît ?

e) Normalement, l'avion ________________ décoller il y a plus d'une heure, mais il est toujours là.

158 ★★★

Übersetzen Sie die Sätze ins Französische.

a) *Wohin möchten Sie gehen?*

____

b) *Ich hätte gerne mehr Urlaub.*

____

c) *Könntest du bitte lauter sprechen?*

____

d) *Du hättest ihn sehen sollen!*

____

e) *Wir hätten das Spiel gewinnen können.*

____

Das Gerundium

159 ★

Kreuzen Sie die jeweils richtige Antwort an.

	Vrai	Faux
a) Das Gerundium wird mit dem Participe passé gebildet.	☐	☐
b) Das Gerundium wird mit dem Participe présent gebildet.	☐	☐
c) Es kann die Ursache, den Gegensatz, die Art und die Simultaneität ausdrücken.	☐	☐
d) Für das Gerundium braucht man das Wörtchen **y**.	☐	☐
e) Für das Gerundium braucht man das Wörtchen **en**.	☐	☐

160 ★★

Verbinden Sie die zusammengehörenden Satzteile.

a) En entendant les témoins,	___	A en jouant au casino.
b) L'inspecteur a trouvé une photo	___	B je regarderai la télé.
c) Il perdait tout son argent	___	C la police pourra établir une liste des suspects.
d) Elle regardait les vieilles photos	___	D en fouillant dans le sac de la victime.
e) En attendant ton retour,	___	E en pleurant.
f) Le voleur est parti	___	F j'ai réfléchi à notre conversation d'hier soir.
g) En faisant mon jogging ce matin,	___	G en courant.

Der Imperativ

161 ★★ Ergänzen Sie die Lücken mit den richtigen Endungen der Verben im Imperativ.

	du-Form	**wir**-Form	**ihr/Sie**-Form
a) chanter	______	*chantons*	______
b) choisir	______	______	*choisissez*
c) faire	*fais*	______	______
d) attendre	______	*attendons*	______
e) dormir	______	______	*dormez*

162 ★★ Wählen Sie die richtige Form des **Imperativs.**

a) Ne **bois/buvez/buvons** pas d'alcool quand vous conduisez.

b) **Prends/Prenons/Prenez** l'autoroute, nous irons plus vite.

c) **Fais/Faites/Faisons** attention où vous mettez vos pieds !

d) **Sache/Sachons/Sachez** que je ne me mets pas en colère facilement, mais cette fois-ci tu m'énerves vraiment !

e) Ne **va/allons/allez** pas par là, c'est beaucoup trop dangereux !

f) **Soyons/Soyez/Sois** gentil avec ton petit frère !

g) **Dis/Dites/Disons** la vérité à ta mère !

h) Pierre, Jean, **éteignons/éteins/éteignez** la télé !

i) Ne **parle/parlons/parlez** pas si fort quand vous êtes dans la bibliothèque !

163 ★★

Ergänzen Sie die Sätze mit der richtigen Form des **Imperativs**.

a) N'_____________ pas peur ! (avoir, *du-Form*)

b) _____________ que cela ne m'intéresse pas du tout ! (savoir, *ihr-Form*)

c) _____________ prudents, la route est glissante. (être, *wir-Form*)

d) Ne _____________ pas triste, tu gagneras la prochaine fois ! (être, *du-Form*)

e) N'_____________ aucune crainte, je suis avec vous ! (avoir, *Sie-Form*)

f) _____________ gentils avec le bébé ! (être, *ihr-Form*)

164 ★★★

Übersetzen Sie die Sätze ins Französische.

a) *Pass auf!*

____

b) *Seien Sie vorsichtig!*

____

c) *Nehmen Sie die erste Straße rechts.*

____

d) *Gehen wir los!*

____

!

Geh! wird nicht nur mit dem Verb **aller** übersetzt, sondern man benötigt zusätzlich das kleine Wort **y**. Im Singular wird noch ein **-s** an das Verb gehängt, damit die Aussprache leichter fällt:

Vas-y ! – *Geh!* **Allons-y !** – *Gehen wir/Es geht los!*

Der Subjonctif

165 ★

Ergänzen Sie die Lücken mit den richtigen Formen der Verben im **Subjonctif**.

Il faut que/qu'…

a) je ________________ (travailler)
b) tu ________________ (partir)
c) nous ________________ (venir)
d) vous ________________ (finir)
e) il ________________ (parler)
f) on ________________ (acheter)
g) tu ________________ (payer)
h) je ________________ (nettoyer)
i) vous ________________ (mettre)
j) nous ________________ (écrire)
k) il ________________ (balayer)
l) elle ________________ (dire)
m) ils ________________ (choisir)
n) vous ________________ (regarder)

166 ★★

Verbinden Sie die Infinitive mit der entsprechenden unregelmäßigen Form des **Subjonctif**.

a) aller ___ **A** que tu sois
b) être ___ **B** qu'il fasse
c) avoir ___ **C** que vous veuilliez
d) faire ___ **D** que j'aille
e) pouvoir ___ **E** qu'il pleuve
f) vouloir ___ **F** que nous ayons
g) savoir ___ **G** qu'il faille
h) pleuvoir ___ **H** que nous sachions
i) falloir ___ **I** qu'elles puissent

167 ★★

Ergänzen Sie die Sätze mit der richtigen Form des in Klammern angegebenen Verbs.

a) Je veux que tu ________________ tes devoirs tout de suite ! (faire)

b) Il ordonne que les soldats se ________________ en rangs. (mettre)

c) Je souhaite que vous ________________ ce formulaire. (remplir)

d) Elle refuse que nous lui ________________ visite à l'hôpital. (rendre)

e) Pour cette fois, j'accepte que vous ________________ en retard. (être)

f) Ils regrettent que leur chef ne ________________ pas participer à la réunion. (pouvoir)

168 ★★

Kreuzen Sie die richtige Form des Verbs an.

a) Il est important que vous ________________ votre travail.

☐ **A** fassiez ☐ **B** fûtes ☐ **C** faites

b) Je suis vraiment désolée que vous ne ________________ pas venir.

☐ **A** pouvez ☐ **B** pensiez ☐ **C** puissiez

c) Je trouve bizarre qu'il n'________________ pas !

☐ **A** appelait ☐ **B** appelle ☐ **C** appela

d) Il est content que nous lui ________________ aussi souvent.

☐ **A** écrivons ☐ **B** écrivions ☐ **C** écrivaient

e) Il est temps que tu ________________ !

☐ **A** viens ☐ **B** viennes ☐ **C** vienne

f) Je suis surprise qu'il n'________________ pas au spectacle.

☐ **A** assistera ☐ **B** assistes ☐ **C** assiste

169 ★★★

Sortieren Sie die **Konjunktionen** in die richtige Tabellenspalte.

avant que • parce que • bien que • pour que • sans que • après que • jusqu'à ce que • puisque • vu que • pendant que

a) + Indikativ	**b)** + Subjonctif

Konjunktionen der Begründung, der Konsequenz, der Gleichzeitigkeit/Nachzeitigkeit, der Art und Weise mit Indikativ:

Nous partirons dès qu'il sera là. – *Wir fahren, sobald er da ist.*

Konjunktionen des Ziels, der Vorzeitigkeit, des Widerspruchs mit Subjonctif:

Nous irons au cinéma à moins qu'il n'y ait pas de bon film. – *Wir werden ins Kino gehen, es sei denn, es gibt keinen guten Film.*

170 ★★★

Ergänzen Sie die Lücken mit den Formen des **Subjonctif passé** wie im Beispiel.

a) que j' *aie fait* (faire)
b) que tu ______ (aller)
c) que nous ______ (être)
d) que vous ______ (avoir)
e) qu'il ______ (partir)
f) qu'elles ______ (voir)
g) que je ______ (venir)
h) qu'elle ______ (réussir)
i) que nous ______ (prendre)
j) que vous ______ (monter)
k) que tu ______ (arriver)
l) que j' ______ (dire)

DAS ADVERB

Formen

171 ★ Ordnen Sie die Adverbien der richtigen Tabellenspalte zu.

assez • bien • beaucoup • ensemble • moins • peu • plus • mal • trop • vite • mieux

a) Adverbien der Menge	**b)** Adverbien der Art und Weise

172 ★★ Ergänzen Sie die Lücken mit den richtigen **Zeitadverbien**. Kreuzen Sie an.

a) ______________, j'arrête de fumer. *(heute)*

☐ **A** Hier ☐ **B** Aujourd'hui ☐ **C** Demain

b) Je te téléphonerai ______________ matin. *(morgen)*

☐ **A** hier ☐ **B** demain ☐ **C** aujourd'hui

c) Tu aurais pu me le dire ______________ ! *(vorher)*

☐ **A** avant ☐ **B** toujours ☐ **C** maintenant

d) Je l'ai vue ______________, elle est passée me voir. *(gestern)*

☐ **A** hier ☐ **B** aujourd'hui ☐ **C** demain

e) Je trouve qu'elle est ______________ malade. *(oft)*

☐ **A** parfois ☐ **B** maintenant ☐ **C** souvent

f) Tu te lèves ______________ à huit heures ? *(immer)*

☐ **A** souvent ☐ **B** jamais ☐ **C** toujours

g) Le bus n'est pas ______________ passé. *(noch)*

☐ **A** jamais ☐ **B** toujours ☐ **C** encore

h) Cela fait ______________ qu'il est divorcé. *(lange)*

☐ **A** tôt ☐ **B** longtemps ☐ **C** tard

173 ★★

Ergänzen Sie die Lücken mit der richtigen Form des Adverbs wie im Beispiel.

a) Elle m'a parlé très *froidement*______________. (froid)

b) La mairie m'a répondu très ______________. (rapide)

c) Parlons ______________. (sérieux)

d) Il n'y avait ______________ pas de circulation sur l'A6. (pratique)

e) ______________, ils ont grimpé en haut de la montagne. (pénible)

f) Je suis ______________ désolée de vous décevoir… (terrible)

g) Parlez-moi ______________ ! (franc)

h) Nous avons ______________ assez d'argent pour payer le voyage ! (grand)

Adverbien, die von einem Adjektiv abgeleitet werden, nennt man abgeleitete Adverbien. Diese bildet man, indem man die Endung **-ment** an die weibliche Form des Adjektivs anhängt: **fort** → **forte** → **fortement** *(stark)*.

174 ★★

Ergänzen Sie die Tabelle mit der jeweils männlichen und weiblichen Form der **Adjektive**, aus denen die Adverbien stammen.

Adverb	Adjektiv männlich	Adjektiv weiblich
a) gaiement		
b) joliment		
c) nouvellement		
d) vraiment		
e) absolument		
f) follement		
g) mollement		

175 ★★★

Übersetzen Sie die Sätze ins Französische, das Adjektiv in Klammern gibt an, welches Adverb Sie verwenden sollen.

a) *Kürzlich habe ich ein Buch von Anna Gavalda gelesen.* (récent)

____

b) *Scheinbar ist er krank.* (apparent)

____

c) *Sie zieht sich immer sehr elegant an.* (élégant)

____

d) *Fahren Sie vorsichtig.* (prudent)

____

e) *Er hat es nicht böse gesagt.* (méchant)

____

f) *Ich spreche fließend Englisch.* (courant)

____

★★★

Wandeln Sie die Sätze um, indem Sie die fett markierten Satzteile durch ein **Adverb** wie im Beispiel ersetzen.

a) Son travail est très **précis**.

Il travaille très précisément.

b) Elle me parle **avec gentillesse.**

Elle _______________

c) Racontez-moi l'histoire **en bref**.

Racontez-moi _______________

d) Sa cuisine est **bonne**.

Elle _______________

e) Le travail de Simon est **mauvais**.

Simon _______________

Viele deutsche Adverbien haben die gleiche Form wie die Adjektive. Im Französischen ist es aber wichtig, beide zu unterscheiden:

Le repas est bon. – *Das Essen ist gut.*
Il parle bien l'italien. – *Er spricht gut Italienisch.*

Stellung

177 ★

Verbinden Sie die Satzteile so, dass sie einen Sinn ergeben.

a) Demain,	___	**A**	il a fait plus chaud qu'hier.
b) Avant-hier,	___	**B**	toujours très bavard.
c) Je ne bois	___	**C**	je m'achèterai un sac.
d) Il est	___	**D**	gentiment.
e) Elle me regarde	___	**E**	jamais d'alcool.
f) Malheureusement,	___	**F**	il a raté son examen.
g) Il comprend	___	**G**	mal l'allemand.

178 ★★

Bringen Sie die Wörter der Sätze in die richtige Reihenfolge, manchmal gibt es mehrere Möglichkeiten.

a) aujourd'hui | beau | il | fait

____

oder ______________________________

b) il | la | télé | souvent | regarde

____

c) je | arrivé | tôt | suis

____

d) elle | jamais | ne | rit

____

179 ★★★ Übersetzen Sie die Sätze ins Französische.

a) *Sie sind zusammen gekommen.*

____

b) *Er ist heute früh aufgestanden.*

____

c) *Das Flugzeug wird spät landen.*

____

d) *Der Zug fährt bald ab.*

____

180 ★★★ Setzen Sie die richtigen **Adverbien** ein.

hier • encore • bientôt • malheureusement • silencieusement • toujours • jamais • rapidement • heureusement • évidemment

______________ **(a)**, Pierre n'est pas ______________ **(b)** revenu de ses vacances. J'espère qu'il va ______________ **(c)** revenir car nous avons de mauvaises nouvelles pour lui. Les pompiers sont venus sonner chez nous ______________ **(d)** pour nous dire que son appartement avait été cambriolé. Comme il n'a ______________ **(e)** répondu au téléphone quand ils l'ont appelé, il ne le sait ______________ **(f)** pas. Nous, les voisins, n'avons rien entendu ! Les voleurs ont travaillé ______________ **(g)**. ______________ **(h)**, ils ont entendu du bruit dans l'escalier et ont pris la fuite ______________ **(i)** ! Ils ont emporté la télévision et l'ordinateur. ______________ **(j)**, Pierre va être choqué quand il va rentrer !

Steigerung

181 ★

Ergänzen Sie die Tabelle mit den richtigen **gesteigerten Formen der Adverbien** wie im Beispiel.

Adverb	Komparativ	Superlativ
a) vite	*plus vite que* *moins vite que* *aussi vite que*	*le plus vite*
b) souvent	______ ______ ______	______
c) mal	______ ______ ______	______

182 ★★

Verbinden Sie die zusammengehörenden Aussagen.

a) La robe te va bien. ___

b) Ce pantalon me plaît beaucoup. ___

c) Je travaille peu. ___

A Mais il travaille encore moins que moi.

B Mais la jupe te va encore mieux.

C Mais celui-ci me plaît encore plus.

DIE SATZARTEN

Der Aussage- und Fragesatz

183 ★ Bringen Sie diese Aussagesätze in die richtige Reihenfolge.

a) un | livre | achète | Lucas

____

b) Je | steak | commande | un | restaurant | au

____

c) Il | fruits | marché | au | vend | des

____

d) à | nos | Nous | cadeau | amis | un | faisons

____

184 ★ Verbinden Sie die passenden Fragen und Antworten.

a) Est-ce que tu vas bien ?	___	**A** Oui, hier, au café.
b) Vous venez dimanche ?	___	**B** Oui, hier matin en avion.
c) Il est arrivé hier ?	___	**C** Non, malheureusement, nous avons un empêchement.
d) Est-ce que vous l'avez vu ?	___	**D** Non, je suis très enrhumé.

– Intonationsfrage: Subjekt + Verb + Objekt + ?

– Frage mit **est-ce que: Est-ce que** + Subjekt + Verb + Objekt + ?

Il vient demain ? = Est-ce qu'il vient demain ? – *Kommt er morgen?*

185 ★★

Rahmen Sie zuerst die acht waagerecht und senkrecht versteckten **Fragewörter** ein, listen Sie sie dann auf.

Z	Q	U	E	T	Q	C	P
G	U	S	T	Q	U	O	Ù
A	I	Ù	N	U	A	A	O
C	O	M	M	E	N	T	N
O	N	T	T	L	D	E	Z
C	O	M	B	I	E	N	X
P	O	U	R	Q	U	O	I
C	A	R	D	J	R	O	S

a) waagerecht:

____

____

____

b) senkrecht:

____

____

____

186 ★★

Kreuzen Sie die einzig mögliche Frage an.

a) Je travaille à Paris.

- ☐ **A** Tu travailles quand ?
- ☐ **B** Tu travailles où ?
- ☐ **C** Tu travailles pour qui ?

b) Il parle de son travail.

- ☐ **A** Il parle à qui ?
- ☐ **B** Il parle de quoi ?
- ☐ **C** Est-ce qu'il parle ?

c) Le livre coûte 10 euros.

- ☐ **A** Pourquoi tu achètes le livre ?
- ☐ **B** Combien il coûte ?
- ☐ **C** Tu as un livre ?

d) Demain, il part en voyage.

- ☐ **A** D'où est-ce qu'il vient ?
- ☐ **B** Où est-ce qu'elle est demain ?
- ☐ **C** Qu'est-ce qu'il fait demain ?

187 ★★

Fragen Sie nach dem markierten Satzteil und verwenden Sie dafür Fragewörter mit est-ce que.

a) Ses parents sont allés au théâtre <u>hier soir</u>.

____

b) Ses parents sont allés <u>au théâtre</u> hier soir.

____

c) <u>Ses parents</u> sont allés au théâtre hier soir.

____

d) Elle a offert <u>des fleurs</u> à sa mère.

____

e) Elle a offert des fleurs <u>à sa mère</u>.

____

188 ★★★

Übersetzen Sie die Sätze ins Französische, verwenden Sie dabei est-ce que.

a) *Wen siehst du?*

____

b) *An wen denkst du?*

____

c) *Von wem redest du?*

____

d) *Für wen arbeitest du?*

____

189 ★★★

Verbinden Sie die Aussagen mit den entsprechenden Fragen.

a) Je prends un café. ____ **A** À quoi pense-t-il ?

b) Il pense à ses problèmes. ____ **B** De quoi rêve-t-elle ?

c) Je rêve d'une grande maison. ____ **C** Avec quoi nettoie-t-elle son linge ?

d) Elle lave le linge avec de la lessive. ____ **D** Qu'est-ce qu'il commande ?

e) La conférence est sur la pollution. ____ **E** Sur quoi est la conférence ?

190 ★★★

Stellen Sie die passende Frage zum ersten Satz und ergänzen Sie dabei die Lücken wie im Beispiel.

a) Il parle de ses vacances. – De quoi parle-*t-il* ?

b) Monsieur Schneider connaît bien l'Italie. – Monsieur Schneider connaît____________ bien l'Italie ?

c) Elles vont à l'église tous les dimanches. – Vont____________ à l'église ?

d) Il aura bientôt fini ses études. – Aura____________ bientôt fini ses études ?

e) Il va bien. – Et lui, comment va____________ ?

f) Il est midi. – Quelle heure est____________ ?

g) Anne habite dans un très grand appartement. – Où Anne habite________ ?

!

Bei der Inversionsfrage steht das Subjektpronomen hinter dem Verb. Zwischen Verb und Subjekt wird ein Bindestrich eingefügt. In der 3. Person Singular bei **il, elle** oder **on** tritt zwischen Verb und Subjektpronomen ein **-t-**, wenn die Verbform auf **-e** oder **-a** endet:

Où va-t-on en cas d'urgences ? – *Wo geht man bei Notfällen hin?*

Der Relativsatz

191 ★

Ergänzen Sie die Lücken mit dem richtigen Relativpronomen **qui** oder **que/qu'**.

a) Le pays ______________ me plaît le mieux, c'est l'Italie.

b) L'Italie, c'est le pays ______________ je préfère.

c) Le livre ______________ je me suis acheté hier n'est pas intéressant du tout.

d) Mon ami m'a parlé d'une offre d'emploi ______________ est très bien payée.

e) C'est une marque de vêtements ______________ j'achète souvent.

f) Celui ______________ arrivera le premier gagnera la médaille.

g) Une chose ______________ je n'aime pas du tout, c'est la violence.

h) L'homme ______________ est là-bas, c'est mon cousin.

192 ★★

Kreuzen das einzig mögliche **Relativpronomen** an.

a) ______________ me gêne le plus, c'est le bruit.

☐ **A** Qui ☐ **B** Ce qui ☐ **C** Ce que

b) Tu peux faire ______________ tu veux.

☐ **A** qui ☐ **B** ce qui ☐ **C** ce que

c) Les enfants font toujours ______________ leur plaît.

☐ **A** ce qui ☐ **B** qui ☐ **C** ce que

d) Ce n'est pas ______________ j'ai dit.

☐ **A** ce qui ☐ **B** que ☐ **C** ce que

e) Je sais ______________ tu penses, mais tu as tort.

☐ **A** ce qui ☐ **B** que ☐ **C** ce que

Verbinden Sie die Sätze mithilfe von **dont** wie im Beispiel.

a) Régis est très sympathique. Son père est chef d'entreprise.

Régis dont le père est chef d'entreprise est très sympathique.

b) C'est Yann. Nous sommes très fiers de lui.

____

c) Le film est génial. Je t'ai parlé du film.

____

d) Prends mes chaussures de ski. Je ne me sers plus de mes chaussures de ski.

____

e) C'était une camarade de classe. Je me souviens très bien d'elle.

____

Markieren Sie das korrekte **Relativpronomen**.

a) C'était un mois pendant **lequel/lesquels/laquelle** nous sortions peu.

b) Ce sont des choses avec **lesquels/laquelle/lesquelles** on ne plaisante pas.

c) Voilà la raison pour **lequel/laquelle/lesquelles** nous n'avons pas pu participer aux festivités.

d) C'est un sujet sur **lequel/laquelle/lesquels** j'aimerais insister.

e) Ce sont les papiers parmi **lequel/laquelle/lesquels** vous pouvez chercher.

f) Le prix **auquel/à laquelle/duquel** vous pensez est beaucoup trop élevé !

g) L'équipe contre **lequel/laquelle/lesquels** ils ont joué était très forte.

195 ★★★

Übersetzen Sie die Sätze ins Französische.

a) *Das Dorf, in dem ich wohne, heißt Château-Thébaud.*

____

b) *Das Land, in dem ich wohnen möchte, ist England.*

____

c) *Er weiß nicht, wo seine Brille ist.*

____

!

Verwechseln Sie nicht das Relativpronomen **où** *(wo)* mit der Konjunktion **ou** *(oder)*! Die beiden unterscheiden sich nur durch den Akzent **(accent grave)** auf dem **u**. Mit dem Merksatz können Sie sich das leicht einprägen: Auf der ODER schwimmt kein GRAF!

196 ★★★

Setzen Sie die passenden **Relativpronomen** ein.

a) Il connaît quelqu'un __________ peut nous aider.

b) C'est un sujet __________ je pense souvent.

c) Le livre __________ vous m'avez parlé m'a beaucoup intéressée.

d) Le bus __________ je prends est toujours en retard.

e) L'endroit __________ il habite est complètement perdu dans la campagne.

f) C'est pour cette raison __________ elle a déménagé.

g) C'est la seule personne __________ je n'ai pas le numéro de téléphone.

h) La dame avec __________ j'ai voyagé était très gentille.

i) __________ me dérange dans cette maison, c'est le manque de clarté.

Der Bedingungssatz

197 ★

Ergänzen Sie die Sätze mit **si/s'** oder **quand**.

a) ________ tu veux venir me voir, pas de problème !

b) ________ je me lève le matin, je prends une douche.

c) Vous allez vous baigner ________ vous êtes à la plage ?

d) Je passerai à la banque ________ j'ai le temps.

e) ________ il est d'accord, nous irons ensemble au cabaret.

!

Das können Sie sich merken:

Si drückt eine Bedingung aus = *falls, wenn.*
Quand drückt eine zeitliche Angabe aus = *(jedesmal) wenn, sobald.*

198 ★

Verbinden Sie die zusammengehörenden Satzteile.

a) Si tu viens chez moi,	____	**A**	je prendrai le train.
b) Si tu as fini tes devoirs,	____	**B**	nous discuterons.
c) S'il ne pleut pas,	____	**C**	vous pourrez jouer dehors.
d) Si je gagne au loto,	____	**D**	si nous n'acceptons pas.
e) Il sera mécontent	____	**E**	si vous n'y voyez pas d'inconvénients.
f) J'appelle mon avocat,	____	**F**	je m'achèterai une voiture de sport.
g) Si c'est moins cher,	____	**G**	tu peux regarder la télé.

199 ★★

Ergänzen Sie die Lücken mit den richtigen Formen des in Klammern angegebenen Verbs.

a) Si je gagnais au loto, je m'____________________ une moto et une grande maison. (acheter)

b) S'il faisait beau plus souvent, nous ____________________ plus. (sortir)

c) Je ne t'en ____________________ pas si tu ne pouvais pas venir. (vouloir)

d) Si Ludovic apprenait plus régulièrement ses leçons d'histoire, il ____________________ de meilleures notes. (avoir)

e) Si tu ne me parlais pas sans arrêt, je ____________________ enfin me concentrer sur ce que je fais. (pouvoir)

f) S'il faisait plus d'efforts, il ____________________ ses études. (réussir)

g) Je le ____________________ vraiment si vous deviez partir aussi vite. (regretter)

!

Im Gegensatz zum Deutschen steht in einem **si**-Satz nie das Futur oder der Konditional:

Si je le savais, je te le dirais. – *Wenn ich es wüsste, würde ich es dir sagen.*

200 ★★

Bilden Sie Sätze nach dem Beispiel und achten Sie auf die Zeit hinter si.

a) avoir de l'argent — *Si seulement j'avais de l'argent !*

b) travailler moins — ____________________

c) vivre au soleil — ____________________

d) avoir plus d'amis — ____________________

e) être en bonne santé — ____________________

201 ★★★

Ergänzen Sie die Lücken der Bedingungssätze in der Vergangenheit mit den richtigen Formen der angegeben Verben wie im Beispiel.

avoir • être • prendre • faire • aller

a) Si tu *avais eu* de l'argent, tu *aurais fait* le tour du monde.

b) S'il n'________ pas ________ malade, il ________ l'avion pour Sidney hier matin.

c) S'il n'y ________ pas ________ la grève des trains, j'________ le voyage Nantes-Paris en deux heures.

d) Si Isabelle ________ à l'université, sa mère ________ fière d'elle.

202 ★★★

Übersetzen Sie die Sätze ins Französische.

a) *Wenn es regnet, bleibe ich zu Hause.*

____

b) *Wenn du ihn sehen würdest, würdest du ihn nicht erkennen.*

____

c) *Wenn er nicht so früh gegangen wäre, hätte er mit uns gefeiert.*

____

d) *Ruf mich nicht an, wenn du keine Zeit hast.*

____

Die indirekte Rede

203 ★

Ergänzen Sie die Lücken mit dem richtigen **Einleitungswort**.

s' • que • qu' • si • où • combien • pourquoi • quand

a) Il me demande ______________ d'argent il me reste.

b) Je ne sais pas ______________ il ne m'a pas répondu.

c) Nous nous demandons ______________ ils ont bien pu passer.

d) Elle m'a raconté ______________ elle avait eu un accident de vélo.

e) Vous leur direz ______________ le métro sera arrivé.

f) Christelle lui a demandé ______________ elle pouvait lui prêter sa voiture.

g) Je pense ______________ tu devrais t'habiller de manière plus élégante.

h) Est-ce que tu sais ______________ il est déjà parti ?

204 ★★

Kreuzen Sie die richtige Verbform an.

a) Elle me demande si je la ______________ à l'anniversaire.

☐ **A** voyais ☐ **B** verrai ☐ **C** verrais

b) Il dit au service de dépannage qu'il ______________ en panne d'essence.

☐ **A** est tombé ☐ **B** tombait ☐ **C** tomberait

c) Mon père demande où nous ______________.

☐ **A** irions ☐ **B** allons ☐ **C** serions allés

d) Elle ne me dit pas avec qui elle ______________.

☐ **A** partirait ☐ **B** partait ☐ **C** part

205 ★★★

Ergänzen Sie die folgenden Sätze in der **indirekten Rede** mit der passenden Verbform.

a) Mon chef voulait savoir si j'__________ mon travail. (finir)

b) Le gendarme m'a demandé si j'__________ mon permis de conduire. (avoir)

c) Claire m'a raconté qu'elle __________ depuis un an. (être divorcée)

d) Mon fils m'a demandé si je __________ mieux depuis ma cure. (se sentir)

e) Il m'a dit qu'il __________ de mon avis. (être)

206 ★★★

Setzen Sie die folgende Rede in der Vergangenheit in die **indirekte Rede** wie im Beispiel.

a) « Est-ce que tu vas bien ? »

Il m'a demandé si j'allais bien.

b) « Tu peux me donner la réponse ? »

____

c) « Qu'est-ce que tu fais aujourd'hui ? »

____

d) « Où es-tu allé te promener hier après-midi ? »

____

e) « Tu avais déjà réfléchi au problème ? »

____

Der Satz im Passiv

207 ★

Ergänzen Sie die Tabelle mit den richtigen Passivformen des Verbs.

Präsens	Imparfait	Futur I	Subjonctif
a) *je suis conduit(e)*	*j'étais conduit(e)*	*je serai conduit(e)*	*que je sois conduit(e)*
b)	*j'étais interrogé(e)*		
c)		*je serai pris(e)*	
d)			*que je sois arrêté(e)*

208 ★★

Wandeln Sie die Sätze in die **Passivform** um.

a) Le chat mange la souris.

b) Christian conduit la voiture.

c) La boulangère ferme le magasin à 18 heures.

d) Les Américains ont lancé une bombe atomique sur le Japon.

e) Christophe porte la valise de Fabienne.

209 ★★★

Übersetzen Sie die Sätze ins Französische.

a) *Im Elsass wird auch Deutsch gesprochen.*

____

b) *Ein neues Gesetz wurde vom Parlament verabschiedet.*

____

c) *Dieses Gebäude wurde vom Staat finanziert.*

____

210 ★★★

Verbinden Sie die zusammengehörenden Sätze.

a) Là-bas, on roule à gauche.	___	**A** *Ihr wurden Blumen geschenkt.*
b) On a décidé d'augmenter les prix.	___	**B** *Dort wird links gefahren.*
c) Les crustacés se mangent avec les doigts.	___	**C** *Es wurde entschieden, die Preise zu erhöhen.*
d) Elle s'est fait offrir des fleurs.	___	**D** *Dies wurde heiß diskutiert.*
e) Cela a été l'objet d'un gros débat.	___	**E** *Krustentiere werden mit den Fingern gegessen.*

Im Französischen kann man oft die Passivform umgehen:

- Sätze mit **on**:
  On a élu le parti socialiste. – *Die sozialistische Partei wurde gewählt.*
- Umschreibung mit einem Reflexivverb:
  Les cigarettes se vendent de plus en plus. – *Zigaretten werden immer mehr verkauft.*
- Konstruktion mit **se faire** + Infinitiv:
  Il s'est fait voler sa voiture. – *Sein Auto wurde ihm gestohlen.*

ZAHLEN UND ZEITANGABEN

Grund-, Ordnungs- und Bruchzahlen

211 ★ Ergänzen Sie die Lücken mit der richtigen Zahl.

a) ____________ banane

b) ____________ salades

c) ____________ tranches de salami

d) ____________ pommes

e) ____________ tomates

f) ____________ artichauts

212 ★★ Schreiben Sie die **Zahlen** aus.

a) 15 ______________________

b) 28 ______________________

c) 42 ______________________

d) 77 ______________________

e) 93 ______________________

f) 80 ______________________

g) 59 ______________________

h) 61 ______________________

213 ★★

Verbinden Sie die **Zahl** mit ihrer ausgeschriebenen Variante.

a) 16	___	A	quarante et un(e)
b) 100	___	B	mille un(e)
c) 96	___	C	soixante-sept
d) 1001	___	D	quatre-vingt-seize
e) 41	___	E	cent
f) 87	___	F	quatre-vingt-sept
g) 67	___	G	seize

Bei 21, 31, 41, 51, 61 und 71 steht zwischen den Zehnern und Einern **et**:

21 **vingt et un(e)** 81 **quatre-vingt-un(e)**
31 **trente et un(e)** aber 91 **quatre-vingt-onze.**

214 ★★

Ordnen Sie die **Zahlen** in die richtige Tabellenspalte.

cent un • trois cents • quatre-vingt-dix • six cent douze • mille sept cents • quinze • vingt-sept • soixante et onze • deux millions • quatre-vingt-deux

a) < 100	**b)** > 100

215 ★★

Ergänzen Sie die Lücken mit der richtigen ausgeschriebenen **Zahl**.

300 ▪ 83 ▪ 3 ▪ 20 ▪ 0 ▪ 50 000 ▪ 2 000 000 ▪ 1 000 000 000

a) Je voudrais __________ grammes de parmesan, s'il vous plaît.

b) Pour ses __________ ans, nous lui avons acheté un vélo avec des roulettes.

c) À la banque, je vais retirer __________ euros pour payer ma voiture neuve.

d) Ma mère s'est mariée à __________ ans, juste avant ma naissance.

e) Ton grand-père est mort à __________ ans ?

f) Leur villa vaut plus de __________ d'euros.

g) __________ est un nombre avec neuf zéros.

h) Je me suis trompé, je recommence tout à __________.

216 ★★★

Schreiben Sie die **Zahlen** aus.

a) 1977 __________

oder __________

b) 76 999 __________

____

c) 2 500 000 __________

d) 1 000 000 000 __________

e) 987 654 __________

____

217 ★

Verbinden Sie die **Ordnungszahlen** mit den passenden **Grundzahlen**.

a) 5		___	**A**	second(e)/deuxième
b) 2		___	**B**	quatorzième
c) 101		___	**C**	cinquième
d) 1		___	**D**	cent unième
e) 1000		___	**E**	trentième
f) 14		___	**F**	premier
g) 30		___	**G**	millième
h) 23		___	**H**	troisième
i) 3		___	**I**	vingt-troisième

218 ★★

Ergänzen Sie die Lücken mit der richtigen **Ordnungszahl**.

Seconde • Ier • millième • quatre-vingtième • vingt et unième

a) Napoléon ____________________ était un grand empereur français.

b) La ____________________ Guerre mondiale a duré de 1939 à 1945.

c) C'est la ____________________ fois que je te le dis !

d) Nous vivons au ____________________ siècle.

e) Ma grand-mère fête son ____________________ anniversaire.

!

Bei Herrschernamen steht nur beim „Ersten" die Ordnungszahl, ansonsten die Grundzahl:

François Ier (gesprochen: **premier**) – *Franz I.*
aber **Louis XIV** (gesprochen: **quatorze**) – *Ludwig XIV.*

219 ★★

Ergänzen Sie die Lücken mit der richtigen **Bruchzahl**, entsprechend der Angabe in Zahlen wie im Beispiel.

a) 1/2 *un demi*

b) 1/3 ____________

c) 3/4 ____________

d) 1/4 ____________

e) 2/10 ____________

f) 1/100 ____________

g) 2/3 ____________

h) 7/8 ____________

Übersetzen Sie die Sätze ins Französische und verwenden Sie dabei Sammelzahlen (**une dizaine**, etc.).

a) *Ich möchte ein Dutzend Eier.*

____

b) *Sie haben ca. 10 Freunde eingeladen.*

____

c) *Vor ca. 20 Jahren lebte ich in England.*

____

d) *Wir werden uns in ca. 14 Tagen wiedersehen.*

____

e) *Bei der Schau waren ungefähr tausend Zuschauer.*

____

f) *Es waren um die 100 Personen da.*

____

Datum und Zeitangabe

Schreiben Sie die richtige **Uhrzeit** in die Lücke.

a) Il est ____________________/

____________________ heures.

b) Il est ____________________/

____________________ heures.

c) Il est ____________________/

____________________ heures.

d) Il est ____________________/

____________________ heures.

Verbinden Sie die miteinander passenden **Uhrzeiten**.

a) Il est une heure.

b) Il est 0 h 00.

c) Il est dix-huit heures.

d) Il est 12 heures.

___ **A** Il est six heures.

___ **B** Il est midi.

___ **C** Il est treize heures.

___ **D** Il est minuit.

223 ★★

Kreuzen Sie die richtige(n) **Uhrzeit(en)** an.

a) 19:30

- ☐ **A** Il est sept heures et demie.
- ☐ **B** Il est dix-neuf heures trente.
- ☐ **C** Il est sept heures et quart.

b) 09:45

- ☐ **A** Il est dix heures moins le quart.
- ☐ **B** Il est vingt et une heures quinze.
- ☐ **C** Il est neuf heures quarante-cinq.

c) 15:15

- ☐ **A** Il est trois heures trente.
- ☐ **B** Il est quinze heures quinze.
- ☐ **C** Il est trois heures et quart.

d) 12:40

- ☐ **A** Il est midi quarante.
- ☐ **B** Il est douze heures vingt.
- ☐ **C** Il est une heure moins vingt.

Übersetzen Sie die Sätze ins Französische.

a) *Der Zug fährt um 10.30 Uhr los.*

____

b) *Kommen Sie um 12 Uhr zum Mittagessen.*

____

c) *Der Film beginnt um Viertel nach acht.*

____

d) *Die Schule hört um 16.30 Uhr auf.*

____

e) *Wir treffen uns um 16.45 Uhr.*

____

225 ★★★

Schreiben Sie die korrekte **Uhrzeit** in Zahlen wie im Beispiel.

a) trois heures quinze — *3 h 15*

b) quinze heures dix-huit ____________

c) vingt-trois heures trente ____________

d) dix-neuf heures cinquante-cinq ____________

e) minuit ____________

f) midi et demie ____________

g) six heures moins le quart ____________ / ____________

h) huit heures moins cinq ____________ / ____________

i) quatre heures et quart ____________ / ____________

j) Welche beiden Uhrzeiten sind gleich? ____________ und ____________

226 ★★

Schreiben Sie folgende **Datumsangaben** wie im Beispiel aus, indem Sie den Monatsnamen verwenden.

a) 20.09.1967 — *le vingt septembre 1967*

b) 01.03.2013 ____________

c) 14.07.1789 ____________

d) 02.08.1980 ____________

e) 15.01.1848 ____________

f) 28.02.2000 ____________

g) 12.06.1971 ____________

227 ★★ Verbinden Sie die zusammengehörenden Satzteile.

a) On est le combien aujourd'hui ? ___ A Nous décollons le 12 février.

b) Vous partez à quelle date ? ___ B Du 9 au 18 octobre.

c) Quand est-ce qu'il arrive ? ___ C On est le 1er novembre.

d) Vous êtes en vacances quand ? ___ D Julien rentre le 14 juillet.

e) Depuis quand êtes-vous malade ? ___ E Le 14 juillet ? En France, oui !

f) Est-ce que c'est un jour férié ? ___ F Depuis début décembre.

228 ★★ Ergänzen Sie die Sätze mit der richtigen Form der **Datumsangabe**.

a) ______________________, je dois me lever tôt. *(montags)*

b) ______________________, mon cours de sport n'aura pas lieu. *(nächsten Dienstag)*

c) Aujourd'hui, nous sommes ______________________. *(Donnerstag, den 10. Mai)*

d) ______________________, il y a un super bon film à la télé ! *(am Sonntag)*

e) L'automne dure ______________________. *(von September bis Dezember)*

f) Il est né ______________________. *(am 5. Oktober)*

g) Les vacances scolaires vont ______________________ ______________________. *(vom 30.06. bis zum 05.09.)*

h) Elle est morte le ______________________. *(01.01.)*

i) ______________________, il y a eu un grave accident sur l'autoroute A8 avec de nombreux blessés. *(letzten Samstag)*

PRÄPOSITIONEN, KONJUNKTIONEN

Präpositionen des Ortes und der Zeit

229 ★ Wählen Sie die richtige Präposition des Ortes.

a) Je travaille **à/en/dans** Paris.

b) Elle habite **à/en/dans** une grande maison à la campagne.

c) Les enfants jouent **à/en/dans** la rue.

d) Nous passons souvent nos vacances **à l'/en/dans l'**Italie.

e) J'adore aller **à la/en/dans la** ville faire les magasins avec mon amie !

f) Ils vont **au/du/en** musée pour voir une exposition exceptionnelle.

g) Lille se trouve **du/dans le/en** Nord de la France.

h) Ils sont partis en voyage **à/en/aux** États-Unis.

i) Nous avons passé deux jours **au/en/dans le** Sud de la France.

230 ★★ Übersetzen Sie die Wendungen ins Französische.

a) *Bis morgen!* ________________

b) *im August* ________________

c) *während der Ferien* ________________

d) *für sechs Monate* ________________

e) *im Winter* ________________

f) *innerhalb einer Woche* ________________

g) *vor zehn Uhr* ________________

h) *nach dem Essen* ________________

Ordnen Sie die **Orts- und Zeitpräpositionen** in die richtige Tabellenspalte.

à côté de ▪ contre ▪ après ▪ devant ▪ avant ▪ depuis ▪ derrière ▪ autour de ▪ sous ▪ pendant ▪ dès ▪ il y a

a) Ortspräpositionen	**b)** Zeitpräpositionen

Einige Präpositionen können sowohl für Ortsangaben als auch für Zeitangaben verwendet werden. Allerdings ist die Bedeutung dann unterschiedlich:

de Lille – *aus Lille*
vers Paris – *in Richtung Paris*

de 8 h à midi – *von 8 bis 12 Uhr*
vers 10 heures – *gegen 10 Uhr.*

Verbinden Sie die **Ortspräpositionen** mit ihrer deutschen Entsprechung.

a) au-dessus de ___ A *inmitten*

b) au milieu de ___ B *über*

c) à travers ___ C *durch*

d) chez ___ D *entlang*

e) en face de ___ E *bei, zu*

f) le long de ___ F *gegenüber von*

g) loin de ___ G *zwischen, unter*

h) parmi ___ H *weit von*

233 ★★ Ergänzen Sie die Sätze mit der richtigen **Zeitpräposition**.

à partir d' • en • pour • pendant • dans • en • à • dès • jusqu' • en

a) Il est rentré ______________ trois heures du matin de la fête que son copain avait organisée.

b) Cette année, nous prenons nos vacances ______________ août et plus ______________ juillet comme l'année dernière.

c) ______________ aujourd'hui, j'arrête de fumer.

d) ______________ une semaine, je serai enfin aux États-Unis !

e) ______________ l'âge de quatre ans, il savait nager.

f) ______________ automne, j'adore ramasser des châtaignes.

g) Il a travaillé ______________ à minuit.

h) ______________ les vacances scolaires, il n'a pas touché à ses livres et n'a pas ouvert un cahier.

i) Ils sont partis en Chine ______________ six mois.

234 ★★★ Kreuzen Sie die richtige **Präposition** an.

a) Le cinéma est ______________ du théâtre.

☐ **A** pendant ☐ **B** autour ☐ **C** à côté

b) Il pousse la table ______________ le mur.

☐ **A** sous ☐ **B** contre ☐ **C** dans

c) Notre hôtel est ______________ de la mairie !

☐ **A** dans ☐ **B** entre ☐ **C** en face

d) ______________ nos amis, certains sont avocats.

☐ **A** Entre ☐ **B** Contre ☐ **C** Parmi

e) Il y a des bouchons pour tous ceux qui roulent ______________ la région parisienne.

☐ **A** vers ☐ **B** dès ☐ **C** jusque

f) Je suis né ______________ 1960.

☐ **A** à ☐ **B** il y a ☐ **C** en

g) Les chambres donnent ______________ la cour.

☐ **A** sous ☐ **B** sur ☐ **C** par

h) Mes parents habitent ici ______________ des années.

☐ **A** loin de ☐ **B** dès ☐ **C** depuis

235 ★★★

Übersetzen Sie die Sätze ins Französische.

a) *Sie werden vor 10 Uhr kommen.*

____

b) *Stellen Sie die Gläser auf den Tisch.*

____

c) *Heute Nachmittag gehe ich zum Zahnarzt.*

____

d) *Geh nicht auf die Straße!*

____

e) *Ich habe das Buch in zwei Stunden gelesen.*

____

Modale Präpositionen

236 ★

Verbinden Sie die passenden Satzteile.

a) une tasse ___ **A** à bicyclette
b) rouler ___ **B** à café
c) se trouver ___ **C** à pêche
d) une canne ___ **D** le kilo
e) à dix euros ___ **E** à 100 kilomètres
f) taper ___ **F** à pied
g) marcher ___ **G** à la main
h) fait ___ **H** à moteur
i) un bateau ___ **I** à la machine

237 ★★

Ergänzen Sie die Lücken mit der richtigen **Präposition**.

a) Prendrez-vous encore une tasse ____________ thé ?

☐ **A** à ☐ **B** de ☐ **C** en

b) Il m'a fait un signe ____________ la main.

☐ **A** à ☐ **B** de ☐ **C** avec

c) Ils sont morts ____________ froid !

☐ **A** à ☐ **B** par ☐ **C** de

d) Je porte une robe ____________ coton.

☐ **A** à ☐ **B** avec ☐ **C** de

e) Il nous faut deux bouteilles ____________ lait.

☐ **A** de ☐ **B** en ☐ **C** par

f) Il tape toujours __________ pied quand il entend de la musique !

☐ **A** de ☐ **B** du ☐ **C** des

g) Je voudrais un paquet __________ farine.

☐ **A** en ☐ **B** de la ☐ **C** de

h) Il parle __________ vous.

☐ **A** en ☐ **B** de ☐ **C** à

i) Donnez-moi deux tranches __________ jambon.

☐ **A** de ☐ **B** du ☐ **C** à

j) Il ne se nourrit que __________ fruits et légumes.

☐ **A** avec ☐ **B** de ☐ **C** des

238 ★★ Ergänzen Sie die Lücken mit der richtigen modalen **Präposition**.

a) Mes voisins sont partis __________ voyage __________ avion.

b) Le pantalon __________ cuir que je me suis acheté est vraiment de très bonne qualité.

c) Je n'aime pas manger de la soupe __________ entrée.

d) Elle s'habille toujours __________ noir.

e) Ce tapis n'est pas __________ fibres synthétiques, il est __________ pure laine.

f) Le trajet __________ train a duré plus de dix heures.

g) J'ai dû payer 50 euros __________ plus parce que je voulais une chambre individuelle.

h) Ici, il faut payer __________ liquide.

i) Welche Präposition passt in jeden dieser Sätze? __________

239 ★★★

Ordnen Sie die Wörter der korrekten **Präposition** zu.

semaine • la poste • faire plaisir • une semaine • quinze mille euros • cœur • personne • pitié • deux mois • rien

a) par	**b)** pour

240 ★★★

Ergänzen Sie die Lücken mit der richtigen **modalen Präposition**.

d' • sans • avec • à • par • sur • en

a) Il me regarde ___________ un air triste.

b) Je préfère y aller ___________ pied.

c) C'est ___________ plaisir que nous l'avons accueilli.

d) Papy s'est déguisé ___________ Père Noël.

e) Ma correspondante m'a envoyé une lettre ___________ avion.

f) Un Allemand ___________ trois est déjà allé en France.

g) Ils ont escaladé la montagne ___________ aucune crainte.

h) Vous pouvez manger les huîtres ___________ les mains !

i) Il roule toujours ___________ plus de deux cent kilomètres à l'heure.

j) Ils ont fait le voyage complet ___________ autobus.

Beiordnende Konjunktionen

241 ★ Finden Sie alle sieben beiordnenden Konjunktionen in der Buchstabenschlange und schreiben Sie sie einzeln auf.

m a i s x i e k o u w o y e t z i l i d o n c m m n o r i l r n i t j z o c a r o r j

a) ______________ **b)** ______________

c) ______________ **d)** ______________

e) ______________ **f)** ______________

g) ______________

Die sieben beiordnenden Konjunktionen kann man in einem Stück auswendig lernen. Dabei hilft folgender Merksatz, in dem man alle hört:

Mais où est donc Ornicar ? (mais où est donc or ni car) – *Aber wo ist Ornicar?*

242 ★★ Verbinden Sie die passenden Satzteile.

a) Le matin, je bois un café ___ **A** ni au théâtre ni au cinéma.

b) Il ne va ___ **B** car ça va plus vite.

c) Vous préférez rester ___ **C** et je lis le journal.

d) Nous avions rendez-vous ___ **D** ou vous voulez partir ?

e) Je prends la voiture ___ **E** donc je peux aller me promener.

f) J'ai fini mon travail ___ **F** donc je prends mes gants.

g) Il prend d'abord le bus ___ **G** mais il n'est pas venu !

h) Il fait froid ___ **H** et après il monte dans le métro.

243 ★★

Bringen Sie die Sätze wieder in die richtige Reihenfolge. Manchmal gibt es zwei Möglichkeiten.

a) Il | pleut | reste | Keanu | à | maison | et | la

____

b) Le | la | télé | dimanche | regardait | elle | elle | lisait | livre | ou | un

____

oder ______________________________

c) Il | arrive | énervant | est | car | retard | en | toujours | il

____

d) Je | suis | je | ne | fatigué | mais | malade | pas | suis

____

e) Il | ni | ni | boit | café | de | thé | de | ne

____

oder ______________________________

f) Je | malade | reste | couchée | donc | je | suis

____

244 ★★

Kreuzen Sie die einzig mögliche **Konjunktion** an.

a) Il neige ____________ je reste à la maison.

☐ **A** ou ☐ **B** donc ☐ **C** car

b) Le livre est intéressant ____________ il est vraiment long !

☐ **A** ou ☐ **B** donc ☐ **C** mais

c) Ils finissent leurs devoirs ______________ ils vont jouer dehors.

☐ **A** et ☐ **B** ni ☐ **C** car

d) Il prend sa casquette ______________ la météo a annoncé une journée chaude.

☐ **A** et ☐ **B** ou ☐ **C** car

e) Tu restes là ______________ tu viens avec nous ?

☐ **A** mais ☐ **B** ou ☐ **C** donc

245 ★★★ Übersetzen Sie die Sätze ins Französische.

a) *Sie sind ins Café gegangen und haben ein Bier getrunken.*

____

b) *Mögt ihr das Land oder wohnt ihr lieber in der Stadt?* (Intonationsfrage)

____

c) *Ich bin im Ausland also kann ich nicht zu der Party kommen.*

____

d) *Ich gehe oft ins Kino aber ich sehe mir nur Komödien an.*

____

e) *Ich bin enttäuscht gewesen denn er ist nicht gekommen.*

____

f) *Ich esse weder Fleisch noch Fisch.*

____

g) *Ich denke also bin ich.*

____

Subordnende Konjunktionen

246 ★

Ordnen Sie die subordnenden **Konjunktionen der Zeit** ihrer korrekten Bedeutung zu.

a) avant que ___ A *nachdem*

b) jusqu'à ce que ___ B *bevor*

c) après que ___ C *während*

d) aussi longtemps que ___ D *bis*

e) pendant que/lorsque ___ E *solange*

f) quand ___ F *als, wenn*

g) chaque fois que ___ G *sobald*

h) aussitôt que ___ H *wenn erst einmal*

i) une fois que ___ I *jedesmal, wenn*

247 ★★

Markieren Sie die richtige **beiordnende Konjunktion**.

a) **Malgré qu'/Pendant qu'/Avant qu'**elle soit très occupée, elle va régulièrement à la piscine.

b) Tu pourras sortir avec tes amis **jusqu'à ce que/pour que/à condition que** tu fasses tes devoirs avant.

c) Nous resterons dans le jardin **aussitôt que/jusqu'à ce que/quoique** la nuit tombe.

d) **Au cas où/Alors que/Puisque** mes parents rentreraient plus tôt, je n'ai pas fermé la porte à clé.

e) **Comme/En attendant que/Sans que** je ne me sentais pas bien, je ne suis pas allé à l'université.

f) **Parce qu'/Quand/Si bien qu'**il viendra, nous ferons une partie de cartes ensemble.

g) Il a acheté un bac à sable **parce que/pour que/pourvu que** ses enfants puissent jouer dehors.

h) Je ferme toujours les volets **de sorte que/de peur que/de manière que** les voleurs puissent entrer dans la maison.

248 ★★ Ordnen Sie die **Konjunktionen** in die richtige Tabellenspalte, je nachdem ob sie den Indikativ oder den Subjonctif nach sich ziehen.

depuis que ▪ de crainte que ▪ avant que ▪ tant que ▪ dès que ▪ sans que ▪ bien que ▪ malgré que ▪ après que ▪ vu que

a) Indikativ	**b)** Subjonctif

Leider gibt es keine feste Regel, um zu wissen, ob eine beiordnende Konjunktion den Indikativ oder den Subjonctif erfordert, man muss es von Anfang an auswendig lernen! Der Subjonctif wird auf jedem Fall durch die Konjunktionen **bien que** *(obwohl)*, **sans que** *(ohne dass)*, **avant que** *(bevor)*, **pour que** *(um ... zu, damit)*, **pourvu que** *(sofern)*, **jusqu'à ce que** *(bis)* erforderlich.

249 ★★★

Ergänzen Sie die Lücken mit der richtigen **Konjunktion** und der richtigen Verbform im Indikativ oder Subjonctif.

a) ______________ tu ______________ ton café, je vais lire un magazine. (*während*, boire)

b) On restera là-bas ______________ le match ______________ fini. (*bis*, être)

c) ______________ il ______________ à l'étranger, on ne le voit presque plus. (*seit*, vivre)

d) Je t'aime ______________ tu ______________ toujours drôle. (*weil*, être)

e) ______________ nous n' ______________ pas le poisson, nous avons goûté à la truite meunière. (*obwohl*, aimer)

f) Je vous donne les clés ______________ vous ______________ entrer même si nous ne sommes pas là. (*damit*, pouvoir)

250 ★★★

Übersetzen Sie die Sätze ins Französische.

a) *Ich rufe dich an, bevor du in Urlaub fährst.*

____

b) *Ich habe alles gemacht, ohne dass du es mir gesagt hast.*

____

c) *Geh zur Seite, damit ich vorbei gehen kann.*

____

d) *Sie geht zur Arbeit, obwohl sie krank ist.*

2 WORTSCHATZ

ABC

Mit den Wortschatz-Übungen können Sie in kleinen Portionen und wo immer Sie möchten Ihren Wortschatz trainieren, festigen und auffrischen.

DIE EIGENE PERSON

Vorstellung

★ Diese Fragen und Sätze sind beim **Kennenlernen** nützlich. Verbinden Sie die passenden Hälften.

a) – Ça ___ A Paris ?

b) – Vous êtes déjà ___ B va ?

c) – Comment tu ___ C Français ?

d) – Quel âge ___ D t'appelles ?

e) – Tu es de ___ E marié ?

f) – Vous êtes ___ F as-tu ?

252 ★ Wie kann man auf die folgenden Aussagen bei **Begrüßung** und **Abschied** antworten?

a) Je vous présente Monsieur Richard.

☐ A À tout à l'heure !

☐ B À ce soir !

☐ C Enchanté.

b) Au revoir.

☐ A De rien !

☐ B À demain !

☐ C Bonne chance !

c) Ça va ?

☐ A Très bien, merci.

☐ B Salut !

☐ C Bonjour !

d) À plus tard !

☐ A À demain !

☐ B Bonne nuit !

☐ C À tout à l'heure !

253 ★

Sehen Sie sich die Bilder an und wählen Sie den passenden Begriff.

a) C'est une fille/jeune/femme.

b) C'est un homme/enfant/adolescent.

254 ★★

Lesen Sie das Kurzprofil von Christelle und ergänzen Sie die Tabelle mit ihren **persönlichen Angaben.**

Bonjour, je m'appelle Christelle Lafraîchine et j'habite à Versailles, dans la région parisienne. Mais je viens de Belgique et je suis née à Liège. J'ai 28 ans et je travaille dans une banque. Je suis divorcée et j'ai un enfant. Je cherche des amis avec qui faire du sport ou faire des sorties.

a) Nom	
b) Prénom	
c) Adresse (ville)	
d) Nationalité	
e) Âge	
f) Situation de famille	

!

Denken Sie daran, dass man für die Altersangabe auf Französisch **avoir** ***(haben)*** braucht: **J'ai 20 ans.** - *Ich bin 20 Jahre alt.*

255 ★★

Ergänzen Sie die Lücken mit dem **Familienstand** und achten Sie auf die korrekte, eventuell anzugleichende Form.

séparé ▪ divorcé ▪ célibataire ▪ veuf ▪ marié

a) Laurent et Stéphanie ne sont plus ensemble, ils sont *séparés* depuis un an.

b) Son mari est mort. Elle est ______________.

c) Raphaël et Laure sont maintenant ______________, ils ont été mariés pendant 10 ans.

d) Ils sont ______________ depuis maintenant deux ans.

e) Fabienne ne veut pas se marier, elle préfère rester ______________.

256 ★★

Verbinden Sie die passenden Satzteile.

a) – Voici Madame Dupont. ___ **A** – C'est le 13, route de Vannes.

b) – Vous avez son numéro de rue ? ___ **B** – Oui, c'est un nom italien.

c) – Il s'appelle Mauro ? ___ **C** – Bienvenue, Madame !

d) – Où est-il né ? ___ **D** – Oui, il est célibataire.

e) – Quelle est sa date de naissance ? ___ **E** – Son lieu de naissance est Lille.

f) – Il vit seul ? ___ **F** – Le 12 mars 1965.

Eine französische Adresse schreibt man folgendermaßen:

Prénom, nom *(Vor-, Nachname)*	**Jean Martin**
Numéro, rue *(Nummer, Straße)*	**13, rue des roses**
Code postal, ville *(Postleitzahl, Stadt)*	**44690 La Haye Fouassière**

Zu beachten ist, dass die Straßennummer vorangestellt wird und mit einem Komma vom Straßennamen getrennt ist. Die Stadt wird immer großgeschrieben (Eigenname).

257 ★★ Die Sätze sind durcheinandergeraten. Bringen Sie sie wieder in die richtige Reihenfolge.

a) Monsieur | est | intéressant | très | un | homme | Rousseau

____

b) Ils | d' | groupe | jeunes | de | partie | font | un

____

c) On | majeur | âge | l' | à | est | de | ans | dix-huit

____

d) se | connus | formation | pour | sont | adultes | une | pendant | Ils

____

258 ★★★ Übersetzen Sie die Sätze ins Französische mithilfe der Verben im Kasten.

épeler • faire la connaissance d' • se présenter • saluer

a) *Gestern habe ich Éric kennengelernt.*

____

b) *Ich stelle mich vor: Ich bin Isabelle.*

____

c) *Er begrüßt seine Gäste.*

____

d) *Können Sie Ihren Namen buchstabieren?*

____

Aussehen

259 ★

Verbinden Sie die gegensätzlichen Adjektive.

a) grand ___ **A** brun

b) blond ___ **B** gros

c) joli ___ **C** bronzé

d) vieux ___ **D** petit

e) pâle ___ **E** laid

f) mince ___ **F** jeune

260 ★★

Ergänzen Sie die Lücken mit der richtigen Form des angegebenen Adjektivs.

a) Mélanie a les cheveux ____________. (court)

b) Ma mère est ____________, mais mon père est ____________. (blond, brun)

c) C'est une personne de très ____________ taille. (petit)

d) Tu as vu la ____________ fille là-bas, on va lui parler ? (joli)

e) Oh, vous avez une coiffure très ____________ ! (chic)

f) Mon voisin est un très ____________ homme, il a plus de quatre-vingt-dix ans ! (vieux)

g) Michaël a les cheveux ____________ et ____________. (roux, bouclé)

h) Elle est ____________ aux yeux ____________. (roux, clair)

i) Mon frère est ____________ mais aussi très ____________ ! (corpulent, fort)

261

Sehen Sie sich die Bilder an und kreuzen Sie die passende Aussage an.

a) ☐ **A** C'est une petite fille brune.
☐ **B** C'est une grande femme brune.
☐ **C** C'est un petit garçon blond.

b) ☐ **A** Ils ont les cheveux longs.
☐ **B** Elle a les cheveux courts.
☐ **C** Elle a les cheveux longs.

c) ☐ **A** Il porte la moustache.
☐ **B** Il porte des lentilles de contact.
☐ **C** Il porte des lunettes.

d) ☐ **A** Quelle grosse femme !
☐ **B** Quelle femme élégante !
☐ **C** Quelle femme laide !

262 ★★ **Ergänzen Sie die Sätze mit den richtigen Begriffen.**

yeux ▪ cheveux ▪ barbe ▪ air ▪ gros ▪ poids ▪ bronzée

a) Il a les ________________ coupés en brosse.

b) Toute la famille a les ________________ marron.

c) Depuis ses vacances à la plage, elle est très ________________.

d) J'ai trop mangé, c'est pourquoi j'ai pris du ________________.

e) Le Père Noël a une grande ________________ blanche.

f) Le professeur de français a l' ________________ sévère, mais il est charmant.

g) Il pèse 90 kilos, il est beaucoup trop ________________ !

263 ★★★ **Übersetzen Sie folgende Sätze ins Französische und verwenden Sie dabei die angegebenen Wörter.**

laide ▪ apparence ▪ gros ▪ boutons

a) *In dieser Familie sind sie alle dick.*

____

b) *Sie mag ihr äußeres Erscheinungsbild nicht.*

____

c) *Patricia findet sich hässlich.*

____

d) *Teenager haben oft Pickel.*

____

Charakter

264 ★

Setzen Sie die durcheinandergeratenen Buchstaben in die richtige Reihenfolge, um **positive Eigenschaften** zu finden.

a) p t q y i s m a u e h — s _ _ p _ _ _ _ _ _ _ e
b) b i a a l e m — a _ _ a _ _ e
c) t g e n t e i l l i n — i _ _ _ l _ _ _ _ _ t
d) t l e n g i — g _ _ _ _ l
e) i a g — g _ _
f) l ô r e d — d _ _ _ e
g) x u e s é i r — s _ _ _ e _ _

265 ★★

Ergänzen Sie die Lücken mit dem passenden Begriff.

charmant • calmes • timide • énergique • humeur • optimiste • qualités

a) Elle ne parle jamais à personne, elle est trop ______.
b) C'est une personne vraiment ______, elle est toujours en train de faire quelque chose !
c) Cet homme me plaît beaucoup, il a l'air très ______ !
d) Ma fille voit tout en rose, elle est très ______.
e) Les enfants font du bruit et ne sont jamais ______.
f) Elle a beaucoup de ______, je trouve.
g) Aujourd'hui, je suis vraiment de mauvaise ______.

266 ★★

Übersetzen Sie die Sätze ins Französische und verwenden Sie dabei Adjektive, die **negative Eigenschaften** ausdrücken.

a) *Sie ist eine wirklich dumme Frau.*

____

b) *Christelle ist eine merkwürdige Person.*

____

c) *Er ist immer aggressiv.*

____

d) *Vanessa, du bist gemein!*

____

267 ★★★

Finden Sie im Wortgitter 16 Adjektive zur **Bestimmung des Charakters** und notieren Sie sie.

R	Ê	S	Y	M	P	A	T	H	I	Q	U	E	G
B	B	A	S	T	U	P	I	D	E	M	É	A	E
Ê	I	F	É	D	X	A	M	D	U	É	N	I	N
T	Z	M	T	R	T	S	I	L	L	C	E	M	T
E	A	V	Q	Ô	R	A	D	H	C	H	G	A	I
I	R	C	A	L	M	E	E	C	H	A	I	B	L
L	R	A	S	É	R	I	E	U	X	N	Q	L	R
S	É	V	È	R	E	I	D	I	O	T	U	E	S
E	A	U	I	N	T	E	L	L	I	G	E	N	T
C	H	A	R	M	A	N	T	S	Z	L	D	Y	S
S	I	D	I	F	F	I	C	I	L	E	F	B	P
S	Ô	J	B	W	O	P	T	I	M	I	S	T	E

waagerecht: ______________________________

____

senkrecht: ______________________________

ZU HAUSE

Häuser und Wohnungen

268 ★ Ergänzen Sie die Sätze mit einem der vorgeschlagenen Wörter.

immeuble • appartement • studio • maison

a) Nous vivons dans une grande __________ avec un jardin.

b) Ils n'ont pas beaucoup d'argent, ils habitent dans un petit __________ de deux pièces.

c) Notre __________ a dix-huit étages.

d) Il habite dans un __________, il n'y a qu'une pièce.

269 ★★ Was ist abgebildet? Schreiben Sie jeweils den korrekten Begriff unter das Bild.

a) *l'e* __________

b) *le c* __________

c) *la p* ______ *d'e* __________

d) *la c* __________

e) *la f* ______________________

f) *le c* ______________________

g) *le g* ______________________

h) *le b* ______________________

Verbinden Sie die passenden Sätze.

a) – Vous êtes propriétaire ? ___ **A** – Non, il est vieux.

b) – C'est un bâtiment moderne ? ___ **B** – Je viens juste d'emménager.

c) – Tu habites ici depuis longtemps ? ___ **C** – Oui, mais les charges sont comprises.

d) – Vous avez un logement pour les vacances ? ___ **D** – Non, je suis locataire.

e) – Le loyer est élevé ? ___ **E** – Non, c'est une tour de vingt-huit étages.

f) – C'est un petit immeuble ? ___ **F** – Oui, un petit appartement.

271 ★★

Wählen Sie den passenden Begriff aus.

a) Voici le **terrain** / **plan** / **loyer** de notre maison.

b) J'habite au **toit** / **mur** / **rez-de-chaussée**.

c) Quelqu'un a **déménagé** / **sonné** / **loué** à la porte d'entrée.

d) C'est au huitième étage, prenons **l'ascenseur** / **le coin** / **le palier**.

e) Les toilettes sont sur le **plancher** / **palier** / **plâtre**.

f) À **l'extérieur** / **l'intérieur** / **l'étage**, il y a un grand jardin.

g) Notre maison a huit **couloirs** / **marches** / **pièces**.

h) Le **sol** / **placard** / **plafond** est en granit.

272 ★★★

Übersetzen Sie die Sätze ins Französische.

a) *Sie bauen ein Haus. (= Sie lassen ein Haus bauen.)*

____

b) *Die Wände sind weiß gestrichen.*

____

c) *Wir haben ein großes Grundstück gekauft.*

____

Etwas „machen lassen“ wird im Französischen mit dem Verb **faire** + Infinitiv übersetzt:

Il fait faire des travaux dans sa maison. – *Er lässt Renovierungsarbeiten in seinem Haus machen.*

Nous avons fait construire un garage. – *Wir haben eine Garage bauen lassen.*

Wohn- und Arbeitsbereich

Kreuzen Sie die passenden Elemente an.

a) ☐ **A** la salle de bains
☐ **B** la salle de séjour

b) ☐ **A** la chaise
☐ **B** l'étagère

c) ☐ **A** la chaise
☐ **B** la table

d) ☐ **A** le canapé
☐ **B** le fauteuil

Die Buchstaben sind durcheinandergeraten: Ordnen Sie sie wieder mithilfe des Hinweises in Klammern.

a) b b u e q l o i i è t h **(livres)** *la* ____________

b) é e r n e t **(porte)** *l'* ____________

c) t u i l e a u f **(s'asseoir)** *le* ____________

d) p t u e r a q **(sol)** *le* ____________

275 ★★

Ergänzen Sie die Lücke mit dem richtigen Begriff.

papier peint ▪ moquette ▪ décorer ▪ meubles ▪ salon

a) Nous avons choisi une ________________ grise pour le sol de notre chambre.

b) Mon amie m'a aidé à ________________ la maison.

c) Mes parents ont acheté des nouveaux ________________ pour leur salle à manger.

d) Les hommes se retrouvent au ________________ pour fumer un cigare.

e) Il me faut encore deux rouleaux de ________________ pour les murs de ma chambre.

276 ★★

Kreuzen Sie das fehlende Wort rund um das Thema **Arbeitsbereich** an.

a) Il travaille tous les jours dans son __________.

- ☐ **A** bureau
- ☐ **B** salon
- ☐ **C** classeur

b) Il n'y a plus de __________ dans l'imprimante.

- ☐ **A** crayon
- ☐ **B** papier
- ☐ **C** gomme

c) Il range ses feuilles dans son __________.

- ☐ **A** classeur
- ☐ **B** scotch
- ☐ **C** feutre

d) Les ciseaux sont rangés dans __________.

- ☐ **A** la règle
- ☐ **B** le stylo
- ☐ **C** le tiroir

e) Il écrit la lettre avec son ________.

- ☐ **A** scotch
- ☐ **B** taille-crayon
- ☐ **C** stylo

f) Il écrit avec des ________ de différentes couleurs.

- ☐ **A** feutres
- ☐ **B** gommes
- ☐ **C** règles

277 ★★★

Wie sagen Sie, dass ...

a) ... Sie den Klebestift brauchen?

____

b) ... Sie Ihr Lineal nicht mehr finden?

____

c) ... die Bücher alphabetisch sortiert sind?

____

d) ... Sie im Arbeitszimmer sind?

____

e) ... sich die Schere in der Schublade befindet?

____

!

Das Wort **bureau** kann unterschiedliche Bedeutungen haben:

Le cahier est sur le bureau. – *Das Heft liegt auf dem Schreibtisch.*

Je suis dans mon bureau. – *Ich bin in meinem Arbeitszimmer.*

Je pars au bureau. – *Ich fahre ins Büro.*

Schlaf- und Kinderzimmer

278 ★ Verbinden Sie die französischen Verben mit ihrer korrekten Bedeutung.

a)	dormir	___ **A**	träumen
b)	rêver	___ **B**	aufstehen
c)	se lever	___ **C**	gähnen
d)	réveiller	___ **D**	sich hinlegen
e)	bâiller	___ **E**	schlafen
f)	s'allonger	___ **F**	einschlafen
g)	s'endormir	___ **G**	wecken
h)	couvrir	___ **H**	aufwachen
i)	se réveiller	___ **I**	zudecken

279 ★★ Ergänzen Sie die Lücken mit dem Wortschatz aus dem **Schlaf- und Kinderzimmer**.

chambre • draps • matelas • lampe • armoire • oreiller • tableau

a) Chaque enfant a sa ____________________.

b) Mon ____________________ est trop dur, j'ai mal au dos.

c) Allume la ____________________, je ne vois rien !

d) Je n'ai pas pu dormir, j'avais oublié mon ____________________.

e) Les ____________________ sentent bon la lavande.

f) J'ai accroché un beau ____________________ de Van Gogh dans ma chambre.

g) Tous mes vêtements sont dans l'____________________.

Übersetzen Sie die Wendungen ins Französische.

a) *früh ins Bett gehen* ______________________

b) *Träum was Schönes!* ______________________

c) *den Wecker hören* ______________________

d) *die Kinder zudecken* ______________________

e) *viel Schlaf brauchen* ______________________

f) *die Glühbirne wechseln* ______________________

Küche und Haushalt

Finden Sie die acht **Elektrogeräte** im Buchstabengitter heraus und notieren Sie sie auf den Linien. Nur ein Wort ist senkrecht.

F	O	U	R	B	O	U	I	L	L	O	I	R	E
L	A	V	E	-	V	A	I	S	S	E	L	L	E
I	P	C	A	F	E	T	I	È	R	E	X	N	Z
Y	R	É	F	R	I	G	É	R	A	T	E	U	R
A	É	-	M	I	C	R	O	-	O	N	D	E	S
È	A	G	Z	G	I	U	M	B	É	E	R	T	-
U	T	B	C	O	N	G	É	L	A	T	E	U	R

le ______________, *la* ______________, *le* ______ - ______________,

la ______________, *le* ______________, *le* ______ - ______________,

le ______________, *le* ______________

282 ★★

Was gehört zusammen? Verbinden Sie.

a) la passoire — ___ **A** la bouteille de vin

b) le tire-bouchon — ___ **B** la bouteille de bière

c) le décapsuleur — ___ **C** les spaghettis

d) l'ouvre-boîte — ___ **D** le taboulé

e) le saladier — ___ **E** le café au lait

f) le bol — ___ **F** la boîte de conserve

283 ★★

Ergänzen Sie die Sätze mit der entsprechenden **Küchenausstattung**.

poubelles • récipient • plaque • batteur • poêle • cocotte-minute®

a) Pour mélanger la pâte du gâteau, je prends un ____________ électrique.

b) Je veux faire une omelette au jambon, où est-ce que j'ai mis ma grande ____________?

c) Pour faire cuire quelque chose, il faut allumer une ____________.

d) Pour tout faire cuire plus vite, il vaut mieux utiliser une ____________

e) Quand il me reste de la mousse au chocolat, je la mets dans un ____________.

f) Tous les dimanches soirs, nous devons sortir les ____________, car le camion passe les vider le lundi matin.

284 ★★

Die Sätze sind durcheinandergeraten. Bringen Sie sie wieder in die richtige Reihenfolge.

a) Il | veut | sa | chambre | ranger | ne | jamais

____

b) le | une | brosse | carrelage | nettoyons | Nous | avec

____

c) Elle | poussière | chiffon | avec | la | essuie | un | propre

____

d) ménagers | déteste | les | Je | travaux

____

e) placard | balai | Elle | dans | son | le | met

____

285 ★★★

Verbinden Sie die zusammengehörenden Satzteile.

a) – Toute la maison est sale.	___	A	– Je vais passer la serpillière.
b) – Il y a de la boue dans l'entrée.	___	B	– Je dois faire le ménage.
c) – Mon manteau est sale.	___	C	– Maintenant, tu peux l'essuyer.
d) – La vaisselle est propre.	___	D	– Il faut le balayer.
e) – Le garage est plein de feuilles.	___	E	– Avec un chiffon.
f) – Avec quoi dois-je essuyer la poussière ?	___	F	– Emporte-le au nettoyage !

Im Bad

286 ★

Kreuzen Sie die passenden **Badutensilien** an.

a) se brosser les dents

☐ **A** le dentifrice ☐ **B** le chiffon

b) se laver les cheveux

☐ **A** la serpillère ☐ **B** le shampoing

c) se raser

☐ **A** le rasoir ☐ **B** la bouilloire

d) se laver les mains

☐ **A** le savon ☐ **B** le crayon

287 ★★

Schreiben Sie die korrekten Begriffe zu den Bildern.

a) la ______________________

b) la ______________________

c) les ______________________

d) le ______________________

e) la ______________________

f) la ______________________

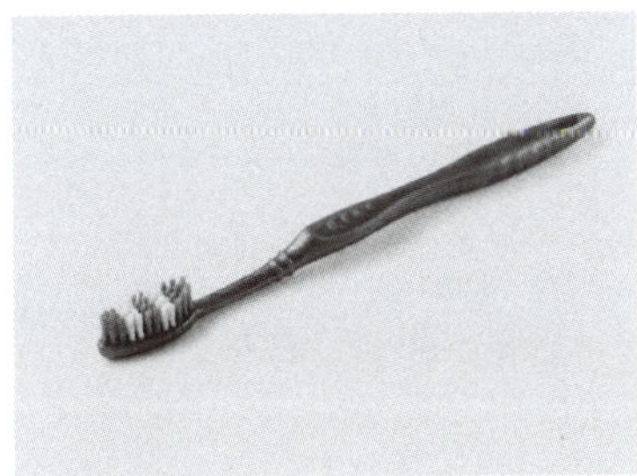

g) la ______________________

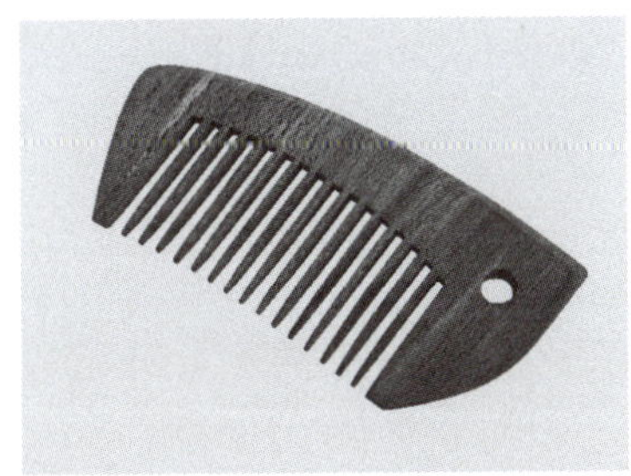

h) le ______________________

288 ★★★

Ergänzen Sie die Lücken mit dem passenden Wort zum Thema **Körperpflege**.

a) Je prends un ______________ chaud pour me relaxer.

b) L'eau ne coule pas, ouvre le ______________ !

c) En vacances, je mets toujours de la ______________ solaire.

d) Les hommes doivent se ______________ tous les matins.

e) Elle s' ______________ les cheveux avec la serviette.

f) Je n'aime pas du tout sa nouvelle ______________ ! Ses cheveux étaient plus beaux longs !

!

Eine ***Kulturtasche*** oder ein ***Kulturbeutel*** heißen auf Französisch **une trousse de toilette** und haben nichts mit **culture *(Kultur, Bildung)*** zu tun!

Keller und Außenbereich

289 ★★

Wählen Sie die richtige Antwort aus.

a) Les bouteilles de vin sont

☐ **A** dans le jardin.

☐ **B** à la cave.

☐ **C** sur la pelouse.

b) Pour laver le linge, il faut

☐ **A** des vis.

☐ **B** de la lessive.

☐ **C** de l'herbe.

c) Les outils sont sur

☐ **A** l'établi.

☐ **B** le sous-sol.

☐ **C** l'arrosoir.

d) Pour faire un trou, je prends

☐ **A** une hache.

☐ **B** une perceuse.

☐ **C** un râteau.

290 ★★

Ergänzen Sie die Lücken mit dem passenden Begriff.

réparer ▪ clou ▪ entreposer ▪ outils ▪ tournevis ▪ sous-sol ▪ utilise ▪ cave ▪ scie

a) Mon père a beaucoup d'__________ au __________, il les __________ pour __________ toutes sortes de choses.

b) Elle n'arrive même pas à enfoncer un __________ !

c) Tu as une __________ pour couper le bois que tu mets dans ta cheminée ?

d) Heureusement que nous avons une __________ pour __________ toutes nos provisions.

e) Pour monter l'étagère, il nous faut un __________.

291 ★★

Wählen Sie das passende Wort aus.

a) Nous n'avons pas de jardin, mais nous avons un **tuyau** / **balcon** / **râteau**.

b) Le chat dort dans la **pelle** / **plante** / **cour**.

c) Il doit tondre la **pelouse** / **plantation** / **fleur** aujourd'hui.

d) **Le tuyau** / **L'arrosoir** / **Le puits** est vide, tu peux aller chercher de l'eau ?

e) C'est l'automne, il faut **récolter** / **ramasser** / **entretenir** les feuilles mortes.

f) Le tracteur est **sur la terrasse** / **dans le hangar** / **dans le couloir**.

292 ★★★

Übersetzen Sie ins Französische.

a) *Blumen pflanzen* ______

b) *Dünger verwenden* ______

c) *Rasen mähen* ______

d) *Obst pflücken* ______

e) *den Garten gießen* ______

f) *Holz hacken* ______

g) *die Hecke schneiden* ______

h) *den Zaun reparieren* ______

i) *im Garten arbeiten* ______

Kennen Sie den Satz **Ne marche pas sur mes plates-bandes**? Er ist umgangssprachlich und bedeutet, dass man jemanden nicht belästigen bzw. jemandem nicht ins Gehege kommen soll. **Une plate-bande** ist einfach nur ein *Blumenbeet*!

ESSEN UND TRINKEN

Kochen, backen, zubereiten

293 ★ Ergänzen Sie die Lücken mit dem jeweils passenden **Lebensmittel**.

a) *des b* ______

b) *du f* ______

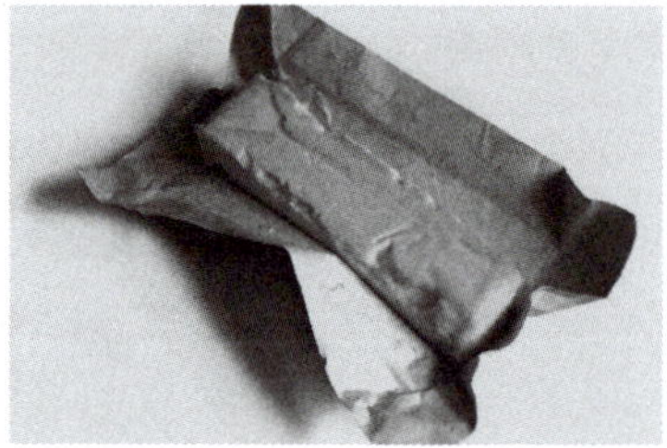

c) *du b* ______

d) *des œ* ______

294 ★★ Schreiben Sie die passende **Zutat** in die Lücke.

viande • poisson • légume • pain • sucre • sel • jambon

a) Je mange une crêpe au ______.

b) Dans les croque-monsieur, il y a du ______ et du fromage.

c) Les végétariens ne mangent ni ______ ni ______.

d) Le brocoli est mon ______ préféré.

e) Le matin, je mange du ______ avec de la confiture.

f) Les spaghetti manquent de ______.

Wählen Sie das richtige Wort aus.

★★

a) Le gâteau est prêt. Tu veux **mijoter** / **goûter** / **bouillir** ?

b) Elle fait des **herbes** / **pâtes** / **viennoiseries** à la sauce tomate.

c) Vous voulez du **miel** / **sel** / **vinaigre** avec votre croissant ?

d) J'adore la viande rouge, surtout le **bœuf** / **poulet** / **porc**.

e) Il n'y a plus de **poivre** / **crème** / **sucre** dans le moulin.

f) Je mets toujours des **pâtisseries** / **herbes** / **brioches** de Provence sur les saucisses et les merguez.

g) Vous prenez un morceau de **miel** / **tarte** / **margarine** au citron ?

h) Elle m'a donné la **recette** / **sucette** / **baguette** de la tarte aux pommes.

Verbinden Sie die **Zubereitungsarten** mit den passenden Gerichten.

★★★

a) Je fais bouillir	___ **A** les carottes en rondelles.
b) Pour faire la tarte	___ **B** les œufs pour faire une omelette.
c) Il faut battre	___ **C** il faut éplucher les pommes.
d) Je coupe	___ **D** de l'eau pour mon thé.
e) Enfournez	___ **E** tous les ingrédients.
f) Mélanger	___ **F** le gâteau à 200° C.

Une recette ***(Rezept)*** besteht immer aus Anweisungen in Form eines Infinitivs oder eines Imperativs :

Ajoutez/Ajouter deux cuillères de farine. – *Zwei Löffel Mehl hinzufügen.*
Émincez/Émincer les oignons. – *Schneiden Sie die Zwiebeln in dünne Streifen.*

Mahlzeiten

297 ★ Finden Sie die vier wichtigsten **Mahlzeiten** des Tages und schreiben Sie sie in chronologischer Reihenfolge auf.

abdînercrrsgoûtermangpetit-déjeunerboirtdéjeunertablfaisoi

a) *le* ____________ **b)** *le* ____________

c) *le* ____________ **d)** *le* ____________

298 ★★ Ordnen Sie die **Lebensmittel** der korrekten Kategorie zu.

la tablette de chocolat • la sucette • la confiture • le croissant • la glace • le bonbon • le miel • la tartine

a) le petit-déjeuner	**b) les sucreries**

Wenn Sie *Pralinen* kaufen möchten, sollten Sie nach **des chocolats** (mPl) fragen. Das französische Wort **des pralines** (fPl) bezeichnet nämlich *gebrannte Mandeln*.

Il vend des pralines sur la plage. – *Er verkauft gebrannte Mandeln am Strand.*
J'ai eu des chocolats à Noël. – *Ich habe Pralinen zu Weihnachten bekommen.*

299 ★★

Notieren Sie die korrekte Reihenfolge der Behauptungen auf der Linie.

a) J'ai faim.

b) Je prépare le repas.

c) Je mange.

d) Je débarrasse la table.

e) Je mets la table.

f) Je range la vaisselle.

g) Je fais la vaisselle.

____

300 ★★

Kreuzen Sie den fehlenden Begriff an.

a) Je n'ai rien mangé, je meurs de __________.

☐ **A** soif

☐ **B** loup

☐ **C** faim

b) Tu as soif ? Qu'est-ce que tu veux __________ ?

☐ **A** manger

☐ **B** boire

☐ **C** voir

c) Le poulet doit __________ une heure dans le four.

☐ **A** cuire

☐ **B** préparer

☐ **C** bouillir

d) Comme __________ principal, je fais du rôti.

☐ **A** repas

☐ **B** plat

☐ **C** dîner

Obst und Gemüse

301 ★ Ergänzen Sie die Lücken mit der jeweils richtigen **Gemüsesorte**.

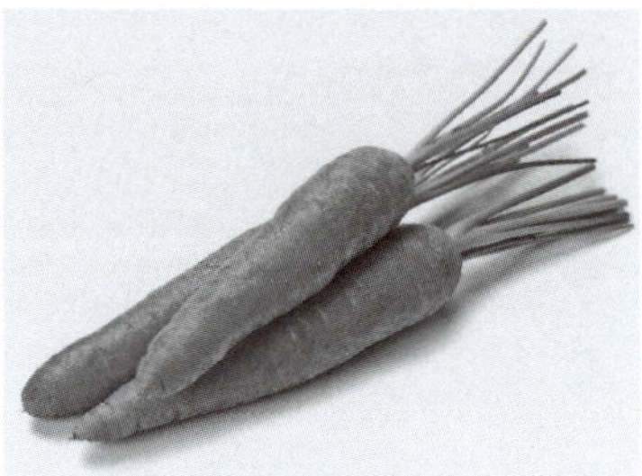

a) Je voudrais deux kilos de *t*__________, s'il vous plaît.

b) Une livre de *c*__________ pour mes lapins !

c) J'adore la *s*__________ verte.

d) Un kilo de *p*__________, merci.

302 ★★ Kreuzen Sie an, ob es sich um **Gemüse** oder **Obst** handelt.

	a) légumes	**b) fruits**
la poire	☐	☐
le chou	☐	☐
le haricot	☐	☐
la prune	☐	☐
le concombre	☐	☐

303 ★★

Verbinden Sie die **Lebensmittel**, die typischerweise zusammengehören.

a) la limonade	___ **A** de pommes
b) la compote	___ **B** de fraises
c) la pêche	___ **C** belle-hélène
d) la poire	___ **D** aux oignons
e) la soupe	___ **E** basmati
f) le riz	___ **F** melba
g) la confiture	___ **G** les citrons

Auf Französisch gibt es nur ein Wort für *das Obst* und *die Früchte*: **les fruits** (mPl).

Für *Obst und Gemüse* gibt es einen festen Ausdruck: **les fruits et légumes**.

304 ★★★

Wie sagen Sie, dass Sie ...

a) ... kein Gemüse mögen?

____

b) ... einen Obstsalat machen?

____

c) ... einen Apfelkuchen backen?

____

d) ... Bratkartoffeln lieben?

____

Getränke

305 ★ Schreiben Sie den Namen des **Getränks** unter das jeweilige Bild.

a) *l'e* ______ *min* ______

b) *le v* ______ *r* ______

c) *le l* ______

d) *le ch* ______

306 ★ Wählen Sie die richtige Antwort aus. Kreuzen Sie an.

a) Pouvez-vous m'apporter la carte des ______ ?

☐ **A** poissons
☐ **B** boissons

b) Je prends une carafe ______, merci.

☐ **A** d'eau
☐ **B** de bière

c) Le soir, je bois une ______ pour mieux dormir.

☐ **A** tisane
☐ **B** carafe de vin

d) Vous avez de ______ du robinet ?

☐ **A** l'eau
☐ **B** la limonade

307 ★★

Ergänzen Sie die Lücken mit einem **Getränk** aus dem Gitter.

E	A	U	X	T	A	I
J	I	E	R	E	T	O
C	N	B	I	È	R	E
L	M	K	C	A	F	É
A	P	L	S	J	U	S
I	T	P	V	Y	S	D
T	H	C	I	D	R	E
F	É	N	N	U	I	T

a) de l'__________ gazeuse

b) des crêpes et du __________ doux

c) de la __________ brune

d) du __________ entier

e) un bol de __________ noir

f) du __________ de Ceylan

g) du __________ de pommes

h) du __________ blanc

308 ★★★

Ergänzen Sie die Lücken mit einem **Getränk** aus diesem Kapitel.

a) Je suis enrhumée, je vais prendre une ____________________ de thym.

b) L'été, ma mère fait de la ____________________ avec des citrons bien mûrs et du sucre.

c) Saviez-vous qu'avec le poisson et certaines entrées, on sert toujours du ____________________ ?

d) Pour fêter le réveillon du Nouvel An, nous ouvrons toujours une bouteille de ____________________.

e) En Normandie, on fait du ____________________, c'est délicieux avec les crêpes !

f) Au petit-déjeuner, je bois un bol de café au ____________________, comme ma femme.

FAMILIE, FREUNDE UND FREIZEIT

Familie

Setzen Sie die Buchstaben der **Familienmitglieder** wieder richtig zusammen und fügen Sie den bestimmten Artikel (**le** / **la** / **les**) hinzu.

a) m r è e ______________________

b) s u r œ ______________________

c) f e r r è ______________________

d) p r e è ______________________

e) t e s a r n p ______________________

Für das deutsche Wort ***Geschwister*** gibt es keine direkte Übersetzung ins Französische, sondern nur den zusammengesetzten Begriff **les frères et sœurs**.

Familienverhältnisse sind kompliziert. Ergänzen Sie die Definition mit dem passenden Begriff.

oncle ▪ grand-mère ▪ fille ▪ neveu ▪ gendre ▪ belle-sœur

a) La mère de ma mère est ma ______________________.

b) Mon ______________________, c'est le fils de ma sœur.

c) Le mari de ma tante, c'est mon ______________________.

d) J'ai deux enfants : un fils et une ______________________.

e) La femme de mon frère est ma ______________________.

f) Mon mari est le ______________________ de mes parents.

311 ★★ Verbinden Sie die zusammengehörenden **Familienmitglieder**.

a) le grand-père	___ A la tante
b) le père	___ B la belle-mère
c) le neveu	___ C la fille
d) l'oncle	___ D la mère
e) le fils	___ E la nièce
f) le cousin	___ F la cousine
g) le beau-père	___ G la belle-fille
h) le gendre	___ H la grand-mère

312 ★★ Vervollständigen Sie die Sätze anhand der Bilder.

a) J'ai un gros gâteau d'_____________ pour mon fils.

b) Ma fille adore les chocolats de _____________ !

c) Cette année, mon père a acheté un beau sapin de _____________ !

d) Pour ses 10 ans, mon fils a reçu un _____________.

Lesen Sie den Text und tragen Sie in die Tabelle ein, ob die Aussage stimmt oder nicht. Entscheiden Sie mit **V** für **vrai** und **F** für **faux**.

Les Simon sont une vraie famille nombreuse. Il y a Gérard et Christiane qui ont cinq enfants : Frédérique vit avec son mari et ses trois filles en Suisse. Claire est divorcée et a un fils, Milan. Raphaël est étudiant et habite à Lille. Les deux plus petits vivent encore chez leurs parents et vont à l'école. Éliane et Gustave, les grands-parents, ont un logement juste à côté de chez les Simon.

a) Les Simon ont huit enfants.	
b) Gérard et Christiane ont un petit bébé.	
c) Raphaël est le cousin de Milan.	
d) Gustave est le grand-père de Frédérique.	
e) Claire est encore célibataire.	

Ergänzen Sie die Lücke mit dem richtigen Begriff zum **Familienstand**.

concubinage • noces • divorcer • couple • célibataire • pension alimentaire • conjoints • mariés • droit de garde

a) Elle ne s'est jamais mariée, elle est toujours restée ____________________.

b) Julien et Élodie forment un beau ____________________, ils ne sont pas ____________________, ils vivent en ____________________.

c) Les deux ____________________ doivent signer le document.

d) Ils ont fait un voyage de ____________________ en Italie.

e) Elle et son mari vont ____________________, il devra lui payer une ____________________.

f) Elle aura le ____________________ des enfants.

315 ★★★

Feiern sind ein wichtiger Bestand des Familienlebens. Ordnen Sie die **Feste** in chronologischer Reihenfolge und notieren Sie sie auf der Linie.

a) le jour de Noël

b) Pâques

c) la Saint-Sylvestre

d) le Carnaval

e) le Nouvel An

f) la Fête nationale (14 juillet)

____

Schwer ins Deutsche übersetzbar ist das französische Wort **le réveillon**. So bezeichnet man den Abend, das Essen oder die Feier am 24.12. bzw. am 31.12. Man sagt **le réveillon de Noël** *(Heiligabend)* und **le réveillon de la Saint-Sylvestre** *(Silvesterabend).*

316 ★★★

Zu jeder Situation ein Ausdruck: Was sagen Sie, wenn Sie ... (Sie siezen Ihr Gegenüber.)

a) ... jemandem zu einem sehr gelungenen Abend gratulieren möchten? **(féliciter, soirée)**

Je ______________________________

b) ... jemandem alles Gute wünschen möchten? **(présenter, vœux)**

____

c) ... jemandem Glück wünschen möchten? **(souhaiter, chance)**

____

d) ... mit jemandem anstoßen möchten? **(santé !)**

____

e) ... einen Toast auf Christophe ausbringen möchten? **(porter, toast)**

____

Freunde und Sozialverhalten

317 ★

Sehen Sie sich die Buchstabenschlange an und finden Sie alle Substantive zum Thema **Kommunikation** heraus. Listen Sie sie auf der Linie auf.

____

Verwechseln Sie nicht **discuter** und **se disputer**. Das erste neutralere Verb bedeutet *sich unterhalten*, während das zweite im Sinne von *sich streiten* verwendet wird:

Ils discutent de politique. – *Sie diskutieren über Politik.*
Elle et son mari se disputent tous les jours. – *Sie und ihr Mann streiten täglich.*

318 ★★

Wählen Sie das passende Wort aus.

a) Laurent est mon meilleur **ami** / **correspondant** depuis 10 ans.

b) Les enfants jouent dehors avec leurs **amants** / **camarades**.

c) Les Français se font souvent la **bise** / **visite**.

d) Ce soir, nous **connaissons** / **recevons** des amis pour le dîner.

e) Pouvez-vous me rendre un **rendez-vous** / **service** ?

f) Tu nous **accompagnes** / **fréquentes** au théâtre ?

g) **Dis** / **Demande**-moi la vérité !

h) Il **répète** / **raconte** une histoire aux enfants.

i) Il n'a pas **discuté** / **répondu** à la question.

j) Il faut **prévenir** / **affirmer** la police.

319 ★★

Kreuzen Sie an, ob die Redewendungen das **Bedauern** oder den **Ärger** ausdrücken.

	Bedauern	Ärger
a) Mince !		
b) Zut !		
c) Hélas !		
d) Tant pis !		
e) Merde !		
f) Dommage !		
g) Ça suffit !		

320 ★★

Was sagen Sie in welcher Situation? Verbinden Sie.

a) Vous voulez vous excuser. ___ **A** Bravo !

b) Vous regrettez quelque chose. ___ **B** Beurk !

c) Vous n'aimez pas ce plat ! ___ **C** Pardon !

d) Vous êtes complètement d'accord. ___ **D** Dommage !

e) Vous interdisez quelque chose. ___ **E** J'en ai marre !

f) Vous en avez assez. ___ **F** Mince alors !

g) Vous vous énervez. ___ **G** Bien sûr !

h) Vous n'êtes pas du tout d'accord. ___ **H** Défense de...

i) Vous félicitez quelqu'un. ___ **I** Pas question !

321 ★★

Ergänzen Sie die Lücken mit der passenden Form der Verben des **Vorschlagens** und der **Zustimmung**.

proposer ▪ recommander ▪ déconseiller ▪ accepter ▪ être contre ▪ refuser

a) Je voulais deux jours de vacances, mais malheureusement mon chef a ____________________ ma demande.

b) Les pacifistes ____________________ la violence.

c) Le médecin m'a ____________________ de prendre mes médicaments.

d) Il est ____________________ de fumer, car c'est mauvais pour la santé.

e) Je vous ____________________ de visiter Chamonix.

f) ____________________-vous de prendre Yvonne Dupont pour épouse ?

322 ★★

Welches der angegebenen Adjektive passt jeweils zum Bild?

a) Ils sont tristes / heureux / déçus.

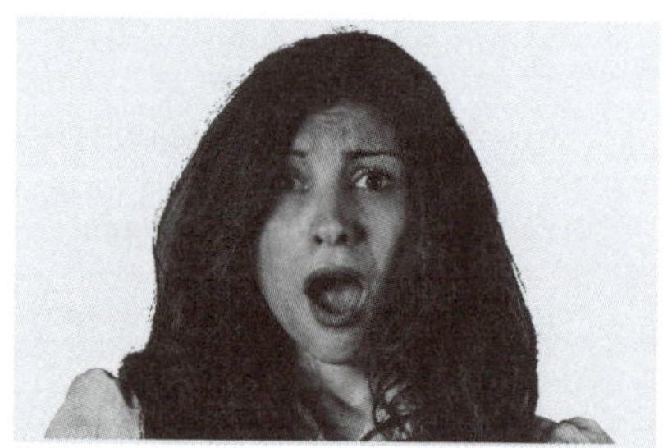

b) Elle est soulagée / surprise / contente.

c) Il est content / mécontent / étonné.

d) Il est vexé / malheureux / satisfait.

Wählen Sie die richtige Antwort aus.

a) Vous êtes d'accord ?

- ☐ **A** Voilà !
- ☐ **B** Tout à fait !
- ☐ **C** C'est chouette de ta part.

b) Vous venez avec nous ?

- ☐ **A** Volontiers !
- ☐ **B** Quand même !
- ☐ **C** Ça y est !

c) Quel est votre avis ?

- ☐ **A** Je vous remercie.
- ☐ **B** Vous avez tort.
- ☐ **C** Heureusement !

d) Je vous le demande !

- ☐ **A** J'espère que oui.
- ☐ **B** J'ai une bonne impression.
- ☐ **C** Bien sûr, pas de problème.

Im Gitter sind 14 Wörter der **Zustimmung und Einschränkung** versteckt. Finden Sie sie und schreiben Sie sie auf.

A	É	V	I	D	E	M	M	E	N	T	X	C
S	S	Û	R	E	M	E	N	T	O	U	I	E
E	M	I	X	S	E	L	A	B	C	D	F	R
U	A	V	O	L	O	N	T	I	E	R	S	T
L	U	B	I	E	N	T	I	B	O	F	X	A
E	G	X	I	C	R	É	E	G	M	S	U	I
M	A	A	B	S	O	L	U	M	E	N	T	N
E	I	O	C	H	O	U	E	T	T	E	S	E
N	S	E	N	O	N	C	R	I	È	M	E	M
T	E	É	I	R	S	U	P	E	R	A	E	E
Z	E	I	S	T	E	R	R	I	B	L	E	N
N	A	T	U	R	E	L	L	E	M	E	N	T

waagerecht: ______________________________

____

senkrecht: ______________________________

325 ★★

Verbinden Sie. Wie sagen Sie, wenn Sie …

a) … nicht gestört werden möchten?
b) … in Bezug auf etwas sicher sind?
c) … der Meinung sind, dass …?
d) … etwas befehlen?
e) … sich gut fühlen?
f) … Angst haben?
g) … erleichtert sind?

___ **A** Je suis sûr(e) que…
___ **B** D'après moi, …
___ **C** J'ordonne que…
___ **D** Je ne veux pas être dérangé(e).
___ **E** J'ai peur.
___ **F** Je suis vraiment soulagé(e).
___ **G** Je me sens très bien.

326 ★★★

Ergänzen Sie die Sätze mit dem korrekten Verb in der richtigen Form.

rire • surprendre • toucher • faire confiance • se sentir • s'inquiéter • se décider • hésiter • craindre

a) Votre gentillesse me ____________________ beaucoup.

b) Ses histoires drôles me font toujours ____________________.

c) Je ne ____________________ pas bien, je vais m'allonger.

d) Vous, vous me ____________________ vraiment, je ne m'attendais pas du tout à cela !

e) Je le connais depuis longtemps, je lui ____________________.

f) Je ____________________ car elle n'est toujours pas rentrée.

g) Je ____________________ que le train ne soit déjà parti.

h) J'ai longtemps ____________________ puis je ____________________ à acheter cette voiture.

Hobby, Spiel, Sport und Musik

★ Was machen die Personen auf den Fotos? Kreuzen Sie an.

a) ☐ A se promener
☐ B faire les magasins
☐ C faire des activités sportives

b) ☐ A se balader
☐ B faire du vélo
☐ C prendre des photos

c) ☐ A rester à la maison
☐ B sortir avec des amis
☐ C faire de la peinture

Finden Sie alle Wörter in der Buchstabenschlange rund um das Thema **Spielen** und schreiben Sie sie auf.

jouergrogagneroiperdrepartielboulessecartessèchéchecsjeutouronsdominosnirpr

a) ______________________ **b)** ______________________

c) ______________________ **d)** *la* ______________________

e) *les* ______________________ **f)** *les* ______________________

g) *les* ______________________ **h)** *le* ______________________

i) *le* ______________________ **j)** *les* ______________________

329 ★★

Für welche **Sportart** braucht man einen Ball? Für welche keinen? Sortieren Sie in die richtige Tabellenspalte.

la natation • le football • le ski • la course • le volley • le tennis • le handball • le vélo • l'alpinisme • le judo • le ping-pong • le golf • le cheval • le rugby

a) sport avec une balle ou un ballon	**b) sport sans balle ni ballon**

!

Für das deutsche Verb *laufen* verwendet man im Französischen die Wörter **marcher** im Sinne von *gehen* und **courir** im Sinne von *laufen, rennen*:

Vous marchez trop vite pour moi. – *Sie gehen zu schnell für mich.*
Il adore aller courir avec son ami. – *Er liebt es mit seinem Freund zu laufen/joggen.*

330 ★★

Wählen Sie das richtige Wort aus der Welt des **Sports**.

a) Dimanche, je vais voir le **stade** / **match** / **joueur** de football.

b) Les deux **manches** / **adversaires** / **tournois** se retrouvent en quart de finale.

c) Cette année, c'est la **finale** / **coupe** / **compétition** du monde.

d) Je joue dans la même **arrivée** / **victoire** / **équipe** que mon frère.

e) Le club organise une **régate** / **course** / **partie** de voile tous les ans au mois de juillet.

331 ★★

Was gehört zum jeweiligen **Sport**? Verbinden Sie.

a) la natation	___ **A** la montagne
b) le ski	___ **B** le stade
c) la voile	___ **C** la voiture
d) le football	___ **D** les runnings
e) la gymnastique	___ **E** le tapis
f) le sport automobile	___ **F** les gants
g) le footing	___ **G** la piscine
h) la boxe	___ **H** le bateau

332 ★★

Ergänzen Sie die Lücken mit dem richtigen Begriff aus dem Bereich **Musik und Tanz**.

a) Le piano est un *i* __ __ __ __ __ __ __ __ *t* de *m* __ __ __ __ __ *e* joué par beaucoup de gens.

b) Dimanche, nous allons tous à un *c* __ __ __ __ __ *t* de musique classique.

c) Mon *g* __ __ __ __ *e* préféré, c'est les Rolling Stones, et toi, qu'est-ce que tu écoutes comme musique ?

d) Christelle est une *d* __ __ __ __ __ __ *e* de ballet, mais moi je ne sais pas *d* __ __ __ __ *r* du tout.

e) Il joue du violoncelle et elle joue de la clarinette, ils sont tous les deux dans un grand *o* __ __ __ __ __ __ __ *e*.

f) J'aimerais bien apprendre à jouer de la *g* __ __ __ __ __ *e*.

333 ★★★

Finden Sie die Wörter rund um die **Musik** anhand der Definitionen.

a) C'est une personne qui écoute la radio : *l'* ______

b) On peut y danser le samedi soir : *la* ______

c) On en a besoin pour jouer de la musique : *des* ______

d) On peut l'acheter pour voir un concert : *un* ______

e) On peut la chanter sous la douche : *la* ______

334 ★★★

Wie fragen Sie jemanden, ob … (Sie duzen Ihr Gegenüber.)

a) … er mit Ihnen joggen kommen will?

______

b) … er Golf spielen kann?

______

c) … er ein Instrument spielt?

______

d) … er ein Tischtennisspiel mit Ihnen macht?

______

e) … er die Herausforderung annimmt?

______

!

Das Verb **jouer** *(spielen)* wird mit der Präposition **à** verwendet, wenn es um ein Spiel oder eine Sportart geht und mit **de**, wenn es sich um ein Musikinstrument handelt:

Je joue au football et aux cartes. – *Ich spiele Fußball und Karten.*
Je joue de la flûte et du piano. – *Ich spiele Flöte und Klavier.*

335 ★★★

Diese Sätze sind durcheinandergeraten. Bringen Sie sie wieder in die richtige Reihenfolge.

a) Le | juillet, | feux | d'artifice | y | a | des | il | quatorze | car | la | c'est | nationale | Fête

____

b) d'ouvrir | boîte | On | près | d'ici | vient | nouvelle | une

____

c) concert | billets | le | acheté | deux | de | ont | dimanche | Ils | soir | pour

____

d) patineuse | La | décroché | d'or | médaille | la | aux | olympiques | jeux | a

____

336 ★★★

Ergänzen Sie die Lücken mit dem richtigen Wort aus dem Bereich Spiel und Freizeit. Dafür müssen Sie zuerst die Buchstaben wieder ordnen.

a) Le vainqueur de la ______________ recevra une coupe. **(ttnoimocipé)**

b) Les ______________ seront récompensés lors de la cérémonie. **(gstnanga)**

c) Les Bleus ont encore une fois remporté la ______________. **(ctioiver)**

d) Ils participent à un atelier de ______________. **(gealicorb)**

e) Mes enfants sont en ______________ de vacances tout le mois de juillet. **(clonoei)**

f) Nous aimons beaucoup faire des ______________ en forêt le week-end. **(dsenaemorp)**

GESUNDHEIT UND WOHLBEFINDEN

Der Körper

337 ★ Finden Sie alle sieben **Substantive des Körpers** in der Buchstabenschlange heraus. Listen Sie sie auf der Linie auf.

____

Das Wort **os** *(Knochen)* bleibt im Singular und im Plural gleich: **un os, des os**.

Il n'a que la peau et les os. – *Er ist nur Haut und Knochen.*

338 ★ Ordnen Sie die **Körperteile** den richtigen Fotos zu.

les pieds • la main • l'œil • la bouche

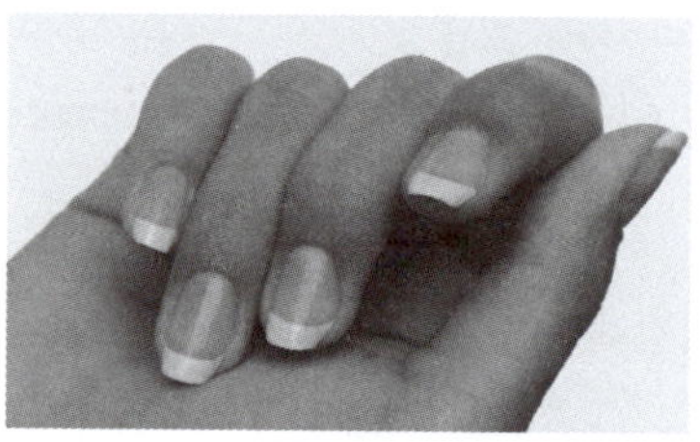

a) ______________________

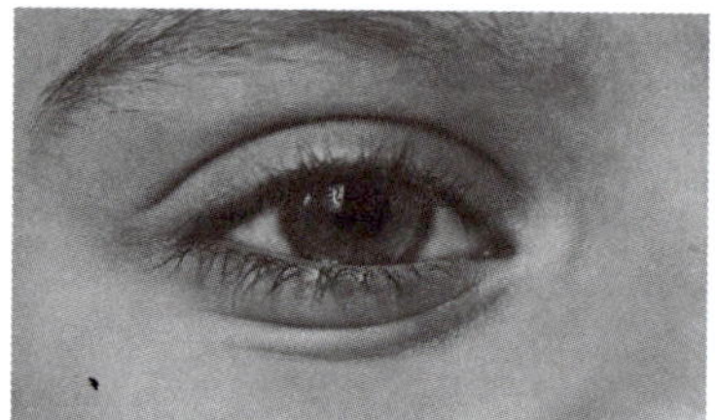

b) ______________________

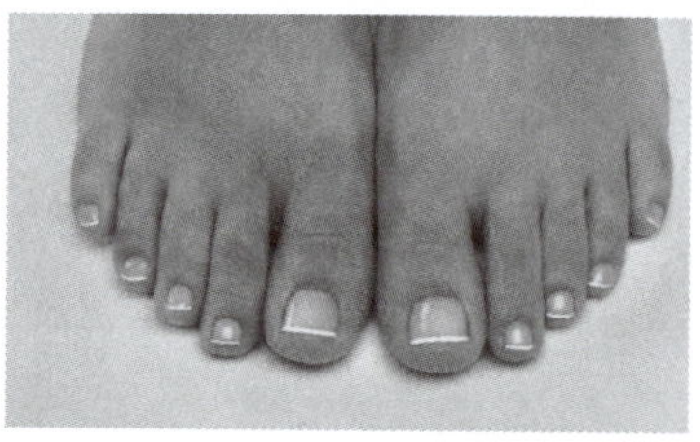

c) ______________________

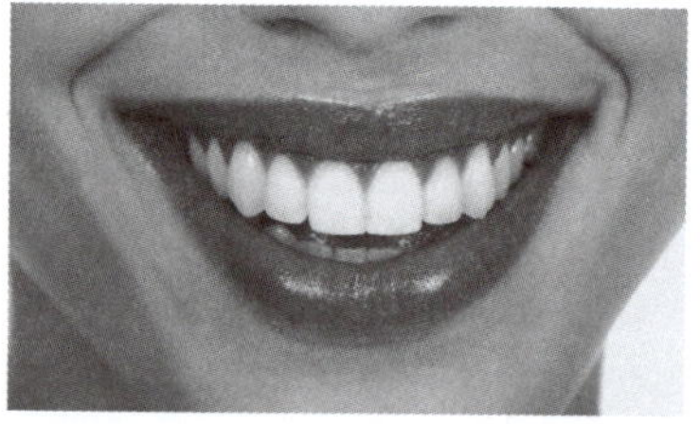

d) ______________________

339 ★★

Ordnen Sie die **Körperteile** den passenden **Sinneswahrnehmungen** zu.

a) voir	___	**A**	les oreilles
b) entendre	___	**B**	les yeux
c) toucher	___	**C**	les mains
d) sentir	___	**D**	la langue
e) goûter	___	**E**	le nez

340 ★★

Ergänzen Sie die Lücken mit dem richtigen **Körperteil**.

visage ▪ ventre ▪ oreilles ▪ yeux ▪ cerveau ▪ tête ▪ cœur ▪ fesses ▪ cou

a) Regarde sa ____________________, il est tout rouge !

b) Elle a un gros ____________________, elle attend un bébé, il bouge beaucoup et doit naître dans deux semaines !

c) Je me suis acheté une crème pour le ____________________.

d) Pour protéger mes ____________________, je porte toujours un bonnet.

e) Le soleil me fait mal aux ____________________, il faut que je m'achète des lunettes de soleil.

f) Je suis énervée, j'ai le ____________________ qui bat très vite !

g) Je fais des mots croisés pour faire travailler mon ____________________.

h) Quand je rentre le soir à la maison, les enfants me sautent toujours au ____________________ pour me saluer !

i) J'ai couru trop vite, j'ai glissé et je suis tombé sur les ____________________ !

341 ★★

Setzen Sie die Buchstaben der **Gesichtsteile** wieder richtig zusammen und fügen Sie den bestimmten Artikel (**le** / **la** / **les**) hinzu.

a) u e g n l a ______________________

b) p e i r a p u è ______________________

c) f t r n o ______________________

d) n n e t o m ______________________

e) e v l r s è ______________________

f) l i s u r c o ______________________

g) g g e o r ______________________

342 ★★

Wählen Sie das passende Wort zum Thema **Körper** aus.

a) Il ne faut pas montrer du **dos** / **doigt** / **talon** !

b) Ces chaussures mettent mes **cils** / **cheveux** / **chevilles** en valeur.

c) Louis a donné un coup de **cuisse** / **poignet** / **poing** à son frère.

d) Avec ces bottes, j'attrape des ampoules aux **orteils** / **oreilles** / **artères**.

e) Les femmes s'épilent les **muscles** / **poils** / **poumons** pour être plus jolies.

f) Il faut boire beaucoup d'eau pour ne pas avoir mal **au cœur** / **aux reins** / **au pouce**.

g) Le fait de fumer est très mauvais pour les **poumons** / **intestins** / **nerfs**.

Wussten Sie, dass **le sang** *das Blut* bezeichnet? Es wird genauso ausgesprochen wie **cent** *(hundert)*, **sans** *(ohne)* oder **(je) sens** *(rieche, fühle)*. In der gesprochenen Sprache muss man sich die Bedeutung aus dem Kontext erschließen!

★★★

Körperteile werden auch in Redewendungen verwendet, finden Sie hier das einzig passende Wort.

a) Il a un chat dans la...

- ☐ **A** bouche.
- ☐ **B** langue
- ☐ **C** gorge.

b) Elle a un cheveu sur la...

- ☐ **A** lèvre.
- ☐ **B** main.
- ☐ **C** langue.

c) Il m'a fait un clin d'...

- ☐ **A** oreille.
- ☐ **B** orteil.
- ☐ **C** œil.

d) Ils se sont trouvés...

- ☐ **A** bouche à oreille.
- ☐ **B** nez à nez.
- ☐ **C** bouche à bouche.

344

★★★

Wie sagen Sie, dass ...

a) ... Sie an den Fingern frieren?

____

b) ... Sie eine helle Haut haben?

____

c) ... Sie eine schmale Taille haben?

____

d) ... Ihre Nerven blank liegen?

____

e) ... Sie blonde Haare haben?

____

Gesundheit

345 ★

Was sagen diese Begriffe zum **Allgemeinbefinden** aus? Ordnen Sie sie mithilfe der Bilder einer Kategorie zu.

être en forme • aller bien • aller mal • être en bonne santé • être fatigué • être faible • avoir bonne mine • être stressé • avoir le moral au plus bas • avoir toutes ses forces

	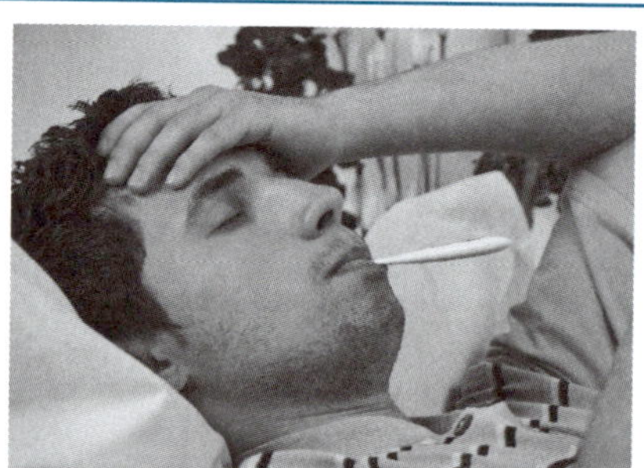

346 ★★

Diese Sätze zum **gesundheitsgefährdenden Verhalten** sind durcheinandergeraten. Bringen Sie sie wieder in die richtige Reihenfolge.

a) dangereux | santé | la | L' | alcool | pour | est

____

b) et | Le | nocif | est | tabac | pour | fumeurs | fumeurs | passifs | les | les

____

c) fumer | toilettes | de | dans | les | Défense

____

347 ★★

Ergänzen Sie die Lücken mit dem richtigen Begriff aus dem Bereich Gesundheit.

mine • saine • exercice • stress • état • moral • forme

a) Salut, c'est la ________________ aujourd'hui ?

b) Le ________________ est très mauvais pour la santé.

c) Le médecin dit que son ________________ de santé est vraiment critique.

d) Il m'a conseillé de faire plus d'________________ pour améliorer ma condition physique.

e) Il a une ________________ radieuse, on voit qu'il vient de rentrer de vacances !

f) Il faut veiller à avoir une alimentation ________________ et équilibrée.

g) Il n'a pas le ________________ en ce moment, il est déprimé.

348 ★★★

Was sagen Sie in welcher Situation? Verbinden Sie.

a) Vous êtes fatigué.	___ **A** Il va très mal.
b) Vous êtes en très bonne santé.	___ **B** Je remets ma vie en question.
c) Vous divorcez.	___ **C** Je vais me reposer.
d) Vous n'êtes pas sportif.	___ **D** Je ne fais pas beaucoup d'exercice.
e) Votre père est à l'hôpital.	___ **E** Je vais vraiment bien.
f) Vous êtes optimiste.	___ **F** J'ai le moral.

349 ★★★

Ergänzen Sie die Lücken mit dem richtigen Wort aus dem Bereich **Gesundheitsrisiko.**

a) Il ne ____________________ que des boissons alcoolisées.

b) Le rhum est un ____________________ fort.

c) Le ____________________ est très mauvais pour les poumons.

d) Il ____________________ deux paquets de ____________________ par jour.

e) Les ____________________ douces sont légales en Hollande.

f) C'est un gros ____________________, il a toujours sa pipe à la bouche.

Krankheit und Verletzung

350 ★

Was haben diese Personen? Ergänzen Sie die Sätze mit dem richtigen **Symptom.** Denken Sie daran, die richtige Verbform zu verwenden.

éternuer • tousser • avoir mal au ventre • avoir de la fièvre

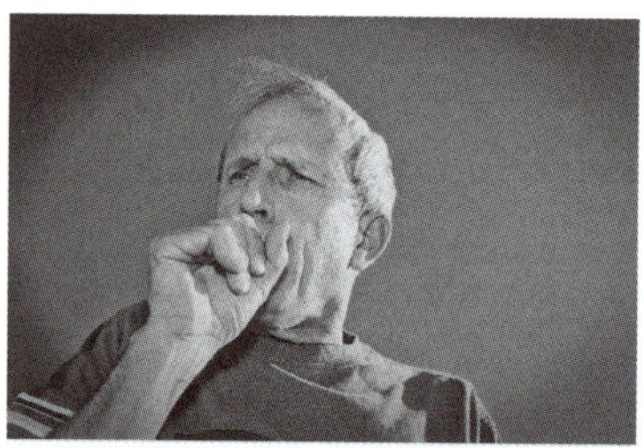

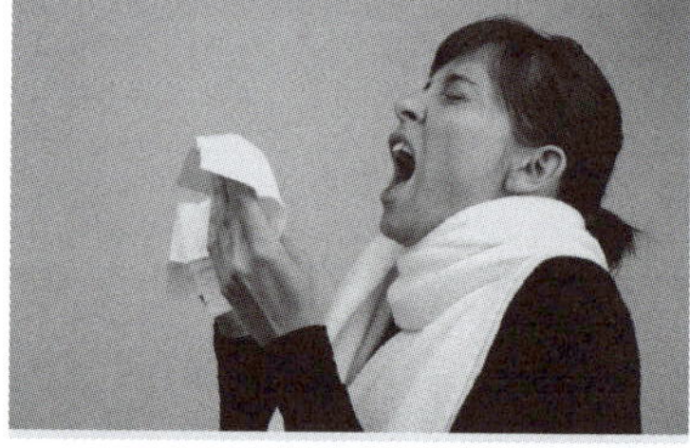

a) Il ____________________.

b) Elle ____________________.

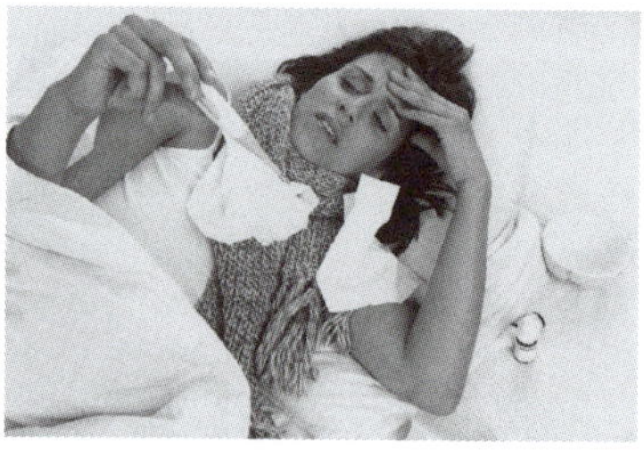

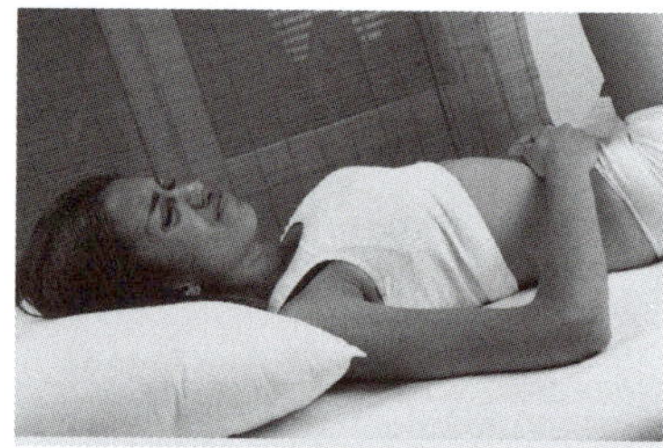

c) Elle ____________________.

d) Elle ____________________.

351 ★ Kreuzen Sie den einzig passenden Ausruf an.

a) ____________, je me suis fait mal !

☐ **A** Au secours !

☐ **B** Aïe !

b) ____________, appelez un médecin, il y a un blessé !

☐ **A** Atchoum !

☐ **B** Au secours !

c) ____________, je ne fais qu'éternuer !

☐ **A** À vos souhaits !

☐ **B** Atchoum !

d) – Atchoum !
– ____________ !

☐ **A** À vos souhaits !

☐ **B** Aïe !

352 ★★ Verbinden Sie. Wie sagen Sie, dass ...

a) ... Sie erkältet sind?

b) ... das Kind Fieber hat?

c) ... ihre Stirn heiß ist?

d) ... Sie krank sind?

e) ... die Krankheit ansteckend ist?

f) ... sie eine Grippe hat.

___ **A** Il a de la fièvre.

___ **B** Je suis malade.

___ **C** J'ai un rhume.

___ **D** Elle a la grippe.

___ **E** Son front est très chaud.

___ **F** La maladie est contagieuse.

!

Auf einige Redewendungen zum Thema Krankheit sollten Sie besonders achten, da sie ganz anders gebildet werden als im Deutschen:

J'ai froid/chaud. – *Mir ist kalt/warm.*
J'ai mal au dos/à la tête/aux dents. – *Ich habe Rücken-/Kopf-/Zahnschmerzen.* oder *Mir tut/tun der Rücken/der Kopf/die Zähne weh.*

353 ★★ Ergänzen Sie die Sätze mit dem korrekten Adjektiv rund um das **Kranksein**.

malade • froid • chaud • contagieux • incurable • allergique • alarmant • mortel

a) Elle est tombée ____________ et a dû être menée à l'hôpital.

b) Liliane est gravement malade, elle est atteinte d'une maladie ____________.

c) Tu as de la fièvre, ton front est tout ____________ !

d) Je suis enrhumée, j'ai sûrement pris ____________ à la piscine hier après-midi.

e) Vous êtes ____________ à la poussière ?

f) Depuis hier soir, son état est vraiment ____________.

g) Attention, ne vous approchez pas trop de Simon, il est encore très ____________.

354 ★★ Wählen Sie das richtige Substantiv zum Thema **Unfall**.

a) Mes parents ont eu un **accident** / **bleu** / **choc** de voiture.

b) Il faut appeler une **urgence** / **ambulance** / **béquille**, il est blessé !

c) La femme a perdu beaucoup de **plâtre** / **sang** / **coup** dans l'accident.

d) Il faut nettoyer la **blessure** / **béquille** / **tache**.

e) Je me suis **coupé** / **brûlé** / **évanoui** avec le fer à repasser.

f) **Le S.A.M.U.** / **La police** / **Les pompiers** ont éteint le feu de forêt.

g) Il y a eu deux **voitures** / **blessés** / **témoins** graves dans l'accident.

355 ★★★ Finden Sie alle elf Wörter rund um **Verletzungen** im Buchstabengitter und schreiben Sie sie auf die Linien.

A	B	L	E	S	S	U	R	E	T	E
B	R	Û	L	U	R	E	I	M	U	N
L	D	É	S	A	N	G	T	A	O	T
E	U	P	L	A	I	E	E	L	P	O
U	R	G	E	N	C	E	S	A	K	R
H	É	M	O	R	R	A	G	I	E	S
H	É	M	A	T	O	M	E	S	X	E
L	A	C	O	U	P	U	R	E	Y	É

waagerecht: la ______, la ______, le ______, la ______, les ______, l'______, l'______, la ______

senkrecht: le ______, le ______, l'______

Beim Arzt und im Krankenhaus

356 ★ Setzen Sie die Buchstaben in Klammern wieder in die richtige Reihenfolge und füllen Sie die Lücken, um Wörter zum Thema **Arztbesuch** zu finden.

a) un autre mot pour un docteur : *un m* __ *d* __ *c* __ __ **(mcindeé)**

b) il peut être à 10 heures : *le r* __ __ *d* __ __ - *v* __ __ *s* **(rdezen-vsou)**

c) j'en prends deux par jour : *des m* __ __ __ *c* __ __ __ *n* __ *s* **(stenmcidaém)**

d) le docteur les soigne : *les p* __ __ __ *e* __ *t* __ **(pttaiens)**

In Frankreich gibt es eine allgemeine Krankenversicherung für alle: **la Sécurité Sociale**. Diese ersetzt ca. 60% der Kosten, man kann mit **assurances complémentaires** oder **mutuelles** ***(Zusatzversicherungen)*** die Erstattungen aufstocken.

357 ★★

Was bzw. wen behandelt der jeweilige **Arzt**? Verbinden Sie.

a) le dentiste		____ **A**	les enfants
b) le pédiatre		____ **B**	la gorge, le nez et les oreilles
c) l'O.R.L.		____ **C**	la peau
d) le dermatologue		____ **D**	les femmes
e) le gynécologue		____ **E**	les dents

358 ★★

Ergänzen Sie die Lücken mit dem richtigen Begriff aus dem Bereich **Arzt und Krankenhaus**.

salle d'attente ▪ infirmière ▪ consulte ▪ accoucher ▪ examens ▪ comprimés ▪ vacciner ▪ opéré ▪ clinique ▪ piqûres

a) Mon médecin ne __________________ pas le lundi.

b) J'ai attendu plus de deux heures dans la __________________.

c) Les enfants se font __________________ contre beaucoup de maladies graves, mais en général, ils n'aiment pas trop les __________________.

d) Le docteur m'a recommandé de prendre trois __________________ par jour : le matin, le midi et le soir.

e) J'attends toujours les résultats de mes __________________.

f) Le chirurgien qui a __________________ ma mère était très jeune.

g) Elle vient d'__________________ d'une petite fille.

h) Nous connaissons une très bonne __________________ privée dans le Nord de Paris.

i) L'__________________ s'occupe vraiment bien des malades.

Füllen Sie das Kreuzworträtsel anhand der Sätze und erraten Sie das grau hinterlegte Verb aus dem Bereich **Krankenhaus** .

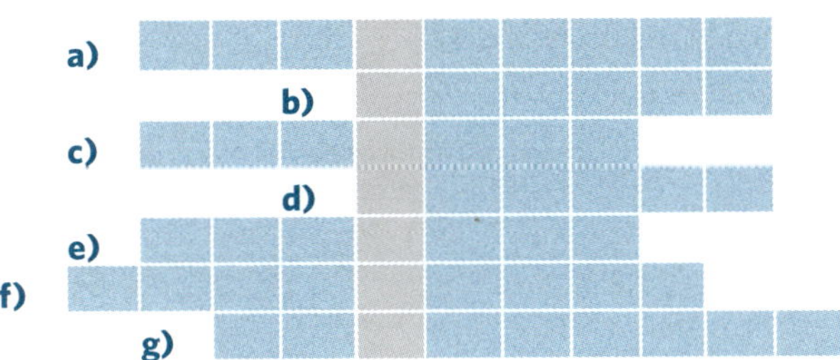

a) __________ des médicaments *(verschreiben)*

b) __________ un malade *(operieren)*

c) être à l'__________ *(Krankenhaus)*

d) __________ un patient *(heilen)*

e) opérer avec un __________ *(Computertomografie)*

f) coller un __________ *(Pflaster)*

g) mettre un patient sous __________ *(Infusion)*

Lesen Sie die **Krankengeschichte** der Patientin und kreuzen Sie an, ob die Aussagen richtig oder falsch sind.

Madame Martin avait mal au ventre depuis plusieurs semaines. Elle a pris un rendez-vous chez le généraliste. Il lui a d'abord prescrit des comprimés pour dix jours, mais après, elle n'allait toujours pas mieux. On l'a envoyée au C.H.U. où elle a été opérée de l'estomac sous anesthésie générale. Le chirurgien et les infirmiers étaient tous très gentils. L'opération l'a vraiment soulagée et maintenant, elle est complètement guérie.

	Vrai	Faux
a) Madame Martin avait mal aux dos.		
b) Elle est allée chez le dermatologue.		
c) Elle a pris des médicaments.		
d) Elle a dû aller à l'hôpital.		
e) Elle a eu une anesthésie locale.		
f) Maintenant, elle est en bonne santé.		

LERNEN UND ARBEITEN

Im Klassenzimmer und im Hörsaal

★

Ergänzen Sie die Lücken mit der richtigen **Schulform**.

lycée • collège • école primaire • crèche • école maternelle

a) pour les enfants de moins de 3 ans *la* ______________________

b) pour les enfants de 3 à 5 ans *l'* ______________________

c) pour les enfants de 6 à 10 ans *l'* ______________________

d) pour les enfants de 11 à 14 ans *le* ______________________

e) pour les enfants de 15 à 18 ans *le* ______________________

★★

Welche **Schulklasse** gehört zu welcher **Schulform**? Ordnen Sie zu.

cours préparatoire • première • terminale • troisième • seconde • cours élémentaire • cours moyen • sixième • cinquième • quatrième

École primaire	Collège	Lycée

★★

Sehen Sie sich die Buchstabenschlange an und finden Sie alle sieben Verben heraus, die zum Thema **Lernen** passen. Listen Sie sie auf.

eoexpliquerirrépéteroirapprendreirréfléchirairperfectionnerirsaisiresconcentreret

____

!

Verwechseln Sie nicht **connaître** und **savoir**. Das erste Verb bedeutet *kennen*, während das zweite die Bedeutung von *wissen, können* hat:

Ils connaissent l'Allemagne. – *Sie kennen Deutschland.*
Ils savent parler allemand. – *Sie können Deutsch sprechen.*
Ils ne savent rien. – *Sie wissen nichts.*

Vervollständigen Sie die Sätze anhand der Bilder.

a) Il écrit quelques ____________ dans son cahier.

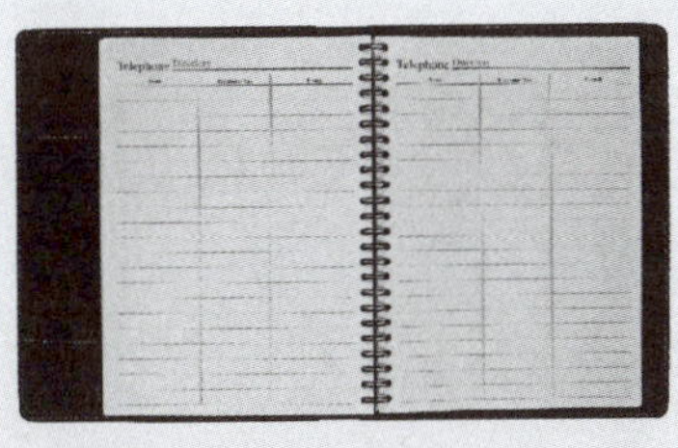

b) Je prends des notes dans mon ________________.

c) La bibliothèque est pleine de ______________.

d) L'élève est au ______________.

365 ★★

Ergänzen Sie die Sätze mit dem richtigen Begriff rund um die **Schule**.

a) Il va à l'_______________.

- ☐ **A** enseignement
- ☐ **B** école

b) Je _______________ en troisième.

- ☐ **A** passe
- ☐ **B** scolarise

c) Tu dois apprendre ta _______________ de biologie.

- ☐ **A** leçon
- ☐ **B** classe

d) Le _______________ d'histoire-géo est gentil.

- ☐ **A** proviseur
- ☐ **B** professeur

366 ★★

Ergänzen Sie die Lücke mit dem richtigen Verb zum Thema **Wissen**.

poser • expliquer • décrit • comprends • oublié • approfondir • arrive • aide • répéter • compter • réfléchissez

a) Dans le texte, l'auteur _______________ le paysage de son village de vacances.

b) Je ne _______________ pas l'exercice de maths, heureusement le prof va me l'_______________ encore une fois.

c) Yann a _______________ son livre à l'école et ne peut donc pas faire ses exercices.

d) Je n'_______________ pas à apprendre cette leçon.

e) Si vous ne saisissez pas tout tout de suite, n'hésitez pas à _______________ des questions.

f) Souvent, j'_______________ ma sœur à faire ses devoirs.

g) Je vous conseille d'_______________ le sujet en lisant des livres sur ce thème.

h) Monsieur, vous pouvez ____________________ la question, s'il vous plaît ?

i) Les enfants, ____________________ avant de lever la main !

j) Au collège, les élèves ont leur calculatrice pour ____________________.

!

Le collège entspricht, anders als im englischsprachigen Raum, der Unter- und Mittelstufe der weiterführenden Schulen. Vorsicht! **Le gymnase** ist die *Sporthalle* und ist also nicht mit dem Wort *Gymnasium* (**collège, lycée**) zu übersetzen!

367 ★★

Verbinden Sie die Verben des **Lernens** und **Studierens** mit ihrem entsprechenden Substantiv.

a) connaître		___ **A**	le savoir
b) écrire		___ **B**	le dessin
c) lire		___ **C**	les connaissances
d) dessiner		___ **D**	la réponse
e) répondre		___ **E**	la note
f) calculer		___ **F**	la compréhension
g) s'inscrire		___ **G**	les études
h) comprendre		___ **H**	l'écriture
i) noter		___ **I**	la lecture
j) étudier		___ **J**	le calcul
k) savoir		___ **K**	l'inscription

368 ★★ Wählen Sie das passende Wort aus.

a) En juillet et août, les élèves français sont en **voyage** / **vacances** scolaires.

b) Ma voisine est institutrice, elle travaille dans l'**enseignement** / **établissement**.

c) Si tu ne travailles pas, tu ne **partiras** / **passeras** pas en sixième.

d) Le **collégien** / **directeur** de l'école a convoqué mes parents.

e) Ses parents veulent lui donner la meilleure **éducation** / **natation** possible.

f) Certains enfants restent toute la semaine à l'école, ils sont en **baccalauréat** / **internat**.

g) En septembre, c'est la **rentrée** / **sortie** des classes.

h) Je déteste les **courses** / **cours** de physique.

i) Faites l'**exercice** / **exemple** numéro deux, page trente-trois.

j) Nous devons **lire** / **écrire** le texte à haute voix.

369 ★★ Finden Sie die durcheinandergeratenen Wörter rund um die **Schule**.

ittureutsni • talhpbea • ilpemo ud etpsm • tnaviellusr • eiacntn • necenamrep

a) Il enseigne à l'école primaire, c'est *l'* ______________.

b) Mes cours pour la semaine sont écrits dans *l'* ______________.

c) Il surveille les élèves pendant la récréation, c'est *le* ______________.

d) C'est une heure libre, sans cours, c'est *la* ______________.

e) Il a vingt-six lettres, c'est *l'* ______________.

f) Les élèves y mangent à l'école à midi, c'est *la* ______________.

370 ★★

Kreuzen Sie an, ob die Wörter zum **Fach Französisch** oder **Mathe** passen. In einem Fall sind beide Fächer möglich.

	Français	Maths
a) lire un texte		
b) faire un résumé		
c) faire un calcul		
d) résoudre un problème		
e) écrire un texte		
f) compter		
g) lire une histoire		

371 ★★

Diese Sätze sind durcheinandergeraten. Setzen Sie sie wieder in die richtige Reihenfolge.

a) prochain, | contrôle | de | ferons | nous | sciences | un | Mardi | naturelles

____

b) peur | de | examen | Vincent | a | son | rater | anglais | d'

____

c) résultats | moyenne | dessous | en | la | Ses | sont | de

____

d) la | cinquième | doit | Il | malheureusement | redoubler | classe | de

____

372 ★★

Finden Sie die elf **Fächer** im Buchstabengitter und schreiben Sie sie auf. Nur ein Wort ist senkrecht, finden Sie es?

A	N	G	L	A	I	S	E	S	D	A	L	U	Z
J	S	É	A	W	L	A	T	I	N	V	Y	H	Q
L	G	O	E	T	J	F	R	A	N	Ç	A	I	S
É	P	G	H	P	H	Y	S	I	Q	U	E	M	I
O	F	R	U	C	H	I	M	I	E	Ç	N	I	M
R	M	A	T	H	É	M	A	T	I	Q	U	E	S
C	H	P	G	Y	M	N	A	S	T	I	Q	U	E
P	K	H	I	S	T	O	I	R	E	G	R	E	C
X	B	I	O	L	O	G	I	E	S	I	A	U	I
M	É	E	A	L	O	G	I	S	R	A	B	Ç	U

waagerecht: ______________________

____

senkrecht: ______________________

373 ★★★

Übersetzen Sie ins Französische.

a) *einen Kurs besuchen* ______________________

b) *sich an der Uni einschreiben* ______________________

c) *sein Studium abbrechen* ______________________

d) *Medizin studieren* ______________________

e) *die juristische Fakultät besuchen* ______________________

In der Ausbildung und im Job

374 ★ Welchen **Beruf** üben die Personen auf den Fotos aus? Kreuzen Sie an.

a) ☐ **A** Sylvie est médecin.
☐ **B** Elle est employée de banque.
☐ **C** Elle est pharmacienne.

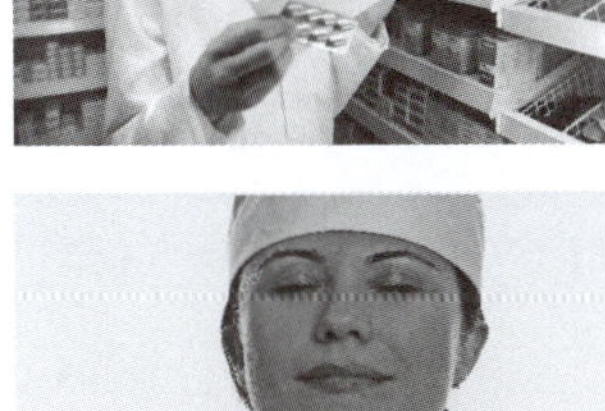

b) ☐ **A** Christelle est bouchère.
☐ **B** Christelle est boulangère.
☐ **C** Christelle est coiffeuse.

c) ☐ **A** Jean-Claude est informaticien.
☐ **B** Il est prof de maths.
☐ **C** Il est ingénieur.

375 ★ Welche Wörter passen zusammen? Verbinden Sie.

a) l'apprentissage	___ **A** l'ouvrier
b) les comptes	___ **B** le boulanger
c) l'usine	___ **C** la comptable
d) la circulation	___ **D** l'apprenti
e) les vêtements	___ **E** le gendarme
f) le pain	___ **F** la vendeuse

376 Welche Aussage ist richtig? Kreuzen Sie an.

★★

a) L'architecte...

- ☐ **A** vend des voitures.
- ☐ **B** travaille à la banque.
- ☐ **C** dessine des plans de maisons.

b) L'instituteur...

- ☐ **A** travaille dans la police.
- ☐ **B** travaille à l'école primaire.
- ☐ **C** travaille au collège.

c) Le plombier...

- ☐ **A** répare les vélos.
- ☐ **B** répare les tuyaux.
- ☐ **C** fait de la peinture.

d) Le gardien...

- ☐ **A** surveille l'immeuble.
- ☐ **B** répare les télévisions.
- ☐ **C** construit les maisons.

e) Le coiffeur...

- ☐ **A** vend des chaussures.
- ☐ **B** vend des médicaments.
- ☐ **C** coupe les cheveux des gens.

f) La pâtissière...

- ☐ **A** fait du pain.
- ☐ **B** fait des gâteaux.
- ☐ **C** vend des glaces.

377 Wählen Sie den richtigen Begriff aus dem Bereich der **Ausbildung**.

★★

a) Nicolas suit une **formation** / **profession** de vendeur.

b) Étienne est entré en **apprentissage** / **spécialité**.

c) Il faut suivre une formation **orale** / **spécialisée** pour devenir pilote.

d) Les apprentis artisans travaillent dans un **garage** / **atelier**.

e) Élodie veut apprendre un **cours** / **métier** où elle gagnera beaucoup d'argent.

f) La plupart des étudiants en informatique veulent **rester** / **devenir** ingénieurs.

g) Il ne sait pas du tout ce qu'il veut faire plus tard, il n'a aucun **projet** / **stage** professionnel.

h) Je désire m'orienter vers une autre **direction** / **spécialité**, le droit du travail ne me plaît pas du tout.

!

Wenn man allgemein vom *Beruf* spricht, verwendet man im Französischen sowohl das Wort **le métier** als auch **la profession**.

Qu'est-ce qu'il fait comme métier/profession ? – *Welchen Beruf übt er aus?*

Streng genommen ist **métier** eher der Beruf, für den man eine Lehre oder eine Ausbildung braucht, also ein Handwerksberuf:

les vieux métiers – *die traditionellen Berufe*

378 ★★

Ergänzen Sie die Lücken mit der richtigen Form von **travailler** *(arbeiten)*, **payer** *(zahlen, bezahlen)* oder **gagner** *(verdienen)*.

a) Jules ________________ à plein temps dans une grande entreprise de la banlieue parisienne.

b) Charlotte ________________ bien sa vie avec son métier d'actrice.

c) Tu ________________ au noir ? Tu sais que c'est interdit ?

d) Nous ne ________________ plus autant d'argent depuis que nous sommes à notre compte.

e) Heureusement, dans ma boîte, les heures supplémentaires sont ________________ !

f) J'ai longtemps ________________ à la chaîne, mais maintenant je suis en retraite.

g) Les étudiants sont ________________ à l'heure.

379 ★★

Finden Sie die Wörter aus der **Arbeitswelt** anhand der Definitionen.

a) Les employés travaillent dans un *b* __ *r* __ __ __.

b) Quand on est malade ou a un bébé, on est en *c* __ __ *g* __.

c) À la fin du mois, on touche un *s* __ __ __ __ *r* __.

d) L'État touche des *i* __ __ __ *t* *s*.

e) Le jour de Noël et le 14 juillet sont des jours *f* __ __ __ *é* __.

f) Quelqu'un qui travaille au bureau de poste est *e* __ __ __ __ *y* *é*.

g) Quand on touche plus d'argent, on a une *a* __ *g* __ __ __ __ __ *t* __ __ *n*.

!

Verwechseln Sie die beiden folgenden Ausdrücke nicht:

les jours ouvrables – *die Werktage*
les jours ouvrés – *die Arbeitstage*

380 ★★

Kreuzen Sie jeweils die zwei möglichen Antworten an.

a) Combien gagnez-vous ?

- ☐ **A** Oh, très bien.
- ☐ **B** 2 000 euros par mois.
- ☐ **C** 10 euros de l'heure.

b) Vous êtes en apprentissage ?

- ☐ **A** Non, en stage.
- ☐ **B** Oui, de boulanger.
- ☐ **C** Oui, je suis en fac de médecine.

c) Elle travaille à mi-temps ?

- ☐ **A** Oui, vingt heures par semaine.
- ☐ **B** Oui, elle est en congé maladie.
- ☐ **C** Non, à temps complet.

d) Il travaille en équipe ?

- ☐ **A** Oui, il est de l'équipe de nuit.
- ☐ **B** Non, il travaille à temps partiel.
- ☐ **C** Non, il adore travailler seul.

381 ★★

Finden Sie die vollständigen Ausdrücke. Verbinden Sie.

a) une formation	___	**A**	dans la vie
b) un stage	___	**B**	professionnelle
c) travailler à temps	___	**C**	en entreprise
d) une profession	___	**D**	partiel
e) un ouvrier	___	**E**	libérale
f) réussir	___	**F**	qualifié
g) les impôts	___	**G**	de salaire
h) une augmentation	___	**H**	boulot
i) un petit	___	**I**	d'été
j) un job	___	**J**	de travail
k) un contrat	___	**K**	sur le revenu

382 ★★★

Welches Wort rund um die **Arbeitswelt** passt zu der Definition?

les syndicats • le comité d'entreprise • la grève • le chômage

a) Il s'occupe du domaine culturel et social dans l'entreprise : ____________________

b) Ils représentent les travailleurs : ____________________

c) Il concerne les personnes sans travail : ____________________

d) C'est l'arrêt du travail pour protester : ____________________

383
★★★

Diese Sätze sind durcheinandergeraten. Bringen Sie sie wieder in die richtige Reihenfolge.

a) Les | sont | nécessaires | défendre | nos | intérêts | syndicats | pour

____

b) employés | repris | travail | ce | le | ont | Les | matin

____

c) Elle | recommencé | travailler | a | à | il | y | deux | ans | a

____

d) Il | aucune | sur | marché | n' | chance | le | du | travail | a

____

e) licencier | Mon | deux | cents | personnes | va | entreprise | année | cette

____

f) créer | emplois | jeunes | Il | pour | les | des | faut | absolument

____

384
★★★

Ergänzen Sie die Lücken mit dem richtigen Wort aus dem Bereich **Arbeitsmarkt**. Dafür müssen Sie zuerst die Buchstaben wieder ordnen.

a) Tous les jours, je regarde les offres d'______________. **(ilpmeo)**

b) Depuis son ______________, mon frère cherche un nouveau poste de technicien. **(tmencieilcen)**

c) Il s'est fait ______________ parce qu'il arrivait tous les jours en retard au bureau. **(yerorenv)**

d) Notre nouveau collègue me semble très ______________. **(cotntempé)**

e) Pour toucher une indemnité de chômage, il faut d'abord remplir un gros _______________. **(ssoride)**

f) Nous allons _______________ une réunion des délégués la semaine prochaine. **(rgnrsoaie)**

385 ★★★

Wie sagen Sie, dass Sie ...

a) ... in den USA studiert haben?

____

b) ... in der Verwaltung arbeiten?

____

c) ... einen selbständigen Beruf ausüben?

____

d) ... in Teilzeit arbeiten?

____

e) ... zu viele Steuern zahlen?

____

f) ... Teamgeist haben?

____

e) ... Ihre Arbeitsbedingungen hart sind?

____

UNTERWEGS

In der Stadt

386 ★ Wo können Sie die Sachen kaufen? Ergänzen Sie die Lücken.

pâtisserie ▪ marchand de journaux ▪ pharmacie ▪ poissonnerie ▪ parfumerie ▪ boucherie ▪ librairie

a) du poisson *à la* ____________

b) de la viande *à la* ____________

c) une tarte aux pommes *à la* ____________

d) du parfum *à la* ____________

e) des médicaments *à la* ____________

f) un journal *chez le* ____________

g) un livre *à la* ____________

387 ★ Finden Sie fünf Wörter in der Buchstabenschlange, die ein **Geschäft** bezeichnen.

lessupermarchéetépiceriertthypermarchéchmagasinertchratriotiercaboutiquedieg

____

____

In Frankreich heißen *Supermärkte* auch **grandes surfaces**. Sie sind meistens in ein *Einkaufszentrum* – **centre commercial** integriert. Das heißt, man findet dort neben dem traditionellen **supermarché** ***(Supermarkt)*** mit Lebensmitteln eine **galerie marchande**, die aus vielen kleinen **boutiques** besteht. Ein **centre commercial** ist sozusagen eine Stadt in der Stadt!

388 ★

Ergänzen Sie die Sätze mit dem richtigen Verb. Kreuzen Sie an.

a) Le commerçant ____________ des fruits et légumes.

- ☐ **A** vend
- ☐ **B** achète
- ☐ **C** coûte

b) Le client ____________ deux paquets de cigarettes.

- ☐ **A** vend
- ☐ **B** achète
- ☐ **C** ferme

c) Le magasin ____________ à 8 heures du matin.

- ☐ **A** ferme
- ☐ **B** ouvre
- ☐ **C** paye

d) La bouteille de vin ____________ 6 euros.

- ☐ **A** paye
- ☐ **B** vend
- ☐ **C** coûte

389 ★★

Finden Sie das passende **Kleidungsstück** heraus.

robe • pantalon • chaussures • pull • minijupe • manteau

a) Ces ________________ sont vraiment belles, mais je crois qu'elles sont trop petites pour moi.

b) Le ________________ en laine est trop chaud pour rester à la maison.

c) Elle a acheté un ________________ en velours.

d) J'adore cette magnifique ________________ du soir !

e) Pour sortir, il vaut mieux prendre ton ________________ !

f) Tu as vu cette ________________, elle est un peu courte, non ?

390 ★★ Ordnen Sie den Fotos die passenden Wörter zu.

a) *des l* ______

b) *un p* ______

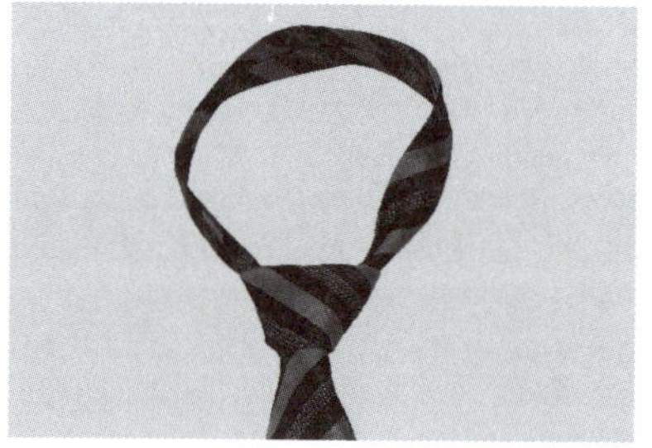

c) *une c* ______

d) *une é* ______

391 ★★ Was passt zusammen? Verbinden Sie.

a) la taille

b) essayer

c) se changer

d) se déshabiller

e) se couvrir

f) la pointure

g) s'habiller

___ **A** 38 pour des chaussures

___ **B** 40 pour un pantalon

___ **C** mettre un vêtement pour voir s'il va bien

___ **D** mettre d'autres vêtements

___ **E** mettre quelque chose de chaud

___ **F** mettre ses vêtements le matin

___ **G** enlever ses vêtements

392 ★★

Wählen Sie das passende Wort aus.

a) Je transporte toutes mes affaires dans un grand **sac** / **foulard**.

b) Il offre toujours des **lunettes** / **bijoux** à sa femme pour son anniversaire.

c) Pour se faire une jupe, elle a acheté du beau **plastique** / **tissu**.

d) Dans ce magasin, ils vendent des vêtements de bonne **taille** / **qualité**.

e) 200 euros pour ces bottes, c'est un peu **épais** / **cher** !

f) Je fais **nettoyer** / **déchirer** mes chemises au pressing.

g) C'est un magnifique pull en **cuir** / **laine**.

h) Comme j'ai mal à la gorge, je vais mettre un **foulard** / **chapeau**.

§

Materialien werden mit den Präpositionen **en** oder **de** eingeführt:

des chaussures en/de cuir – *Lederschuhe*
un pull en/de coton – *ein Baumwollpullover*
une boîte en plastique – *eine Plastikdose*

393 ★★

Finden Sie die Wörter rund um das Thema **auswärts essen** anhand der Definitionen.

a) On peut y manger midi et soir : *le r* _ _ _ _ _ _ _ _ _

b) Il faut s'y servir soi-même : *le s* _ _ _ - *s* _ _ _ _ _ _

c) On peut y prendre un verre : *le* _ _ _

d) On peut y déguster cafés et pâtisseries : *le s* _ _ _ _ *de* _ _ _

e) Là où sont écrits les plats et les boissons : *la c* _ _ _ _

f) C'est une entrée, un plat et un dessert : *le m* _ _ _

394 ★★ Lesen Sie den Text und kreuzen Sie an, ob die Aussagen richtig oder falsch sind.

Hier soir, nous avions réservé une table pour deux personnes au restaurant « Chez Michel ». Moi, j'ai pris un menu, Sylvain a mangé à la carte. En entrée, il avait des crudités, moi, j'ai choisi une salade niçoise. Comme plat principal, pour lui c'était un steak-frites, moi, j'ai commandé de la viande en sauce. Mais elle était trop grasse. En dessert, mon mari avait une glace et un café et moi, j'ai choisi une crème brûlée. Comme boisson, nous avions un vin rouge assez cher. C'est moi qui ai invité Sylvain pour notre anniversaire de mariage !

	Vrai	Faux
a) Ils étaient quatre à dîner au restaurant.		
b) Ils ont pris tous les deux un menu.		
c) En entrée, la femme de Sylvain avait de la soupe.		
d) Sylvain a mangé un steak-frites.		
e) Sa viande à elle était très bonne.		
f) En dessert, Sylvain a pris une crème brûlée.		
g) Le vin était plutôt cher.		
h) Sylvain n'a pas payé l'addition.		

395 ★★ Finden Sie die sieben **Tischutensilien** in der Buchstabenschlange.

lassietteetlverretietasseouetcouteaulicuillèreunservietteoufourchetteduluitghtsou

396 ★★ Diese Sätze zum Thema **Museum, Film und Theater** sind durcheinandergeraten. Setzen Sie sie wieder in die richtige Reihenfolge.

a) Tu | visité | du | l'exposition | temporaire | musée | as | Louvre ? | du

____

b) Monet | Ce | original | un | de | est | tableau

____

c) Depardieu | film | Le | avec | cinéma | au | depuis | jeudi | passe

____

d) de | spectacle | Ce | beaucoup | attire | clowns | de | spectateurs

____

397 ★★★ **Behörden**: Ergänzen Sie die Lücken mit dem passenden Adjektiv. Dafür müssen Sie zuerst die Buchstaben wieder ordnen.

a) Je vais me renseigner auprès du service ______________ de la mairie. **(astfitarmidin)**

b) Mon mari travaille à la fonction ______________. **(pulibuqe)**

c) Elle emprunte régulièrement des livres à la bibliothèque ______________. **(euiiamnpcl)**

d) Pour se marier, il faut aller au bureau de l'état ______________. **(lvcii)**

e) C'est un terrain ______________, il appartient à la ville. **(lnommcua)**

In Frankreich arbeiten **les fonctionnaires** ***(die Beamten)*** 35 Stunden pro Woche und haben ein anderes Streikrecht als in Deutschland.

398 ★★★

Übersetzen Sie die Ausdrücke rund um die **öffentlichen Ämter** ins Französische.

a) *seine Papiere zeigen* ______________________

b) *aufs Polizeirevier gehen* ______________________

c) *im Rathaus arbeiten* ______________________

d) *Schritte unternehmen* ______________________

e) *eine öffentliche Sitzung* ______________________

f) *einen Antrag stellen* ______________________

g) *ein Formular ausfüllen* ______________________

h) *einen Diebstahl melden* ______________________

Im Verkehr

399 ★

Mit welchem **Verkehrsmittel** sind die Personen unterwegs? Kreuzen Sie das passende Wort an.

a) ☐ **A** le bateau

☐ **B** le vélo

☐ **C** la moto

b) ☐ **A** le bus

☐ **B** le métro

☐ **C** la voiture

c) ☐ A le bateau

☐ B le train

☐ C l'avion

d) ☐ A le T.G.V.

☐ B l'avion

☐ C le tramway

400 ★★

Wohin gehen Sie in den folgenden Situationen? Verbinden Sie.

a) attendre le bus	___	**A** à l'aéroport
b) prendre de l'essence	___	**B** au garage
c) faire réparer la voiture	___	**C** à la gare routière
d) garer la voiture	___	**D** sur une aire de repos
e) faire une pause sur l'autoroute	___	**E** sur un parking
f) prendre le train	___	**F** à la station-service
g) prendre le bateau	___	**G** à la gare
h) prendre l'avion	___	**H** à la douane
i) déclarer des objets	___	**I** au port
j) acheter des billets de train	___	**J** à la station de métro
k) prendre le métro	___	**K** au guichet de la gare

401 ★★

Ergänzen Sie die Lücken mit dem richtigen Begriff rund um den **Straßenverkehr**.

a) Ils font des travaux dans la **route** / **rue** des Roses.

b) Pour se rendre à Nice, il vaut mieux prendre la **route** / **rue** nationale.

c) Cette route de montagnes est pleine de **villages** / **virages** !

d) Elle a attendu plus d'une heure à l'**arrêt** / **entrée** de bus.

e) Sur l'**autoroute** / **accident**, la vitesse est limitée à 130 km/h.

f) Le **carrefour** / **tunnel** du Mont-Blanc fait plus de 11 km.

g) À Paris, il y a souvent des **bouchons** / **péages** sur le **parking** / **périphérique**.

h) Nous devons prendre de l'**essence** / **huile** avant de quitter l'autoroute.

i) Dans cette zone piétonnière, il faut **doubler** / **rouler** à 10 km/h.

402 ★★

Finden Sie das passende Wort heraus.

camions • vélo • métro • locomotives • voiture • ferry

a) À l'aéroport, nous prendrons une ________________ de location pour aller à l'hôtel.

b) Le dimanche, c'est agréable car les ________________ ne circulent pas.

c) Autrefois les trains avaient des ________________ à vapeur.

d) Mon père s'est acheté un nouveau ________________ de course, il veut faire le Tour de France !

e) Pour traverser la Manche, ils ont pris le ________________.

f) Pour changer de gare à Paris, on peut prendre le ________________.

403 ★★

Kreuzen Sie die richtige Antwort an.

a) Qui est au volant ?

- ☐ **A** Elle conduit mal.
- ☐ **B** C'est moi qui conduis.
- ☐ **C** Ne roule pas si vite !

b) Que faut-il faire dans le tunnel ?

- ☐ **A** Klaxonner.
- ☐ **B** Tomber en panne.
- ☐ **C** Allumer ses phares.

c) Comment transportez-vous vos meubles ?

- ☐ **A** À pied.
- ☐ **B** Avec un casque.
- ☐ **C** Avec une remorque.

d) Il va falloir qu'on change la roue ?

- ☐ **A** Oui, avec la roue de secours.
- ☐ **B** Oui, le feu arrière est cassé.
- ☐ **C** Oui, j'appelle le chasse-neige.

404 ★★

Finden Sie die Wörter rund um den **Schienenverkehr** anhand der Definitionen.

a) Il conduit le train : le c _ _ _ _ _ _ _ _ _

b) Tous les trains y entrent : en g _ _ _

c) Pour prendre le train il faut en acheter un : un b _ _ _ _ _

d) Un autre mot pour un arrêt de métro : une s _ _ _ _ _ _

e) Dans le T.G.V., il faut en payer un : un s _ _ _ _ _ _ _ _ _

f) Avant d'aller au train il faut les regarder : les h _ _ _ _ _ _ _

g) Pour avoir une place assise, il en faut une : une r _ _ _ _ _ _ _ _ _ _

h) On peut y attendre les voyageurs : sur le q _ _ _

405 ★★

Mit welchem **Transportmittel** sind Sie unterwegs? Kreuzen Sie an.

	la voiture	le train	l'avion
a) La limitation de vitesse est 130 km/h.			
b) À Paris, je dois changer de gare.			
c) Elle viendra me chercher sur le quai.			
d) Ce matin, nous avons attendu longtemps au rond-point.			
e) Nous avons besoin d'une carte d'embarquement.			
f) Le vol n'a pas duré très longtemps.			
g) J'ai préféré prendre la voie rapide.			
h) Je m'arrête au feu rouge.			
i) Le contrôleur est passé il y a une demi-heure environ.			

406 ★★★

Diese Sätze sind durcheinandergeraten. Setzen Sie sie wieder in die richtige Reihenfolge.

a) le | visiter | Havre | faut | du | port | absolument | Il

____

b) invités | a | Le | nous | à | du | capitaine | bateau | bord

____

c) Son | décoller | peut | avion | à | cause | temps | du | pas | ne | mauvais

____

d) annulé | à | grève | de | vol | été | la | Le | cause | a

e) en | voyage | J'emporte | valises | deux | sac | un | et

407 ★★★

Finden Sie alle Verben aus dem Bereich **Verkehr** im Kreuzworträtsel anhand der deutschen Begriffe.

waagerecht: **a)** fahren (mit dem Auto); **b)** warten; **c)** kommen; **d)** ankommen; **e)** zurückkehren; **f)** fahren (ein Auto)

senkrecht: **g)** gehen, fahren; **h)** einsteigen; **i)** (gegen etwas) fahren; **j)** weggehen, -fahren; abfahren; **k)** überqueren; **l)** fliegen

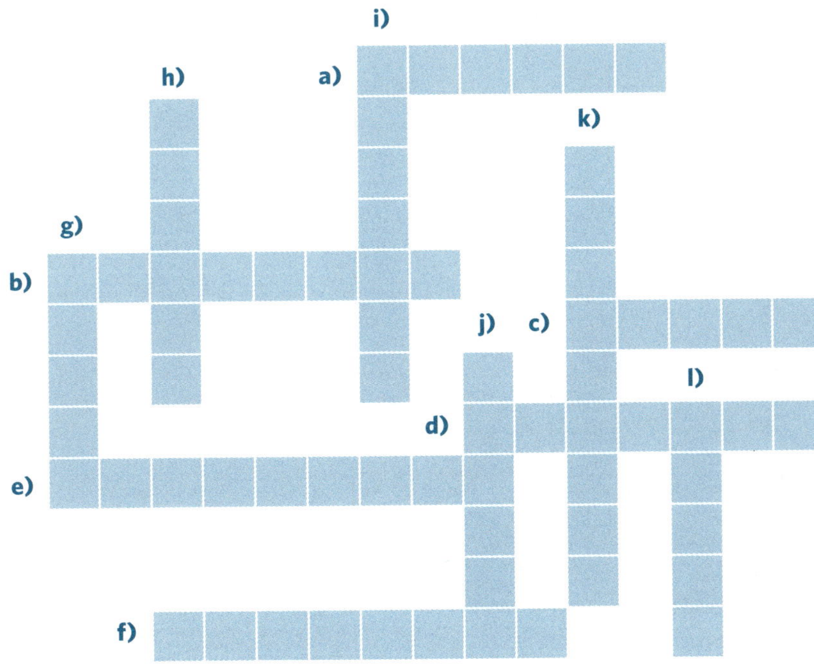

Auf Reisen

408 ★

Welche **Spezialität** passt zu welchem **Land**? Verbinden Sie.

a) les spaghettis, le tiramisu	___ **A** la France
b) les moules-frites	___ **B** la Belgique
c) la bière, les saucisses	___ **C** l'Italie
d) la feta, le retsina	___ **D** l'Allemagne
e) le thé, le porridge	___ **E** l'Angleterre
f) les tapas, la paella	___ **F** la Grèce
g) la baguette, le camembert	___ **G** l'Espagne
h) le vla, les poffertjes	___ **H** les Pays-Bas
i) le fado, le porto	___ **I** la Turquie
j) l'ayran, le raki	___ **J** le Portugal

409 ★★

Ergänzen Sie die Lücken mit dem passenden Begriff rund um **Land und Sprache**. Kreuzen Sie an.

a) Nous faisons des voyages à ________________.

☐ **A** l'étranger ☐ **B** France ☐ **C** bientôt

b) La Normandie est une belle ________________.

☐ **A** province ☐ **B** région ☐ **C** ville

c) Ils passent le week-end en ________________.

☐ **A** province ☐ **B** région ☐ **C** campagne

d) Elle parle plusieurs ________________.

☐ **A** pays ☐ **B** langues ☐ **C** habitants

e) La Belgique compte environs dix millions et demie d'________________.

☐ **A** habitants ☐ **B** hommes ☐ **C** enfants

f) Le Parlement ________________ se trouve à Strasbourg.

☐ **A** italien ☐ **B** français ☐ **C** européen

g) Les Québécois sont ________________.

☐ **A** français ☐ **B** francophones ☐ **C** néerlandais

410 ★★

Ergänzen Sie mithilfe der Ländernamen in Klammern die Sätze mit dem entsprechenden Adjektiv.

a) Mon plat ________________ préféré, c'est la mousse au chocolat. **(France)**

b) J'aime la musique ________________, surtout les Beatles. **(Angleterre)**

c) Tu connais des films ________________ ? **(Espagne)**

d) Nous raffolons de la cuisine ________________. **(Italie)**

e) Lisbonne est une des plus belles villes ________________. **(Portugal)**

f) Je photographie un paysage ________________. **(Pays-Bas)**

Auf Französisch werden die Länder und die Einwohner großgeschrieben.
Nur die Adjektive und die Sprachen werden kleingeschrieben:

l'Allemagne – *Deutschland* **les Allemands** – *die Deutschen*

une ville allemande – *eine deutsche Stadt* **l'allemand** – *das Deutsche*

411 ★★

Finden Sie die Wörter rund um das Thema **Reise** mithilfe der Definitionen, indem Sie die Buchstaben wieder richtig ordnen.

a) les gens qui sont en vacances :

u t i t s e o r s *les* ____________

b) on peut lire les rues de la ville dessus :

n l p a *le* ____________

c) un repas sur une couverture dehors dans l'herbe :

p u q i e - u e i n q *le* ____________

d) on peut en faire une en forêt :

n i o s x u e r c *une* ____________

e) on les obtient à l'office du tourisme :

n i s i n f m a t o r o *des* ____________

412 ★★

Ergänzen Sie die Lücken mit den korrekten Begriffen rund ums **Reisen**.

a) Pour voyager à l'étranger, il me faut mon ____________.

b) Dans l'avion, l'____________ a montré les mesures de sécurité.

c) Pour leur randonnée, ils ont emporté leurs ____________________.

d) Nous avons passé nos vacances dans une ____________________.

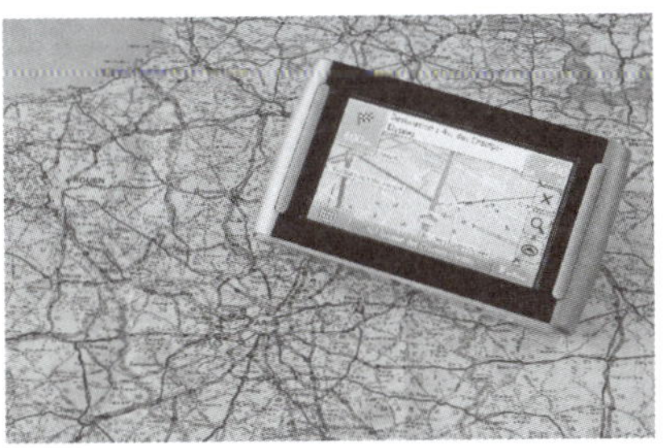

e) Il est parti en voyage avec une seule ____________________.

f) Il faut que nous regardions la ____________________.

413 ★★

Wählen Sie das passende Adjektiv aus.

a) Nous avons passé nos vacances dans un hôtel **confortable** / **libre**.

b) Le camping était très **calme** / **complet**.

c) Nous avions une vue **tranquille** / **panoramique** sur la mer.

d) Le petit-déjeuner était **complet** / **compris** dans le prix de la chambre.

e) Nous avions choisi la pension **complète** / **comprise**.

f) La salle de bains était **communale** / **commune**, au fond du couloir.

g) L'accueil a été très **élevé** / **chaleureux**.

h) La note a été très **supplémentaire** / **élevée**.

414 ★★

Finden Sie die vier Substantive rund um eine **Wegbeschreibung** in der Buchstabenschlange und ergänzen Sie die Lücken.

leplvilleswreoecapitaleetsurdirectionouchemininparroutedirmilieulacolinsucôté

a) Suivez toujours la même ____________________, c'est facile.

b) L'église se trouve au ____________________ de la place.

c) Il faut prendre l'autoroute A7 puis la ____________________ nationale.

d) C'est un tout petit ____________________ de terre.

415 ★★

Kreuzen Sie den passenden Begriff zur Definition an.

a) On peut passer dessus pour traverser un fleuve :

☐ **A** un quai

☐ **B** un port

☐ **C** un pont

b) C'est une ville où les gens vont pour se soigner :

☐ **A** une station d'essence

☐ **B** une station thermale

☐ **C** une aire de repos

c) Il est allumé pour que les bateaux puissent s'orienter :

☐ **A** le phare

☐ **B** le château

☐ **C** le magasin

d) On peut y acheter des objets d'occasion et des antiquités :

☐ **A** le marché de Noël

☐ **B** le marché aux puces

☐ **C** le marché aux poissons

Im Französischen gibt es nur ein Wort für *Burg* oder *Schloss*: **le château**. Wenn es eine Burg mit Festung ist, dann spricht man von **le château fort**.

416 ★★★

Ergänzen Sie die Lücken mit dem richtigen Verb in der korrekten Form.

tourner • se trouver • aller • prendre • indiquer • traverser • revenir • passer

a) Pouvez-vous m'_______________ où _______________ la cathédrale, s'il vous plaît ?

b) Pour _______________ au musée, il faut _______________ par où ?

c) Faut-il _______________ la place pour rejoindre la Tour Bretagne ?

d) Je me suis perdu, je crois que j'_______________ en rond.

e) Vous _______________ la première rue à gauche, c'est facile.

f) Vous pouvez partir dans cette direction et _______________ par l'autre côté.

417 ★★★

Wie beschreiben Sie den **Weg** und sagen, dass ...

a) ... die Kathedrale sich auf der linken Seite befindet?

____

b) ... man immer geradeaus gehen muss, um zum Rathaus zu kommen?

____

c) ... die Post ganz nah ist und man zu Fuß dorthin gehen kann?

____

d) ... das Museum ca. 100 Meter entfernt ist?

____

In der Natur

★

Welcher **Landschaftsbegriff** passt zu welchem Foto? Ergänzen Sie die Lücken.

la mer ▪ le champ ▪ la montagne ▪ la campagne ▪ la forêt ▪ la rivière

a)  ____________ **b)**  ____________ **c)** ____________

d)  ____________ **e)**  ____________ **f)** ____________

★★

Kennen Sie diese **Landschaften**? Verbinden Sie sie mit ihrer entsprechenden Bezeichnung.

a) Ré, Noirmoutier, Oléron ___ **A** des océans

b) l'Atlantique, le Pacifique ___ **B** des mers

c) la Manche, la Méditerranée ___ **C** des fleuves

d) le Mont-Blanc, les Pyrénées ___ **D** des chaînes de montagnes

e) la Loire, la Seine, le Rhin ___ **E** des îles

420 ★★

Tiere oder Pflanzen? Ordnen Sie die Begriffe in die richtige Tabellenspalte ein.

le chien • la rose • l'érable • la souris • le poisson • la tulipe • le chat • la vache • le pin • le marronnier • le cheval • le tigre • l'œillet • le lion • le platane • le chêne

la flore (*Pflanzenwelt*)	**la faune** (*Tierwelt*)

421 ★★

Ergänzen Sie die Lücken anhand der deutschen Wörter in Klammern.

a) J'adore les ________________, surtout les roses. *(Blumen)*

b) Il a offert un ________________ de tulipes à sa femme. *(Strauß)*

c) Le marronnier et le tilleul sont des ________________ idéaux dans les parcs. *(Bäume)*

d) Mes œillets ne ________________ pas, il leur faut de l'engrais. *(wachsen)*

e) J'ai un ________________ rouge et bleu qui sait parler. *(Papagei)*

f) Le ________________ nous réveille tous les matins vers 4 heures. *(Hahn)*

g) Mon fils adore aller voir les ________________ au zoo, il leur donne des cacahuètes. *(Affen)*

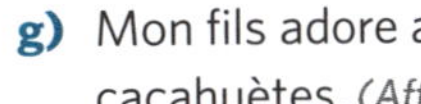

422 ★★ Kreuzen Sie an, ob die Aussagen schönes oder schlechtes **Wetter** bedeuten.

	beau temps	**mauvais temps**
a) Le ciel est clair.		
b) Il risque de pleuvoir.		
c) Il grêle.		
d) Il y a de l'orage.		
e) Quelle chaleur !		
f) Ils annoncent une grosse tempête.		
g) Le ciel s'éclaircit, les nuages s'en vont.		

423 ★★ Diese Sätze sind durcheinandergeraten. Bringen Sie sie wieder in die richtige Reihenfolge.

a) Il | encore | saison | la | pour | fait | froid

____

b) annoncé | de | nuages | météo | a | gros | ce | pour | soir | La

____

c) brouillard | sur | l'autoroute | Il | beaucoup | y | avait | de

____

d) En | avalanches | il | faire | aux | attention | faut | montagne,

____

Es ist kalt/warm/schön/schlecht wird mit dem französischen Verb **faire** ausgedrückt:
Il fait froid/chaud/beau/mauvais.

424 ★★★ Ergänzen Sie die Lücken mit einem Begriff zum Thema **Umweltschutz**.

a) Ce produit est d _ _ _ _ _ _ _ _ pour la santé.

b) En ville, il y a beaucoup de b _ _ _ _ et de p _ _ _ _ _ _ _ _ à cause de la circulation.

c) Nous devrions faire plus pour protéger l'e _ _ _ _ _ _ _ _ _ _ _ _.

d) Il y a de plus en plus de c _ _ _ _ _ _ _ _ _ _ _ naturelles.

e) Les é _ _ _ _ _ _ _ _ _ _ ont protesté contre la construction d'une nouvelle autoroute.

425 ★★★ Finden Sie 15 Begriffe rund um das Thema **Natur und Klima** in dem Buchstabengitter und notieren Sie sie.

C	T	E	M	P	S	C	I	P	U	L	V
Y	T	B	R	U	M	E	I	L	I	O	E
C	R	E	E	P	L	U	I	E	I	U	R
L	V	H	M	W	X	E	L	C	L	R	G
O	E	G	R	P	L	O	E	L	O	A	L
N	N	U	A	O	Ê	R	G	I	R	G	A
E	T	N	S	I	V	T	R	M	A	A	S
Q	L	N	E	I	G	E	E	A	G	N	O
N	P	E	G	R	Ê	L	E	T	E	E	I

waagerecht: ______________________

senkrecht: ______________________

diagonal: ______________________

IN DER GESELLSCHAFT LEBEN

Politik und Staat

426 ★

Verbinden Sie die zusammengehörigen **politischen Begriffe**.

a)	la chancelière	___	**A** de l'homme
b)	le président	___	**B** fédérale **(Angela Merkel)**
c)	le drapeau tricolore	___	**C** de la République **(Emmanuel Macron)**
d)	les droits	___	**D** bleu, blanc, rouge
e)	le système	___	**E** allemands
f)	les citoyens	___	**F** politique

Die aktuelle Republik in Frankreich ist **La Cinquième République française,** ***die fünfte französische Republik*** seit der Revolution 1789, das heißt die fünfte republikanische Verfassung. Sie besteht seit dem 5. Oktober 1958.

427 ★★

Ergänzen Sie die Sätze zum Thema **Politik und Sozialstaat** mit dem richtigen Verb.

a) La chancelière fédérale ____________ l'Allemagne depuis 2005.

☐ **A** vote ☐ **B** augmente ☐ **C** gouverne

b) Les revenus des ménages ont ____________ de 5% depuis l'année dernière.

☐ **A** diminué ☐ **B** voté ☐ **C** cotisé

c) Dimanche, nous allons ____________ aux élections municipales.

☐ **A** dépenser ☐ **B** voter ☐ **C** augmenter

d) Les Français ______________ beaucoup d'argent pour le logement et la nourriture.

☐ **A** baissent ☐ **B** augmentent ☐ **C** dépensent

e) Le comité municipal a décidé d'ériger un monument aux morts pour

la ______________ .

☐ **A** patrie ☐ **B** politique ☐ **C** majorité

428 ★★

Wählen Sie das richtige Wort aus dem Bereich der **Politik** aus.

a) Le président de la République a fait un discours devant la **démocratie** / **patrie** / **nation**.

b) La France a un **drapeau** / **régime** / **droit** démocratique parlementaire.

c) Tous les **présidents** / **étrangers** / **citoyens** de plus de dix-huit ans ont le droit d'aller voter.

d) Le président de la République représente **le Parlement** / **le Sénat** / **l'État** français.

e) Il s'intéresse beaucoup à la **politique** / **république** / **Révolution** et lit tous les journaux d'actualité.

f) Le ministre de l'Intérieur a fait un discours devant une **nation** / **opposition** / **assemblée** nombreuse.

g) Ils ont gagné les élections européennes avec une très grande **contribution** / **majorité** / **nationalité**.

h) La semaine dernière, le **parti** / **député** / **gouvernement** a adopté le projet de loi sur les retraites.

429 ★★★

Finden Sie den richtigen Begriff zum Thema **Sozialstaat und Steuern.**

impôts • contributions • Sécurité sociale • salaire minimum • revenu de solidarité • retraite

a) En France tout le monde doit cotiser à la ______________________, elle paie par exemple les frais de médecin et d'hôpital.

b) Les personnes qui sont sans travail et sans argent peuvent demander le

______________________.

c) À la fin de sa carrière, en France à soixante-deux ans en ce moment, on part en

______________________.

d) Les ______________________ sociales sont partagées entre les employés et les entreprises.

e) Avec les ______________________, l'État finance ses dépenses.

f) Le ______________________ est d'environ 9,50 euros de l'heure en France.

430 ★★★

Diese Sätze sind durcheinandergeraten. Setzen Sie sie wieder in die richtige Reihenfolge.

a) Mes | sont | du | Maroc | étrangers, | viennent | ils | voisins

____

b) travail | Les | des | difficultés | trouver | immigrés | ont | à | souvent | du

____

c) d'origine | africaine | mais | j'ai | suis | Je | nationalité | la | française

____

d) le | train | des | avait | Il | y | dans | militaires | permission | en

____

e) Son | commandant | dans | est | l'armée | père | anglaise

____

f) militaires, | camps | les | Dans | apprend | à | contre | l'ennemi | on | lutter

____

★★★

Übersetzen Sie diese Ausdrücke ins Französische.

a) *das politische System* ____________________

b) *der Politiker* ____________________

c) *die Menschenrechte* ____________________

d) *der Nationalfeiertag* ____________________

e) *die Nationalversammlung* ____________________

f) *die absolute Mehrheit* ____________________

g) *der Außenminister* ____________________

h) *die doppelte Staatsbürgerschaft* ____________________

i) *der Wehrdienst* ____________________

Der französische Nationalfeiertag – **le Quatorze Juillet** – wird, wie der Name es schon sagt, am *14. Juli* gefeiert. Er erinnert an den Sturm auf die **Bastille,** der den Beginn der französischen Revolution 1789 markierte und das Ende der absoluten Monarchie bedeutete. Überall im Land gibt es am 14. Juli Feierlichkeiten, Tanzveranstaltungen und Feuerwerke. Auf den **Champs Elysées** in Paris finden jedes Jahr Militärparaden statt.

Die Gesellschaft

432 ★

Finden Sie sieben Begriffe im Zusammenhang mit der **Bevölkerung** in der Buchstabenschlange.

cejeunesitgenssociclasseetcpopulationdasociétéfilmilieudefortpunesanménages

les ______, *les* ______, *la* ______,

la ______, *la* ______, *le* ______,

les ______

Üben Sie die unterschiedliche Aussprache von **jeunes** ***(jung; Jugendliche)*** und **gens** ***(Leute)***, indem Sie den Zungenbrecher laut sagen:

Les jeunes gens déjeunent avec un agent. *(Die jungen Leute frühstücken mit einem Polizisten.)*

433 ★★

Kreuzen Sie anhand der Definitionen das passende Wort an.

a) Il règle la circulation au carrefour et fait des contrôles d'alcoolémie :

- ☐ **A** le juge
- ☐ **B** l'agent de police
- ☐ **C** le contrôleur

b) Il interroge les gens qui ont eu un accident :

- ☐ **A** le témoin
- ☐ **B** le C.R.S.
- ☐ **C** l'inspecteur de police

c) Il entre dans les maisons et prend les bijoux et l'argent :

- ☐ **A** le bijoutier
- ☐ **B** le voleur
- ☐ **C** le gendarme

d) Il enquête sur les meurtres et les crimes :

- ☐ **A** le criminel
- ☐ **B** le meurtrier
- ☐ **C** le commissaire

e) Le département qui s'occupe des affaires criminelles :

☐ **A** la police judiciaire

☐ **B** la gendarmerie

☐ **C** la criminalité

f) Le moment où la police pose des questions aux suspects :

☐ **A** l'interview

☐ **B** l'interrogatoire

☐ **C** le procès

g) La police et la justice luttent contre elle :

☐ **A** la sécurité

☐ **B** la propreté

☐ **C** la criminalité

h) Depuis les attentats terroristes, beaucoup pensent qu'ils y sont :

☐ **A** en danger

☐ **B** en sécurité

☐ **C** en route

434 ★★

Verbinden Sie die zusammengehörigen Satzteile zum Thema **Recht und Justiz**.

a) Il a eu un accident mais

b) L'accusé n'est pas venu,

c) Il a un coup de téléphone de

d) Le jury a mis trois jours pour

e) La justice fait tout son possible

f) Le procès a eu lieu au

g) Le juge a lu

h) Demain, le tribunal

___ **A** alors le procès a été reporté.

___ **B** appellera le premier témoin.

___ **C** parvenir à un jugement.

___ **D** tribunal de Nanterre.

___ **E** pour retrouver le voleur.

___ **F** il n'est pas en tort.

___ **G** le verdict et il est coupable.

___ **H** son avocat.

435 ★★

Gut oder böse? Ordnen Sie die Begriffe der richtigen Spalte zu.

le flic • voler • le policier • le criminel • le voleur • la sécurité • la violence • protéger • tuer • illégal • le commissaire • légal

les bons	les méchants

Das Gute und Böse im Menschen heißt auf Französisch **le bien et le mal**. Wenn man *die Guten und die Bösen* meint, wie oft in Krimis, spricht man von **les bons et les méchants**. *Krimi* heißt übrigens auf Französisch **le film policier** oder **le roman policier**, je nachdem ob es sich um einen Film oder ein Buch handelt.

436 ★★

Mithilfe der deutschen Wörter in Klammern ergänzen Sie die Sätze rund um das Leben in einer **Gruppe** oder in einem **Verein**.

a) Nous voyageons avec un ____________________ de dix personnes. *(Gruppe)*

b) Nous ____________________ une réunion pour la semaine prochaine, tu peux venir ? *(organisieren)*

c) Nos voisins ont ____________________ une fondation pour aider les enfants au Congo. *(gegründet)*

d) La ____________________ des infirmiers a duré tout l'après-midi. *(Demonstration)*

e) Je ____________________ les manifestants, je trouve qu'ils ont raison de se battre de cette manière. *(unterstütze)*

f) Ils ont créé ________________ cette association pour la protection de l'environnement. *(zusammen)*

g) Nous avons besoin d'obtenir plus de fonds, tu peux nous ________________ à organiser une réunion ? *(helfen)*

h) David fait partie du ________________ de foot depuis janvier. *(Verein)*

437 ★★★

Finden Sie die 14 Wörter zum Thema **Gesellschaft** in dem Buchstabengitter und schreiben Sie sie auf.

Q	S	O	L	I	T	U	D	E	O	L	T	I	P
A	B	Z	U	I	M	É	N	A	G	E	S	B	O
R	O	S	S	O	C	I	É	T	É	E	I	O	P
I	U	O	W	J	Z	U	M	M	O	A	B	U	U
C	R	C	M	I	S	È	R	E	C	I	C	R	L
H	A	I	W	Z	C	X	D	V	I	S	L	G	A
E	E	A	F	O	R	T	U	N	E	É	A	E	T
A	I	L	P	A	U	V	R	E	T	I	S	O	I
O	P	X	Y	S	M	I	L	I	E	U	S	I	O
S	P	O	P	U	L	A	I	R	E	D	E	S	N

waagerecht: ________________

____

____

senkrecht: ________________

____

Wirtschaft und Finanzen

438 ★ Verbinden Sie die Wörter aus derselben Wortfamilie.

a) la production	___	**A**	industriel
b) l'industrie	___	**B**	cultiver
c) l'agriculture	___	**C**	le produit
d) l'artisanat	___	**D**	économique
e) l'économie	___	**E**	agricole
f) les cultures	___	**F**	l'artisan
g) la ferme	___	**G**	le viticulteur
h) le vignoble	___	**H**	la fermière

439 ★ Zu welcher **Branche** passen diese Bilder? Kreuzen Sie den richtigen Begriff an.

a) ☐ **A** l'agriculture
☐ **B** l'artisanat
☐ **C** l'élevage

b) ☐ **A** l'industrie
☐ **B** l'agriculture
☐ **C** l'artisanat

c) ☐ A l'économie
☐ B la mine
☐ C l'élevage

d) ☐ A l'industrie
☐ B l'artisanat
☐ C l'agriculture

Ergänzen Sie die Lücken zum Thema **Industrie und Landwirtschaft**.

mine • production • usine • ferme • stratégie • développement • entreprises • viticulteurs • coopérative

a) Les managers veulent définir une nouvelle ________________.

b) Ces ________________ sont spécialisées dans la ________________ de pièces automobiles.

c) Mon père travaille dans une ________________ de vêtements.

d) Mon frère est ingénieur, il s'occupe du ________________ de nouvelles technologies.

e) Les fermiers font partie d'une ________________, c'est plus rentable.

f) Les ________________ sont contents de leurs vins cette année.

g) Mon grand-père travaillait dans une ________________ de charbon dans le Nord de la France.

h) J'ai toujours rêvé de reprendre une ________________ à la campagne.

441 ★★

Finden Sie die richtigen Wörter zu den Bereichen **Landwirtschaft und Bergbau** anhand der Definitionen.

a) On les trouve dans la nature : *les m _ t i _ _ _ s p r _ m _ _ r _ s*

b) Il vit à la ferme : *le p _ y _ _ _*

c) La Russie en exporte beaucoup : *du g _ _ n _ t _ r _ l*

d) Les vaches y vivent en hiver : *l'é _ _ b _ _*

e) On l'utilise pour l'essence : *le p _ t r _ _ e*

f) Là où pousse le raisin : *le v _ g n _ _ _ e*

g) C'est un gros groupe de moutons : *le t _ _ _ p _ _ u*

h) On le trouve dans une mine : *le c h _ _ b _ n*

442 ★★

Kreuzen Sie die richtige Antwort an.

a) Quelle est sa fonction ?

☐ **A** Il est chef d'entreprise.

☐ **B** Je suis manager.

☐ **C** Une société privée.

b) Vous travaillez dans quelle branche ?

☐ **A** Pour une activité économique.

☐ **B** Lors de la crise économique.

☐ **C** Dans l'industrie chimique.

c) Il est ouvrier agricole ?

☐ **A** Oui, il travaille à la mine.

☐ **B** Oui, il travaille à l'usine.

☐ **C** Oui, il travaille à la ferme.

d) Il est dans l'élevage ?

☐ **A** Oui, il cultive la vigne.

☐ **B** Oui, de truites.

☐ **C** Non, il élève des cochons.

443 ★★★

Wählen Sie den passenden Begriff rund um den **Handel** aus.

a) Les **marchés** / **paiements** / **comptes** financiers font la une des journaux.

b) Ce sont surtout les petits **consommateurs** / **commerçants** / **centimes** qui sont contents des ventes de fin d'année.

c) La France veut développer ses échanges **commerciaux** / **ruraux** / **commerçants** avec la Chine.

d) La **demande** / **crise** / **somme** est en baisse, car les ménages ont moins d'argent.

e) Le **système** / **monde** / **sous-développement** touche beaucoup de pays d'Afrique.

In Frankreich nutzt man für den bargeldlosen Zahlungsverkehr meist die **carte de crédit** *(Kreditkarte)* oder den **chèque** *(Scheck)*.

444 ★★★

Wie sagen Sie, dass …

a) … Sie bar zahlen?

____

b) … Sie Geld anlegen möchten?

____

c) … Sie eine Lebensversicherung haben?

____

d) … Sie keine Kreditkarten besitzen?

____

Wissenschaft und Forschung

445 ★ Verbinden Sie die **Wissenschaften** mit den dazugehörigen Begriffen.

a) l'histoire ___ **A** l'atome

b) la technique ___ **B** le Moyen-Âge

c) la philosophie ___ **C** Dieu

d) la chimie ___ **D** les idées, la morale

e) la religion ___ **E** les mots, les sons

f) la linguistique ___ **F** les chiffres

g) la littérature ___ **G** les livres

h) les mathématiques ___ **H** l'ordinateur, la voiture

i) la physique ___ **I** le corps humain

j) l'astronomie ___ **J** l'électricité

k) la biologie ___ **K** les astres

446 ★ Was passt in die Lücke? Kreuzen Sie an.

a) La Révolution Française a été un événement ________________.

☐ **A** philosophique ☐ **B** historique ☐ **C** technique

b) Les philosophes s'intéressent à l'________________.

☐ **A** histoire ☐ **B** espace ☐ **C** esprit

c) La ________________ est la science de la vie.

☐ **A** chimie ☐ **B** biologie ☐ **C** recherche

d) Jules Verne est un grand ________________.

☐ **A** écrivain ☐ **B** roman ☐ **C** héros

e) La Pentecôte est une fête ________________.

☐ **A** musulmane ☐ **B** bouddhiste ☐ **C** chrétienne

f) Je cherche un mot dans le ________________.

☐ **A** titre ☐ **B** dictionnaire ☐ **C** magazine

447 ★★

Ergänzen Sie die Lücken mit dem entsprechenden Wort aus dem Bereich Geschichte.

libération • Antiquité • préhistoire • indépendance • Guerre • siècle • réunification • résistant

a) Le XVIIIe ________________ est une époque passionnante.

b) Les mammouths vivaient à la ________________.

c) Charles de Gaulle était aussi un ________________ pendant la Seconde Guerre mondiale.

d) Le 4 juillet, les États-Unis fêtent leur ________________.

e) Dans l'________________, l'Empire Romain m'intéresse beaucoup.

f) La Première ________________ mondiale a duré de 1914 à 1918.

g) La ________________ de l'Allemagne a eu lieu en 1990.

h) La ________________ de la France par les Alliés a commencé en 1944.

Um über ein Ereignis zu berichten, braucht man die Verben **se passer** *(passieren; geschehen; sich ereignen)*, **avoir lieu** *(stattfinden)* oder **arriver** *(passieren)*.

448 ★★

Sehen Sie sich die Bilder an und kreuzen Sie den passenden Satz rund um die **Religion** an.

a) ☐ **A** Ce sont des chocolats de Pâques.
☐ **B** Ce sont des chocolats de Noël.
☐ **C** Ce sont des chocolats de la Toussaint.

b) ☐ **A** À Strasbourg, ils fêtent l'Ascension.
☐ **B** À Strasbourg, ils fêtent la Pentecôte.
☐ **C** À Strasbourg, ils fêtent Noël.

c) ☐ **A** Au Mont-Saint-Michel, il y a un minaret.
☐ **B** Au Mont-Saint-Michel, il y a une église.
☐ **C** Au Mont-Saint-Michel, il y a une place.

d) ☐ **A** Il symbolise l'enfer.
☐ **B** Il symbolise la religion.
☐ **C** Il symbolise le paradis.

e) ☐ **A** Elle est protestante.
☐ **B** Elle est musulmane.
☐ **C** Elle est hindoue.

449 ★★ Finden Sie die zehn Substantive, die man in der **Sprachwissenschaft** oft braucht, in der Buchstabenschlange.

lenomarticleopprésentunexpressiondeadjectifluverbepmotrephraseetplurielfuturi

____

____

____

450 ★★ Ergänzen Sie die Lücken mit dem entsprechenden Begriff aus der **Literatur**.

héros • auteur • titre • romans • chapitre • contes • rimes • vers • B.D. • genre

a) Je peux le commander, mais vous avez le ____________ exact du livre ?

b) La poésie n'est pas mon ____________ littéraire préféré.

c) J'aime tous les ____________ policiers.

d) Cette pièce de théâtre de Molière est écrite en ____________.

e) Mes élèves apprennent à écrire des poèmes avec des ____________ qui se finissent en -té.

f) Ma fille adore les ____________ de fée.

g) J'ai déjà lu plusieurs œuvres de cet ____________.

h) Je suis déjà au troisième ____________ de mon livre.

i) Le ____________ du livre s'appelle Simon.

j) Mon fils lit surtout des ____________, il adore les dessins.

451 ★★

Wählen Sie das passende Wort zum Thema **Forschung und Technik** aus.

a) Les biologistes viennent de faire une **technique** / **recherche** / **découverte** sensationnelle.

b) Edison est l'**auteur** / **artiste** / **inventeur** de l'ampoule électrique.

c) Mon frère est **écrivain** / **chercheur** / **romancier** dans un institut médical.

d) Des **mathématiques** / **laboratoires** / **scientifiques** du monde entier se sont réunis dimanche dernier.

e) La lumière s'est éteinte, il y a eu une panne d'**électricité** / **électron** / **élection**.

f) L'eau **compte** / **conduit** / **contient** le courant électrique.

g) Pour avoir la somme totale, il faut **multiplier** / **diviser** / **additionner** toutes nos dépenses.

452 ★★

Finden Sie die Begriffe rund um das **Universum** anhand der Definitionen.

a) C'est la science des astres : *l'a* __ __ __ __ __ __ __ __ __

b) Nous vivons sur cette planète : *la T* __ __ __ __

c) Nous la voyons le soir ou la nuit : *la l* __ __ __

d) Celle de Halley en est une : *une c* __ __ __ __ __

e) C'est la couche autour de notre planète : *l'a* __ __ __ __ __ __ __ __ __

f) Nous vivons dans ce système : *le s* __ __ __ __ __ __
__ __ __ __ __ __ __

g) Les astronautes y voyagent : *l'e* __ __ __ __ __

Wie sagen Sie, dass ...

a) ... Geschichte Sie fasziniert?

____

b) ... Sie wirklich gut in Mathematik sind?

____

c) ... Sie überhaupt kein Zahlengedächtnis haben?

____

d) ... Sie in einem Labor arbeiten?

____

e) ... Sie Literaturwissenschaft studieren?

____

Kommunikation und Medien

Verbinden Sie die Satzteile so, dass sie einen sinnvollen Ausdruck aus dem Bereich **Telefon und Fax** ergeben. Nur eine Lösung ist möglich.

a) parler sur	___ **A** un message
b) téléphoner	___ **B** un coup de fil à quelqu'un
c) se tromper	___ **C** le répondeur
d) passer	___ **D** de numéro
e) laisser	___ **E** à quelqu'un
f) répondre	___ **F** au téléphone

455 ★

Welcher Begriff zur **EDV** passt zu welchem Foto? Ergänzen Sie die Lücken.

le smartphone • l'ordinateur • la souris • les enceintes • l'écran • l'imprimante

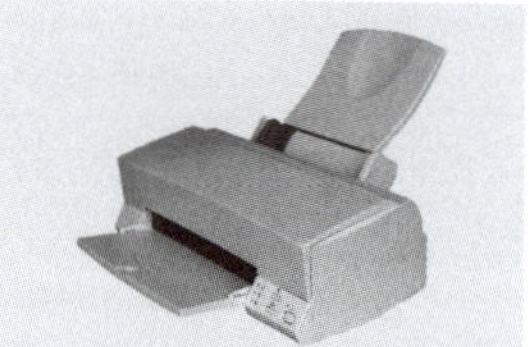

a) ____________________ **b)** ____________________ **c)** ____________________

d) ____________________ **e)** ____________________ **f)** ____________________

Die englische Bezeichnung für das Wort *Computer* gibt es auf Französisch nicht, es heißt **l'ordinateur** (m)! Die *EDV* übersetzt man mit **l'informatique** (f). Wichtige Begriffe sind außerdem **le matériel** *(Hardware)* und **le logiciel** (*Software*), die auch nicht aus dem Englischen abgeleitet sind.

456 ★★

Ergänzen Sie die Lücken mit dem passenden Wort zum Thema **Post**. Kreuzen Sie an.

a) une ____________ de vœux

- ☐ **A** lettre
- ☐ **B** carte
- ☐ **C** poste

b) une ____________ recommandée

- ☐ **A** enveloppe
- ☐ **B** carte
- ☐ **C** lettre

c) envoyer un ___________

- ☐ A paquet
- ☐ B timbre
- ☐ C guichet

d) distribuer le ___________

- ☐ A facteur
- ☐ B courrier
- ☐ C code postal

e) coller un ___________

- ☐ A paquet
- ☐ B timbre
- ☐ C colis

f) la ___________ de l'entreprise

- ☐ A poste
- ☐ B factrice
- ☐ C boîte postale

Wählen Sie den passenden Begriff aus dem Bereich Kommunikation aus.

a) Autrefois, quand on n'avait pas de portable, il fallait aller dans une **cabine** / **carte** / **boîte** téléphonique.

b) Excusez-moi, je cherche une boîte **postale** / **aux lettres** / **vocale** pour poster mes lettres.

c) Je vais appeler les **informations** / **traitements** / **renseignements** pour avoir le numéro du zoo.

d) Ils **chattent** / **battent** / **chassent** pendant des heures sur Internet.

e) Attendez une minute, je vous le **donne** / **prends** / **passe**.

f) Au service du personnel, ils ont un nouveau **clavier** / **logiciel** / **tampon** plus puissant.

g) Madame Simon n'est pas là, elle peut vous **sonner** / **raccrocher** / **rappeler** ?

458 ★★

Sehen oder **hören**? Ordnen Sie die Begriffe in die richtige Tabellenspalte ein.

la radio • la télévision • le téléspectateur • l'auditeur • le CD • la photo • la vidéo • la chaîne hifi • zapper • le mp3

regarder	écouter

459 ★★

Ergänzen Sie das entsprechende Substantiv zum Thema **Bild und Ton**.

micro • appareil photo • console • casque • piles • enceinte

a) Tu devrais placer une ________________ de chaque côté de la chaîne.

b) Il y a du bruit, j'écoute la musique avec mon ________________.

c) Les ________________ de ma radio sont vides, je dois les changer.

d) Emporte ton ________________ pour pouvoir photographier le paysage !

e) Il a eu une nouvelle ________________ de jeux pour son anniversaire.

f) On n'entend pas ce qu'il dit, son ________________ ne marche pas.

Vorsicht vor falschen Freunden! *Der Film*, den man früher für einen Fotoapparat benutzte, heißt auf Französisch **la pellicule**. **Le film** ist *der Fernseh-* oder *Kinofilm.* Das Wort **enceinte** bedeutet als Adjektiv *schwanger*, als Substantiv aber *Lautsprecher*! *Die Batterien* in Geräten heißen **les piles**. **La batterie** ist *die Autobatterie* oder auch *das Schlagzeug.*

460 ★★

Diese Sätze rund ums **Fernsehen** sind durcheinandergeraten. Setzen Sie sie wieder in die richtige Reihenfolge.

a) Tu | la | télécommande, | passer | me | s'il | te | peux | plaît ?

____

b) financée | la | par | Cette | est | chaîne | publicité

____

c) bon | je | aime | variétés, | n' | préfère | film | les | Je | un | pas du tout

____

461 ★★★

Finden Sie die 16 Begriffe aus dem **Verlagswesen** in dem Gitter.

P	R	E	S	S	E	A	M	É	D	I	A	S	S
U	M	R	O	U	N	E	A	R	T	I	C	L	E
B	É	U	R	J	O	U	R	N	A	L	I	L	S
L	D	B	T	E	U	A	N	N	O	N	C	E	N
I	A	R	I	T	I	T	R	E	N	O	M	I	U
E	T	I	R	I	N	F	O	R	M	E	R	A	M
R	I	Q	U	E	A	C	T	U	A	L	I	T	É
B	Q	U	O	T	I	D	I	E	N	Z	O	M	R
U	T	E	N	M	N	O	U	V	E	L	L	E	O

waaagerecht: *la* ______________, *les* ______________,

la ______________, *l'* ______________, *le* ______________,

l' ______________, *le* ______________, ______________,

l' ______________, *le* ______________, *la* ______________

senkrecht: ______________, *la* ______________, ______________,

le ______________, *le* ______________

RAUM UND ZEIT

Uhrzeit und Tageszeit

462 ★ Wie lautet die korrekte **Uhrzeit**? Tragen Sie sie in die Lücke ein. Verwenden Sie alle Wörter im Kasten.

six • trois • et • quart • heures • quatre • heures • et • demie • heures

a) ____________________ ____________________

b) ____________________ ____________________

c) ____________________ ____________________

463 ★ Was passt in die Lücke? Kreuzen Sie den passenden Begriff bzw. den passenden Ausdruck an.

a) 60 min. = une __________

- ☐ **A** heure
- ☐ **B** minute
- ☐ **C** seconde

b) 60 s. = une __________

- ☐ **A** seconde
- ☐ **B** demi-heure
- ☐ **C** minute

c) 90 min. = une __________

- ☐ **A** demi-heure
- ☐ **B** heure et demie
- ☐ **C** trois quarts d'heure

d) 09 h 00 = il est __________

- ☐ **A** vers neuf heures
- ☐ **B** neuf heures pile
- ☐ **C** neuf heures et quart

e) 07 h 45 = il est ________

☐ **A** huit heures moins le quart

☐ **B** sept heures et quart

☐ **C** vers sept heures

f) 10 h 00 = il est 10 h ________

☐ **A** du soir

☐ **B** de l'après-midi

☐ **C** du matin

12.00 Uhr übersetzt man mit **midi** (m) und *24.00* bzw. *0.00 Uhr* mit **minuit** (m).

Les cloches sonnent à midi. – *Die Glocken läuten um 12 Uhr mittags.*

Je vais à la messe de minuit. – *Ich gehe zur Mitternachtsmesse.*

À minuit, nous sommes déjà couchés. – *Um Mitternacht liegen wir schon im Bett.*

464 ★★ Wählen Sie den richtigen **Zeitbegriff**.

a) Je n'ai pas vu **la minute** / **la seconde** / **l'heure** passer !

b) Je suis toujours à l'**accueil** / **heure** / **arrivée**.

c) Je me lève à six heures tous les **matins** / **soirs** / **après-midis**.

d) Mes enfants adorent faire la grasse **journée** / **matinée** / **soirée**.

e) Ma **moto** / **montre** / **machine** ne marche plus.

f) Il viendra **contre** / **vers** / **sans** midi.

g) L'**aiguille** / **horloge** / **heure** de ma grand-mère indique sept heures.

h) Ma montre **va** / **part** / **avance** de dix minutes.

i) Je suis arrivé en **avance** / **été** / **retard** pour ne pas manquer le bus.

j) C'est une femme très **ponctuelle** / **superficielle** / **fidèle**, elle arrive toujours à l'heure.

k) La chambre d'hôtel coûte 80 euros par **nuit** / **lit** / **an**.

465 ★★ Ergänzen Sie die Lücken mit dem richtigen Begriff.

tôt ▪ tard ▪ avance ▪ retard ▪ aube ▪ heure ▪ nuit

a) Il faut se lever le plus ________________ possible pour être à l'heure !

b) Elle m'énerve, elle arrive toujours en ________________ !

c) On partira à l'________________, dès 5 heures, pour éviter les bouchons.

d) La ________________ tombe, rentrons vite à la maison.

e) Il est ________________, les enfants, il est l'heure de se coucher !

f) Il doit se lever de bonne ________________ pour aller à l'école.

g) Ma montre ________________, on a encore le temps.

466 ★★★ Was sagen Sie in folgenden Situationen?

a) Sie wünschen Freunden einen schönen Tag.

____

b) Sie fragen nach der genauen Uhrzeit.

____

c) Sie bitten um eine Antwort so früh wie möglich.

____

d) Sie kündigen an, dass Sie zu spät kommen werden.

____

e) Sie sagen, dass der Bus heute pünktlich ist.

____

Kalender

467 ★ Finden Sie die **Wochentage** in der Buchstabenschlange und schreiben Sie sie mit Montag beginnend auf.

leletmardietjeudidumarsamediepurjeulundiavvendredlsonsamercrediidimanche

__________, __________, __________,

__________, __________, __________,

____

Für *Wochenende* benutzt man auf Französisch das englische Wort **le week-end**. **La fin de semaine** ist allgemeiner und kann den Freitag oder sogar den Donnerstag mit einbeziehen!

468 ★★ Finden Sie die **Monate** anhand der Beschreibungen und füllen Sie die Lücken aus.

a) le mois de Noël : _ _ _ _ _ _ _ _

b) le mois de la Fête nationale française : _ _ _ _ _ _ _

c) le mois de la réunification allemande : _ _ _ _ _ _ _

d) le mois avec le jour de l'année le plus long : _ _ _ _

e) le premier mois de l'automne : _ _ _ _ _ _ _ _ _

f) le premier mois de l'année : _ _ _ _ _ _ _

g) le mois de la Fête du travail : _ _ _

h) on fait des blagues le premier jour de ce mois : _ _ _ _ _

i) le mois de la Toussaint : _ _ _ _ _ _ _ _

j) C'est un mois de vacances d'été en France : _ _ _ _

469 ★★

Ordnen Sie die Begriffe der richtigen **Jahreszeiten** in der Tabelle zu.

la neige • le soleil • les feuilles mortes • les fruits • les fleurs • le ski • la plage • les champignons • la chaleur • la cheminée • la climatisation • le chauffage • la casquette • le bonnet • le maillot de bain

automne/hiver *(Herbst/Winter)*	**printemps/été** *(Frühling/Sommer)*

470 ★★

Welche Anwort passt? Kreuzen Sie an.

a) Vous serez bientôt de retour à Paris ?

- ☐ **A** Oui, avant-hier.
- ☐ **B** À demain !
- ☐ **C** Lundi prochain.

b) Vous savez si elle est toujours malade ?

- ☐ **A** Je l'ai aperçue la veille.
- ☐ **B** Je ne l'ai pas vue depuis lundi.
- ☐ **C** C'est une amie de longue date.

c) Vous prenez toujours le bus pour vous déplacer ?

- ☐ **A** En semaine, oui.
- ☐ **B** Oui, à la semaine.
- ☐ **C** En 2002.

d) Vous pensez que nous nous verrons cette semaine ?

- ☐ **A** Samedi en huit.
- ☐ **B** Oui, dans quinze jours.
- ☐ **C** D'ici samedi, sûrement.

e) Quand fêtera-t-elle son trentième anniversaire ?

☐ **A** Il y a trois mois.

☐ **B** Au fil des ans.

☐ **C** Au mois d'avril.

f) Quand commencent les vacances scolaires ?

☐ **A** Du 15 au 30 octobre.

☐ **B** À la mi-juillet.

☐ **C** Tout le trimestre.

!

Auf Französisch übersetzt man die Zeitdauer *14 Tage* mit quinze jours (wörtlich: *fünfzehn Tage)*. Es wird dabei die Hälfte eines Monats (30 Tage) gezählt!

471 ★★★

Diese Sätze sind durcheinandergeraten. Bringen Sie sie wieder in die richtige Reihenfolge.

a) Il | arrêté | jour | lendemain | au | du | a | fumer | de

____

b) il | de | tennis | sont | cours | Les | hebdomadaires | qu' | prend

____

c) en | rappelle | hier | comme | m' | si | était | Je | c'

____

d) aller | Vous | chercher | paquet | de | partir | à | pouvez | votre | heures | dix

____

e) permanence | emplois | Elle | petits | de | vit | saisonniers | en

____

f) Je | calendrier | mes | tous | rendez-vous | dans | note | mon | toujours

____

Weitere Zeitbegriffe

472 ★ Streichen Sie den Begriff durch, der <u>keine</u> **Zeit** angibt.

a) temps - moment - fin - lieu

b) passer - rouler - terminer - commencer

c) depuis - puis - sans - enfin

d) lourd - long - court - bref

e) immédiatement - récemment - auparavant - loin

f) aujourd'hui - devant - demain - hier

g) avant - après - pendant - derrière

h) ailleurs - soudain - tout de suite - prochain

i) arrêter de - finir de - venir de - parler de

j) présent - passé - conditionnel - futur

k) destin - durée - délai - date

473 ★ Welcher **Zeitbegriff** passt in die Lücke? Kreuzen Sie an.

a) Je n'ai pas le ________________ de venir vous voir.

☐ **A** moment ☐ **B** temps ☐ **C** début

b) Elle est en stage ________________ trois mois.

☐ **A** il y a ☐ **B** pour ☐ **C** après

c) Ne me raconte pas la ________________ du livre !

☐ **A** minute ☐ **B** seconde ☐ **C** fin

d) ________________, il est temps de rentrer.

☐ **A** Maintenant ☐ **B** Avant ☐ **C** Encore

e) Vite, le film va ________________ !

☐ **A** tarder ☐ **B** commencer ☐ **C** prolonger

f) Un ________________, s'il vous plaît.

☐ **A** temps ☐ **B** instant ☐ **C** début

g) La réunion est ________________, elle dure tout l'après-midi !

☐ **A** courte ☐ **B** longue ☐ **C** brève

Merken Sie sich die wichtigen Zeitadverbien, die Sie brauchen, um etwas zu erzählen. Versuchen Sie zum Beispiel, die Tätigkeiten eines Tages aufzulisten und sich dabei diese Wörter einzuprägen:

d'abord - *zuerst* **puis** - *dann* **ensuite** - *danach*

après - *später, dann* **enfin** - *schließlich*

474 ★ Verbinden Sie die Zeitadjektive mit den entsprechenden Zeitadverbien.

a) régulier ___ **A** finalement

b) récent ___ **B** prochainement

c) bref ___ **C** immédiatement

d) final ___ **D** actuellement

e) prochain ___ **E** régulièrement

f) immédiat ___ **F** brièvement

g) actuel ___ **G** récemment

475 ★★

Ordnen Sie die Begriffe der richtigen Tabellenspalte zu, je nachdem ob Sie auf die **Vergangenheit**, die **Gegenwart** oder die **Zukunft** hinweisen.

bientôt • maintenant • déjà • après • avant • tout de suite • prochain • jadis • avenir • suivant • auparavant • tout à l'heure • il y a (2x)

le passé *(Vergangenheit)*	**le présent** *(Gegenwart)*	**le futur** *(Zukunft)*

476 ★★

Wählen Sie den passenden Begriff.

a) Tu travailles **jusqu'à** / **il y a** / **pendant** quelle heure ?

b) C'est la première **journée** / **fois** / **durée** qu'elle fait un tel voyage.

c) Le train ne va pas **commencer** / **tarder** / **se remettre** à partir.

d) Zut, il **recommence** / **finit** / **termine** à pleuvoir !

e) **Quelquefois** / **Aussitôt** / **Soudain**, je préfère rester seule.

f) Nous partirons **pour** / **contre** / **dès** le lever du soleil.

g) Il a **commencé** / **cessé** / **continué** de pleuvoir, je vais pouvoir aller dehors.

h) **Entre-temps** / **Demain** / **De nouveau**, il est arrivé.

i) J'ai lu le livre **en l'espace** / **à partir** / **à l'origine** d'une soirée.

j) **Auparavant** / **Prochainement** / **Récemment**, il vivait en Italie.

477 ★★

Wie sagen Sie, dass ...

a) ... Sie gerade ein Buch lesen?

____

b) ... Sie Ihren Aufenthalt in Spanien verlängert haben?

____

c) ... Sie gerade Ihre Arbeit beendet haben?

____

478 ★★★

Finden Sie die 16 **Zeitbegriffe** in dem Buchstabengitter. Schreiben Sie sie auf. Zwei davon sind diagonal. Finden Sie sie?

P	R	A	E	N	S	U	I	T	E	I	P
W	P	O	N	P	L	W	A	A	L	I	Q
U	P	U	F	S	O	U	V	E	N	T	U
T	E	P	I	Z	E	A	S	U	I	B	E
O	N	D	N	S	N	E	O	Q	O	I	L
U	D	E	N	T	R	E	U	E	U	E	Q
J	A	M	A	I	S	M	D	B	N	N	U
O	N	E	A	R	R	O	A	P	O	T	E
U	T	P	A	R	F	O	I	S	V	Ô	F
R	M	A	I	N	T	E	N	A	N	T	O
S	Z	E	N	C	O	R	E	X	E	C	I
T	A	U	S	S	I	T	Ô	T	U	I	S

waagerecht: ______________________________

____

senkrecht: ______________________________

diagonal: ______________________________

Zahlen und Mengen

479 ★ Ordnen Sie die **Zahlen** den richtigen Fotos zu.

onze • treize • quinze • seize • quatorze • douze

a) ____________ **b)** ____________ **c)** ____________

d) ____________ **e)** ____________ **f)** ____________

Die Zahlen 17 bis 19 werden nicht mehr mit nur einem Wort gebildet, sondern in Kombination mit 10 und einem Bindestrich:
dix-sept, dix-huit, dix-neuf *(siebzehn, achtzehn, neunzehn).*

480 ★ Finden Sie alle ausgeschriebenen **Zahlen** in der Buchstabenschlange und ordnen Sie sie den angegebenen Zahlen zu.

diecentimzérotvingtoumilledubrecinquanteetsoixantesutrentedeideuquarantetzer

a) 100 ____________ **b)** 0 ____________

c) 20 ____________ **d)** 1000 ____________

e) 50 ______________ **f)** 60 ______________

g) 30 ______________ **h)** 40 ______________

Die Zahlen ab 70 sind etwas komplizierter und lassen sich durch Rechnungen erschließen. Am besten lernen Sie folgende Zahlen auswendig:

70 **soixante-dix** (60 + 10)
71 **soixante et onze** (60 + 11)
80 **quatre-vingts** (4 x 20)
81 **quatre-vingt-un** (4 x 20 + 1)
90 **quatre-vingt-dix** (4 x 20 + 10)
91 **quatre-vingt-onze** (4 x 20 + 11)

481 ★★ Verbinden Sie die **Mengenbegriffe** mit der passenden Ergänzung.

a) le pourcentage ___ **A** jours
b) tout ___ **B** de problèmes
c) chaque ___ **C** d'œufs
d) quelques ___ **D** le monde
e) une douzaine ___ **E** matin
f) une centaine ___ **F** de gâteau
g) un morceau ___ **G** de personnes
h) beaucoup ___ **H** de graisse

482 ★★ Kreuzen Sie das fehlende Wort an.

a) Il faut juste une petite ______________ d'huile dans la sauce.

☐ **A** douzaine ☐ **B** moitié ☐ **C** quantité

b) ______________ des touristes arrivent en août.

☐ **A** Davantage ☐ **B** La plupart ☐ **C** De plus en plus

c) Dans cette centrale, on assiste à une ______________ d'incidents.

☐ **A** multitude ☐ **B** dangerosité ☐ **C** connaissance

Maße und Gewichte

483 ★ **Maße oder Gewichte?** Ordnen Sie die Begriffe in die richtige Tabellenspalte.

kilogramme • mètre • centimètre • millimètre • gramme • kilomètre • tonne • milligramme • livre

des mesures *(Maße)*	**des poids** *(Gewichte)*

Verwechseln Sie nicht **le livre** *(das Buch)* und **la livre** *(das Pfund)*!

484 ★★ Finden Sie die passenden Adjektive. Verbinden Sie.

a) la tour Eiffel — ___ **A** profond
b) l'océan Atlantique — ___ **B** lourd
c) une feuille — ___ **C** haute
d) un boulet de canon — ___ **D** étroit
e) un petit sentier — ___ **E** légère
f) une table de salon — ___ **F** long
g) un chemin de 5 kilomètres — ___ **G** court
h) une avenue — ___ **H** basse
i) un short — ___ **I** large

Ergänzen Sie die Lücken mit dem entsprechenden Wort aus dem Bereich **Maße und Gewichte**. Mehrere Lösungen sind möglich.

pèse ▪ mesures ▪ longueur ▪ largeur ▪ hauteur ▪ superficie ▪ volume ▪ profondeur

a) Notre terrain a une ________________ de 30 mètres.

b) La ________________ de la commode est de 55 cm et la ________________ de 1,10 m.

c) La piscine fait 3 mètres de ________________.

d) La citerne d'eau a un ________________ de 200 litres.

e) La ________________ de notre terrain est de 3 000 mètres carré.

f) Tu ________________ vraiment 1,80 m ?

g) Moi, je ne ________________ que 52 kilos.

Die Sätze sind durcheinandergeraten. Bringen Sie die Wörter in die richtige Reihenfolge.

a) millimètres | Il | faut | câble | de | dix-huit | diamètre | me | un | de

____

b) transporte | un | camion | volume | cent | de | Le | cube | mètres

____

c) sommets | Les | de | certains | plus | région | hautes | mètres, | montagnes | une | quatre | sont | Alpes, | de | dont | atteignent | mille

____

____

BEGRIFFE ZUR BESCHREIBUNG

Farben und Formen

487 ★ Welche **Farbe** haben diese Tiere in der Natur normalerweise? Tragen Sie sie in die Lücke ein.

blanc • rouge • jaune • bleu • vert • noir • marron • rose

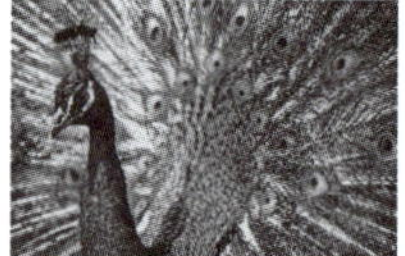   

a) ____________ **b)** ____________  **c)** ____________ **d)** ____________ 

e) ____________ **f)** ____________ **g)** ____________ **h)** ____________

§ Manche Farbadjektive wie **orange** *(orange)* und **marron** *(braun)* sind unveränderlich: **des cravates orange et marron** *(orangefarbene und braune Krawatten)*.

488 ★★ Verbinden Sie die Gegenstände mit ihrer passenden Form.

a) un œuf ____ **A** carré

b) un terrain de foot ____ **B** ronde

c) une assiette ____ **C** triangulaire

d) le panneau « Attention » ____ **D** ovale

e) un toast ____ **E** rectangulaire

Ergänzen Sie die Lücken mit dem richtigen Farbadjektiv in der korrekten Form.

rouge ▪ jaune ▪ bleu ▪ vert ▪ gris ▪ noir ▪ blanc

a) Quand les tomates sont mûres, elles sont bien ____________.

b) Le ciel est tellement nuageux qu'il fait tout ____________!

c) Comme il a beaucoup plu, notre jardin est bien ____________.

d) Elle s'est mariée en robe ____________.

e) Je n'aime pas du tout les citrons verts, je préfère les citrons

____________.

f) Aux Caraïbes, l'eau de la mer est bien ____________.

g) Allume la lumière, on ne voit rien, il fait ____________!

Diese Sätze sind durcheinandergeraten. Bringen Sie sie wieder in die richtige Reihenfolge.

a) Il | teint | noirs | le | a | les | foncé | cheveux | et

____

b) fumée | ma | ronds | des | cigarette | fais | avec | de | Je

____

c) quand | du | sors | ongles | incolore | J' | à | vernis | utilise | je

____

d) Je | souvent | vêtements | couleur | de | claire | porte | des

____

Grad und Vergleich

491 ★

Finden Sie elf Adverbien des **Vergleichs** in der Buchstabenschlange.

Juassezertropdmimieuxgpirepplusjitrèsstmêmedtmoinsstrtellementopeuenviron

_______________, _______________, _______________, _______________,

_______________, _______________, _______________, _______________,

_______________, _______________, _______________

492 ★★

Kreuzen Sie die einzig korrekte Übersetzung an.

a) *ein ziemlich großes Haus*

- ☐ **A** une très grande maison
- ☐ **B** une maison trop grande
- ☐ **C** une assez grande maison

b) *zu viel Arbeit*

- ☐ **A** peu de travail
- ☐ **B** trop de travail
- ☐ **C** tellement de travail

c) *immer besser*

- ☐ **A** de pire en pire
- ☐ **B** de mieux en mieux
- ☐ **C** de moins en moins

d) *im Unterschied zu*

- ☐ **A** en comparaison avec
- ☐ **B** au contraire de
- ☐ **C** à la différence de

e) *im Durchschnitt*

- ☐ **A** en moyenne
- ☐ **B** en détail
- ☐ **C** en gros

f) *zwei gleiche Spielzeuge*

- ☐ **A** deux jouets différents
- ☐ **B** deux jouets qui se ressemblent
- ☐ **C** deux jouets identiques

Modalausdrücke

493 ★

Finden Sie die **Modalverben** und füllen Sie die Lücken aus.

a) avoir l'intention de : v _ _ _ _ _ _ r

b) être capable de : p _ _ v _ _ _

c) être obligé de : d _ _ _ _ r

d) avoir besoin de, être obligé de : f _ _ l _ _ _

Prägen Sie sich den unpersönlichen Ausdruck **il faut** *(man braucht/muss)* von **falloir** gut ein, er wird sehr häufig verwendet.

Il faut un ticket pour le bus. – *Für den Bus braucht man einen Fahrschein.*

Il faut partir. – *Wir müssen los.*

494 ★★

Wie sagen Sie, dass Sie ...

a) ... sich definitiv entschieden haben?

____

b) ... nicht mehr laufen können?

____

c) ... (nur) vorübergehend ein Auto haben?

____

d) ... vielleicht kommen werden?

____

e) ... mit dem Taxi zurückfahren müssen?

____

Ursache und Wirkung

495 ★ Kreuzen Sie an, ob die Wörter sich auf eine **Ursache** oder auf eine **Wirkung** beziehen.

	Ursache	Wirkung
parce que		
donc		
alors		
la raison pour laquelle		
car		
puisque		
par conséquent		
en effet		

496 ★★ Ergänzen Sie die Lücken mit dem korrekten Begriff.

mobile • suite • résulter • entraîné • effet • abouti

a) Ton mauvais comportement ne restera pas sans ________________.

b) L'avalanche a ________________ de gros dégâts.

c) Le médicament a fait ________________ tout de suite.

d) Ils n'ont pas encore trouvé le ________________ du crime.

e) Ces chiffres doivent ________________ d'une enquête faite en France.

f) Jusqu'à présent mes démarches n'ont ________________ à rien.

Ziel und Zweck

497 ★★

Verbinden Sie die Satzteile, die zusammengehören.

a) Je prends le bus
b) Je te donne de l'argent
c) Elle révise tous les jours
d) Il m'a téléphoné
e) J'ai choisi cela pour
f) Ils ont pour but

___ **A** afin de réussir ses examens.
___ **B** afin que je sois informé(e).
___ **C** pour aller au bureau.
___ **D** pour que tu t'achètes des bonbons.
___ **E** de gagner le match de football.
___ **F** vous faire plaisir.

498 ★★★

Übersetzen Sie die Sätze ins Französische.

a) *Ich sage dir das, um dich zu ermutigen.*

___

b) *Das Ziel meiner Suche ist es, eine praktische Lösung zu finden.*

___

c) *Dieses Gerät dient dazu, Brot zu schneiden.*

___

d) *Du musst durchhalten, um dein Ziel zu erreichen.*

___

!

Um... zu wird mit **pour** + Infinitiv und *damit* mit **pour que...** übersetzt:

Je viens pour vous aider. – *Ich komme, um euch zu helfen.*
Donne-moi ton tee-shirt pour que je le lave. – *Gib mir dein T-Shirt, damit ich es wasche.*

Zustand und Veränderung

499 ★

Finden Sie acht Verben zu den Themen **Zustand und Veränderung** in der Buchstabenschlange.

sêtreieavoiretcresterlurexistertzchangerpodevenirleruaméliorerlseraggraverirtse

__________, __________, __________, __________,

__________, __________, s'__________, s'__________

500 ★★

Ergänzen Sie die Lücken mit dem passenden Wort bzw. Ausdruck.

immobile ▪ il y a ▪ existent ▪ situation ▪ améliorée ▪ aggravé ▪ changé ▪ inchangé ▪ restés

a) La __________ est difficile pour nous en ce moment.

b) Le chat reste __________ au soleil.

c) Les dinosaures n'__________ plus depuis longtemps.

d) Dans notre maison, __________ deux étages et une cave.

e) Le chiffre du chômage s'est __________ par rapport à l'année dernière.

f) Notre situation financière s'est beaucoup __________ depuis que j'ai retrouvé du travail.

g) Non, rien de nouveau, tout est __________.

h) Tu verrais, Christine a complètement __________, tu ne la reconnaîtrais sûrement pas !

i) Malgré la distance, nous sommes toujours __________ amis.

ANHANG

DER ARTIKEL

Der bestimmte Artikel

1.
a) Le, **b)** la, **c)** les, **d)** l', **e)** l', **f)** le, **g)** le, les

2.
a) Maroc, Danemark, Kenya, Portugal, Sénégal, Canada;
b) France, Suisse, Italie, Norvège, Allemagne, Espagne

3.
a) l', **b)** le, **c)** le, **d)** le, **e)** l', **f)** l', **g)** Le, **h)** l', **i)** l'

4.
a) au, **b)** à l', **c)** de la, **d)** du, **e)** des, **f)** aux, **g)** du, **h)** au, **i)** de l', **j)** à la, **k)** du, **l)** aux

5.
a) La, **b)** les, **c)** le, **d)** la, le, **e)** les, le, **f)** Le, **g)** le, **h)** le, les, **i)** Les, **j)** le, l', **k)** les, les, **l)** les, **m)** L', le

Der unbestimmte Artikel

6.
a) un, **b)** une, **c)** des, **d)** des, **e)** un, **f)** une, **g)** des, **h)** une, **i)** un, **j)** des, **k)** une, **l)** un, **m)** des, **n)** une

7.
a) G, **b)** E, **c)** B, **d)** C, **e)** A, **f)** D, **g)** F, **h)** H

8.
a) Mon ami me raconte des histoires.
b) Elle voudrait acheter une voiture.
c) Nous regardons des photos.
d) J'ai un frère et une sœur.
e) Il passe un mois à la montagne/dans les montagnes.
f) Je m'achète une robe et des chaussures.
g) Je bois un café avec un ami.
h) Elle aimerait avoir un renseignement.

9.
a) B, **b)** BC, **c)** A, **d)** C, **e)** A , **f)** C

10.
a) A, **b)** G, **c)** C, **d)** F, **e)** B, **f)** D, **g)** E

Teilungsartikel und Mengenangaben

11.
a) café, pain, miel, jus d'orange, basilic;
b) confiture, farine, soupe, margarine, moutarde;
c) eau, huile, ail, orangeade, omelette;
d) œufs, tomates, croissants, oignons, olives

12.
a) du; **b)** des, du, de la, de l', du; **c)** de la, du, des, des, des, des; **d)** de la, du, des, de l', du; **e)** de la, du, des, de la

13.
a) A, **b)** E, **c)** H, **d)** C, **e)** D, **f)** B, **g)** F, **h)** G, **i)** J, **j)** I

14.
a) d', **b)** d', **c)** du, **d)** de, **e)** de, **f)** des, **g)** d', **h)** de, **i)** d', **j)** d'

15.
a) des, des, des; **b)** de, des; **c)** d'; **d)** du; **e)** d', du; **f)** de la, de la; **g)** de; **h)** de, du, du

DAS SUBSTANTIV

Geschlecht

16.
a) le bateau, **b)** le fromage, **c)** le livre, **d)** la salade, **e)** la maison, **f)** la cuisine

17.
secrétaire, médecin, journaliste, enfant, photographe, élève, professeur, ingénieur

18.
a) une amie, **b)** une bouchère, **c)** une vendeuse, **d)** la voisine, **e)** la princesse, **f)** une institutrice, **g)** l'Italienne, **h)** la dentiste

19.
a) B, **b)** D, **c)** G, **d)** E, **e)** C, **f)** A, **g)** F

20.
a) le, **b)** une, **c)** un, **d)** un, **e)** la, **f)** un, **g)** la, **h)** le, **i)** une, **j)** une

21.
a) lundi, printemps, nord, Rhône, sapin, argent, aluminium, train, avion;
b) France, Italie, Loire, médecine, voiture, géographie, Renault

Pluralbildung

22.
a) chiens, **b)** voitures, **c)** enfants, **d)** emplois, **e)** Françaises, **f)** jardins, **g)** filles, **h)** enfants

23.
a) les tuyaux, **b)** des bateaux, **c)** les cheveux, **d)** des noyaux, **e)** des lieux, **f)** les gâteaux, **g)** des dieux, **h)** des châteaux, **i)** les jeux, **j)** des oiseaux, **k)** des neveux, **l)** les cadeaux

24.
a) trous, **b)** genoux, **c)** bisous, **d)** bijoux, **e)** poux, **f)** choux, **g)** fous, **h)** cous, **i)** cailloux

25.
a) animal, **b)** journal, **c)** bocal, **d)** travail, **e)** prix, **f)** nez, **g)** bois, **h)** gaz, **i)** mal

26.
a) C, **b)** A, **c)** B, **d)** B

27.
a) B, **b)** D, **c)** E, **d)** A, **e)** F, **f)** C, **g)** H, **h)** G

DAS ADJEKTIV

Formen

28.
a) B, **b)** D, **c)** A, **d)** E, **e)** F, **f)** C

29.
b) mauvaise, mauvais, mauvaises;
c) bonne, bons, bonnes;
d) grande, grands, grandes;
e) difficile, difficiles, difficiles;
f) riche, riches, riches;
g) pauvre, pauvres, pauvres;
h) intéressante, intéressants, intéressantes

30.
a) grecque, **b)** jalouse, **c)** amicaux, **d)** douce, **e)** mauvais, **f)** nouvelle, **g)** dangereuse, **h)** légère

31.
a) petite, **b)** bretonnes, **c)** trompeuses, **d)** grosse, **e)** fraîche, **f)** faux, **g)** noires, blanches

Besondere Adjektive

32.
a) vieux, vieil, vieille, vieux, vieilles;
b) beau, bel, belle, beaux, belles

33.
a) nouvelle, **b)** bel, **c)** vieille, **d)** beau, **e)** belles, **f)** nouveau, **g)** Nouvel

34.
a) un pantalon rouge,
b) un pull bleu clair,
c) une veste vert foncé,
d) des chaussettes blanches,
e) des lunettes jaunes,
f) des chaussures orange

35.
a) grands-parents,
b) demi-heure,
c) nouveau-nés,
d) grand-chose,
e) sous-développés,
f) franco-allemandes,
g) une heure et demie

Stellung

36.
a) C, **b)** E, **c)** D, **d)** A, **e)** G, **f)** B, **g)** F, **h)** J, **i)** H, **j)** I

37.
a) Christine achète des rideaux neufs.
b) Le drapeau français est bleu, blanc, rouge.
c) Vous pouvez laisser la porte ouverte.
d) Nous visitons une église catholique.
e) Le nouveau professeur est très sympathique.
f) J'ai lu un livre intéressant.
g) Paris est une très grande ville.

38.
a) les jambes lourdes, **b)** la tête haute, **c)** un bref instant, **d)** la semaine dernière, **e)** ma chère tante, **f)** une jeune femme aux cheveux longs, **g)** son premier amour, **h)** une seule étudiante

Steigerung

39.
a) plus haute que, **b)** moins sportif que, **c)** aussi grande que, **d)** moins cher qu', **e)** plus riche qu', **f)** plus intelligents que

40.
a) G, **b)** D, **c)** B, **d)** A, **e)** C, **f)** E, **g)** F

41.
b) Jacques est plus lourd que Simon.
c) L'emplacement de tente est plus cher au camping des Sables qu'au camping des Dunes.

42.
a) meilleur, **b)** le meilleur, **c)** plus petite, **d)** moindres, **e)** la pire, **f)** plus mauvais

PERSONAL- UND ADVERBIALPRONOMEN

Verbundene und unverbundene Personalpronomen

43.
a) Tu, **b)** vous, **c)** J', **d)** Elles, **e)** Ils/Elles, **f)** Elle, **g)** Je/Elle, **h)** il

44.
a) C, **b)** B, **c)** A, **d)** E, **e)** D

45.
a) C, **b)** B, **c)** B, **d)** B

46.
a) Elle, **b)** Ils, **c)** Ils, **d)** elles, **e)** Il, **d)** Ils

47.
moi, toi, lui, elle, nous, vous, eux, elles

48.
a) moi, **b)** Lui, **c)** toi, **d)** Elle, **e)** vous, **f)** nous, **g)** eux, **h)** elle, **i)** vous, **j)** elle, **k)** toi, lui

Direkte Objektpronomen

49.
a) me, **b)** te, **c)** le, **d)** nous, **e)** les, **f)** les

50.
a) C, **b)** D, **c)** A, **d)** F, **e)** B, **f)** H, **g)** G, **h)** E

51.
a) l', **b)** la, **c)** les, **d)** le, **e)** les, **f)** la, **g)** le

52.
b) je ne les cherche pas.
c) je l'ai trouvé.
d) je ne l'ai pas prise.
e) je l'ai aidée.
f) nous les avons perdues.
g) je ne l'écoute pas souvent.

Indirekte Objektpronomen

53.
a) A, **b)** A, **c)** C, **d)** C, **e)** C

54.
a) lui, **b)** lui, **c)** lui, **d)** leur, **e)** leur, **f)** leur

55.
a) Je te donne un livre.
b) Tu peux/Peux-tu/Est-ce que tu peux lui répondre ?
c) Les voisins nous montrent les photos.
d) Je ne lui dis plus rien.
e) Ne leur parle pas !
f) Demande-lui !

56.
a) C, **b)** B, **c)** D, **d)** A, **e)** E

Reflexivpronomen

57.
a) me, **b)** te, **c)** se, **d)** vous, **e)** se

58.
a) m', vous, **b)** se, **c)** te, **d)** nous, **e)** s', **f)** se, **g)** vous, **h)** me, **i)** s', s', **j)** nous, **k)** se

59.
a) Il se lève tous les matins/chaque matin à dix heures.
b) Je me promène souvent dans le parc.
c) Nous allons nous marier/nous marierons le mois prochain.
d) Ils se sont enfuis/Elles se sont enfuies.
e) Il parle beaucoup mais elle se tait tout le temps/toujours.

Adverbialpronomen *en* und *y*

60.
a) A, **b)** C, **c)** B, **d)** C, **e)** C , **f)** B

61.
a) y, **b)** y, **c)** en, **d)** en, **e)** en

62.
a) E, **b)** A, **c)** D, **d)** C, **e)** F, **f)** B

Stellung bei mehreren Pronomen im Satz

63.
b) Je les leur ai montrées. **c)** Je lui en parle.
d) Il faut l'y inviter.

64.
a) Je la lui demande.
b) Il ne l'y a pas vu.
c) Vous les leur avez prêtées.
d) Il va lui en offrir une tasse.

65.
a) le moi, **b)** le lui, **c)** l'y, **d)** m'en, **e)** y en, **f)** la lui, **g)** te les, **h)** le leur, **i)** l'y, **j)** m'en

SONSTIGE PRONOMEN

Demonstrativbegleiter und -pronomen

66.
a) B, **b)** C, **c)** B, **d)** A

67.
a) D, **b)** C, **c)** B, **d)** A

68.
a) cette, cette; **b)** ces, **c)** cet, **d)** cet, **e)** ce, **f)** ces, **g)** ces

69.
a) C, **b)** B, **c)** D, **d)** A, **e)** F, **f)** E, **g)** G

Possessivbegleiter und -pronomen

70.
a) ma, mes, ton, ta, tes, son, sa, ses;
b) notre, notre, nos, votre, vos, leur, leurs

71.
a) mon, **b)** Son, **c)** son, **d)** ton

72.
b) leurs jouets.
c) C'est sa voiture.
d) Excusez-moi, ce sont vos billets ?
e) Désolé, mais c'est notre place de parking.

73.
a) A, **b)** C, **c)** C, **d)** C

Indefinitpronomen

74.
a) B, **b)** C, **c)** A, **d)** F, **e)** E, **f)** D

75.
a) tous, **b)** toutes, **c)** toute, **d)** tout, **e)** toutes, **f)** tous, **g)** tout, **h)** Tous

76.
a) Certains de mes amis ne veulent pas venir à la fête.
b) Est-ce que vous voulez/Voulez-vous/ Voudriez-vous boire quelque chose ?
c) Il m'a tout raconté.
d) Il fait sombre, je ne vois rien.

77.
a) aucun, **b)** quelques-unes, **c)** chacun, **d)** aucune, **e)** quelques-uns, **f)** chacune

DIE VERNEINUNG

Verneinungselemente

78.
a) D, **b)** B, **c)** A, **d)** E, **e)** C

79.
a) Philippe n'est pas très intelligent.
b) Je ne suis pas allée au musée hier.
c) Vous ne viendrez pas nous rendre visite la semaine prochaine ?
d) Ils ne sont pas mariés et n'ont pas d'enfants.
e) Elle n'habite pas dans une grande villa.

80.
a) plus, **b)** rien, **c)** jamais, **d)** plus jamais, **e)** personne, **f)** plus rien, **g)** plus personne, **h)** pas encore

81.
a) B, **b)** C, **c)** B, **d)** A

Stellung der Verneinung und kombinierte Verneinung

82.
a) Gérard ne vient pas ce soir./Ce soir, Gérard ne vient pas.
b) Elle ne reçoit personne chez elle.
c) Non merci, je ne prends rien.
d) Depuis quand ne fumez-vous plus ?
e) Elle ne voit jamais personne.

83.
a) ABCD, **b)** BD, **c)** AC, **d)** C

84.
a) Il ne me téléphone jamais.
b) Je n'en parle pas souvent.
c) Vous n'y allez plus tous les dimanches ?
d) Nous n'avons plus beaucoup voyagé ces temps-ci.

85.
a) C, **b)** A, **c)** C, **d)** C, **e)** C, **f)** B

Verneinung und Mengenangaben

86.
b) pas de saxophone, **c)** pas de chien, **d)** pas de fromage

87.
a) pas d', **b)** pas de, **c)** pas d', **d)** pas de

88.
a) pas une, **b)** pas de, **c)** pas d', **d)** pas du, **e)** pas de, **f)** pas des, **g)** pas un

89.
a) C, **b)** H, **c)** A, **d)** G, **e)** F, **f)** E, **g)** D, **h)** B

VERBEN IM PRÄSENS

Verben auf -er

90.
a) parle, parles, parle, parlons, parlez, parlent;
b) aime, aimes, aime, aimons, aimez, aiment

91.
a) S, **b)** P, **c)** S, **d)** S, **e)** P, **f)** P, **g)** S, **h)** P, **i)** S, **j)** S, **k)** S, **l)** P, **m)** P, **n)** S, **o)** S, **p)** P

92.
a) jouent, **b)** parle, **c)** regardons, **d)** fermez, **e)** aimes, **f)** habite, **g)** demande, arrive, **h)** travaille, **i)** risques, roules

93.
b) parlez toujours beaucoup.
c) allument la lumière.
d) Nous tirons une carte.
e) Vous me gardez une part de gâteau.
f) Ils déjeunent tous les jours à la cantine.
g) Elles dégustent un bon vin rouge.

94.
a) commence, **b)** commençons, **c)** lancent, **d)** avancez, **e)** mange, **f)** mangeons, **g)** nages, **h)** partagent, **i)** déménagez

95.
a) paie/paye, paie/paye, payons;
b) essaies/essayes, essayez, essaient/essayent;
c) nettoie, nettoie, nettoyez;
d) tutoies, tutoie, tutoient;
e) essuie, essuie, essuyons;
f) ennuie, ennuyez, ennuient

96.
a) A, **b)** C, **c)** B, **d)** C, **e)** A, **f)** C, **g)** C, **h)** C, **i)** B

97.
a) ferme, **b)** commençons, **c)** mangent, **d)** regardent, jettent, **e)** répètes, **f)** nettoyez, **g)** enlève

Verben auf -ir

98.
a) pars, pars, part, partons, partez, partent;
b) finis, finis, finit, finissons, finissez, finissent

99.
a) finissez, **b)** partent, **c)** réfléchis, **d)** dormons, **e)** réussit, **f)** applaudissent, **g)** sens, **h)** sortez, **i)** ralentit

100.
a) dormir, mentir, sentir, sortir;
b) applaudir, choisir, réussir, réfléchir, agir, nourrir, punir, saisir

101.
a) B, **b)** D, **c)** A, **d)** C, **e)** F, **f)** E

102.
a) dors, **b)** dormons, **c)** choisis, **d)** réfléchit, **e)** choisissons, **f)** sentent, **g)** sent, **h)** sortent

103.
a) nous mentons, **b)** elle part,
c) je me nourris, **d)** vous dormez,
e) ils/elles finissent, **f)** je réfléchis,
g) il sort, **h)** nous agissons

Verben auf -re

104.
a) mets, **b)** mets, **c)** met, **d)** met, **e)** mettons, **f)** mettez, **g)** mettent, **h)** met

105.
a) A, **b)** C, **c)** B

106.
a) attends, **b)** attendons, **c)** attends, **d)** attendent, **e)** attend, **f)** attendez, **g)** attend

107.
a) Elles, **b)** Tu, **c)** Nous, **d)** Vous, **e)** J', **f)** Il, **g)** Il, **h)** Je, **i)** Tu

108.
a) Elle attend un enfant.
b) Il perd ses cheveux.
c) Nous vendons notre maison.
d) Tu entends des voix.
e) Je te donne la main.
f) Je te rends ton cadeau.
g) Nous attendons devant l'église.

109.
a) E, **b)** A, **c)** G, **d)** C, **e)** B, **f)** D, **g)** F, **h)** I, **i)** H

Wichtigste unregelmäßige Verben

110.

X	Z	I	Ê	T	E	S	A
G	E	S	T	P	S	O	I
A	V	O	N	S	U	A	O
Q	B	N	H	N	I	V	N
U	N	T	T	X	S	E	T
S	O	M	M	E	S	Z	X
T	K	J	V	S	I	X	J
C	A	I	D	F	R	A	S

a) ai, as, a, avons, avez, ont;
b) suis, es, est, sommes, êtes, sont

111.
a) vais, **b)** va, **c)** allons, **d)** allez, **e)** vont, **f)** vas, **g)** va

112.
a) F, **b)** A, **c)** D, **d)** E, **e)** C, **f)** B

113.
a) prends, prend, prenons, prenez, prennent;
b) comprends, comprends, comprend, comprenez, comprennent;
c) apprends, apprends, apprend, apprenons, apprenez

114.
a) buvons, **b)** conduisez, **c)** connaissent, **d)** croyez, **e)** écris, **f)** faites, **g)** viens, **h)** vit, **i)** lisons

115.
(Vorschlag:) Le samedi, je dors tard, je cours dans la nature, je déjeune en famille, je fais des courses, je dîne au restaurant, je lis un livre et je vais au cinéma le soir.

Reflexivverben

116.
a) me lave, **b)** vous déshabillez, **c)** te vois, **d)** nous trouvons, **e)** se coiffe, se maquille

117.
a) E, **b)** D, **c)** B, **d)** A, **e)** I, **f)** C, **g)** F, **h)** H, **i)** G

VERBEN IN DER VERGANGENHEIT

Imparfait und Passé composé

118.
a) je parlais, **b)** nous avions, **c)** vous preniez, **d)** ils voulaient, **e)** tu pouvais, **f)** il savait, **g)** vous faisiez

119.
a) E, **b)** A, **c)** B, **d)** C, **e)** D

120.
a) Faux, **b)** Vrai, **c)** Faux, **d)** Vrai

121.
a) ai regardé, **b)** a fait, **c)** as téléphoné, **d)** avons dansé, **e)** avez fini, **f)** a bu, **g)** a mangé, **h)** ont travaillé, **i)** avez préparé, **j)** as vu, **k)** a compris

122.
a) ai eu, **b)** a été, **c)** avons eu, **d)** avez été, **e)** a eu, **f)** as été

123.
a) Je suis allé(e) en ville avec des amies faire du shopping.
b) Il est resté deux semaines aux Pays-Bas.
c) Qu'est-ce qu'il est devenu ?
d) Elle est venue nous voir tous les mois.

124.
a) dîner, faire, avoir, être, prendre, perdre, choisir, voyager;
b) rester, tomber, mourir, partir, arriver, aller, venir, entrer

125.
a) vu, **b)** arrivée, **c)** partis, **d)** parlé, **e)** réveillée, **f)** lavé, **g)** prêtée

126.
a) suis descendu(e), **b)** ai descendu, **c)** a monté, **d)** est montée, **e)** êtes sorti(e)s, **f)** avez sorti

127.
a) se levait, s'est levée; **b)** se promenait, a tiré, est parti; **c)** suis allé(e), avons bu; **d)** faisait, dû; **e)** venait, n'est pas venu

Plusquamperfekt

128.
a) C, **b)** A, **c)** A, **d)** B

129.
b) L'accident avait eu lieu sur la nationale 7 en direction d'Aix-en-Provence.
c) Ils avaient voté la loi à l'unanimité.
d) Le spectacle s'était déroulé sur la scène de Bercy.

Passé simple

130.
a) C, **b)** A, **c)** E, **d)** G, **e)** J, **f)** F, **g)** H, **h)** I, **i)** B, **j)** D, **k)** L, **l)** K

131.
a) B, **b)** C, **c)** C, **d)** B, **e)** A, **f)** B

132.
a) se mit, **b)** sauta, commença, **c)** entra, **d)** firent, **e)** eut

133.
a) dormais, réveilla; **b)** arriva, lisais; **c)** avait, **d)** vit, commanda

134.
a) Il entra dans la boulangerie.
b) L'accident eut lieu sur l'autoroute.
c) Ils furent très choqués par/de la situation.
d) Il mit son manteau et sortit.
e) Je reçus une lettre de mon avocat.
f) Elle reconnut d'abord son frère.

VERBEN IN DER ZUKUNFT

Futur composé

135.
a) vais faire, **b)** allez revenir, **c)** va passer, **d)** vas travailler, **e)** vont aller, **f)** allons avoir

136.
a) vais prendre, **b)** allons téléphoner, **c)** va appeler, **d)** allez savoir, **e)** va faire, **f)** vas entendre

Futur I

137.

a) regarderai, regarderas, regardera, regarderons, regarderez, regarderont;
b) finirai, finiras, finira, finirons, finirez, finiront;
c) attendrai, attendras, attendra, attendrons, attendrez, attendront

138.

a) lirai, **b)** passera, **c)** regardera, **d)** travailleras, **e)** cherchera/lira, **f)** apportera

139.

a) dormirons dans une toile de tente.
b) Viendrez-vous manger avec nous au restaurant ?
c) Ils se plairont beaucoup dans la région.

140.

a) E, **b)** G, **c)** F, **d)** J, **e)** D, **f)** H, **g)** A, **h)** I, **i)** B, **j)** C

141.

a) peindrons, **b)** recevras, **c)** devrez, **d)** pourrai, **e)** voudras, **f)** éteindrez, **g)** viendront, **h)** verrez, **i)** tiendra

142.

a) Après, je m'achèterai une glace.
b) Plus tard, mon frère viendra./Mon frère viendra plus tard.
c) J'espère que le soleil brillera cet après-midi.
d) Avec un peu de chance, je gagnerai sûrement.
e) Nous irons plus tard au cinéma.

Futur II

143.

a) aurai préparé, **b)** auront fini, **c)** sera terminé, **d)** auras déjeuné, **e)** aurai terminé, **f)** auras fini

144.

a) E, **b)** C, **c)** D, **d)** A, **e)** B

ANDERE MODI

Die Partizipien

145.

b) attendant, **c)** finissant, **d)** regardant, **e)** allant, **f)** choisissant, **g)** voulant, **h)** ayant, **i)** étant, **j)** sachant, **k)** faisant, **l)** prenant

146.

b) choisi, **c)** dormi, **d)** attendu, **e)** rentrées, **f)** vendu, **g)** accompli, **h)** fini, **i)** partis

147.

a) B, **b)** A, **c)** C, **d)** B, **e)** A, **f)** A

148.

a) bu, **b)** connu, **c)** craint, **d)** écrit, **e)** fait, **f)** fallu, **g)** mort

149.

a) plu, **b)** fallu, **c)** lu, **d)** plu, **e)** vécu, **f)** pris, **g)** vue

150.

a) Je ne l'ai pas cru. **b)** Ils l'ont suivie.
c) Elle est morte d'une maladie grave.

Der Konditional

151.

a) donnerais, donnerait, donnerions, donneriez, donneraient;
b) écrirais, écrirais, écrirait, écririons, écririez;
c) rendrais, rendrais, rendrait, rendrions, rendraient

152.

a) B, **b)** A, **c)** D, **d)** F, **e)** C, **f)** E

153.

a) changerais, **b)** aimerait, **c)** pourriez, **d)** adorerions, **e)** diriez, **f)** serait, **g)** travaillerais, **h)** voudrais, **i)** aurait

154.

a) pourrions, **b)** voudrais, **c)** seraient, **d)** diriez, **e)** ferais, **f)** pourrait, **g)** aimerait, **h)** devrait

155.
a) j'aurais fait, **b)** tu serais allé(e), **c)** nous aurions pris, **d)** ils auraient eu, **e)** vous auriez été, **f)** on aurait voulu, **g)** ils auraient pu, **h)** tu aurais su, **i)** tu aurais dû, **j)** il aurait vu, **k)** nous aurions eu, **l)** tu aurais été

156.
a) B, **b)** D, **c)** A, **d)** E, **e)** C, **f)** F

157.
a) prendrais, **b)** aimerait, **c)** serait rentré, **d)** Pourriez, **e)** aurait dû

158.
a) Où voudriez-vous aller ?
b) J'aimerais avoir plus de vacances.
c) Tu pourrais/Pourrais-tu/Est-ce que tu pourrais parler plus fort, s'il te plaît ?
d) Tu aurais dû le voir !
e) Nous aurions pu gagner le jeu/match.

Das Gerundium

159.
a) Faux, **b)** Vrai, **c)** Vrai, **d)** Faux, **e)** Vrai

160.
a) C, **b)** D, **c)** A, **d)** E, **e)** B, **f)** G, **g)** F

Der Imperativ

161.
a) chante, chantez; **b)** choisis, choisissons; **c)** faisons, faites; **d)** attends, attendez; **e)** dors, dormons

162.
a) buvez, **b)** Prenons, **c)** Faites, **d)** Sache, **e)** va, **f)** Sois, **g)** Dis, **h)** éteignez, **i)** parlez

163.
a) aie, **b)** Sachez, **c)** Soyons, **d)** sois, **e)** ayez, **f)** Soyez

164.
a) Fais attention ! **b)** Soyez prudent(s)(es)
c) Prenez la première route/rue à droite. **d)** Allons-y !

Der Subjonctif

165.
a) travaille, **b)** partes, **c)** venions, **d)** finissiez, **e)** parle, **f)** achète, **g)** payes/paies, **h)** nettoie, **i)** mettiez, **j)** écrivions, **k)** balaye/balaie, **l)** dise, **m)** choisissent, **n)** regardiez

166.
a) D, **b)** A, **c)** F, **d)** B, **e)** I, **f)** C, **g)** H, **h)** E, **i)** G

167.
a) fasses, **b)** mettent, **c)** remplissiez, **d)** rendions, **e)** soyez, **f)** puisse

168.
a) A, **b)** C, **c)** B, **d)** B, **e)** B, **f)** C

169.
a) parce que, après que, puisque, vu que, pendant que;
b) avant que, bien que, pour que, sans que, jusqu'à ce que

170.
b) sois allé(e), **c)** ayons été, **d)** ayez eu, **e)** soit parti, **f)** aient vu, **g)** sois venu(e), **h)** ait réussi, **i)** ayons pris, **j)** soyez monté(s)(es), **k)** sois arrivé(e), **l)** aie dit

DAS ADVERB

Formen

171.
a) assez, beaucoup, moins, peu, plus, trop; **b)** bien, ensemble, mal, vite, mieux

172.
a) B, **b)** B, **c)** A, **d)** A, **e)** C, **f)** C, **g)** C, **h)** B

173.
b) rapidement, **c)** sérieusement, **d)** pratiquement, **e)** Péniblement, **f)** terriblement, **g)** franchement, **h)** grandement

174.
a) gai, gaie; **b)** joli, jolie; **c)** nouveau, nouvelle; **d)** vrai, vraie; **e)** absolu, absolue; **f)** fou, folle; **g)** mou, molle

175.

a) Récemment, j'ai lu un livre d'Anna Gavalda./ J'ai lu un livre d'Anna Gavalda récemment.
b) Apparemment, il est malade./Il est apparemment malade.
c) Elle s'habille toujours très élégamment.
d) Roulez/Conduisez prudemment.
e) Il ne l'a pas dit méchamment.
f) Je parle couramment l'anglais.

176.

b) me parle gentiment.
c) l'histoire brièvement.
d) cuisine bien.
e) travaille mal.

Stellung

177.

a) C, **b)** A, **c)** E, **d)** B, **e)** D, **f)** F, **g)** G

178.

a) Aujourd'hui, il fait beau./Il fait beau aujourd'hui.
b) Il regarde souvent la télé.
c) Je suis arrivé tôt.
d) Elle ne rit jamais.

179.

a) Ils sont venus ensemble.
b) Aujourd'hui, il s'est levé tôt./Il s'est levé tôt aujourd'hui.
c) L'avion va atterrir/atterrira tard.
d) Le train va bientôt partir.

180.

a) Malheureusement, **b)** encore, **c)** bientôt, **d)** hier, **e)** jamais, **f)** toujours, **g)** silencieusement, **h)** Heureusement, **i)** rapidement, **j)** Évidemment

Steigerung

181.

b) plus souvent que, moins souvent que, aussi souvent que, le plus souvent;
c) plus mal que, moins mal que, aussi mal que, le plus mal

182.

a) B, **b)** C, **c)** A

DIE SATZARTEN

Der Aussage- und Fragesatz

183.

a) Lucas achète un livre.
b) Je commande un steak au restaurant.
c) Il vend des fruits au marché.
d) Nous faisons un cadeau à nos amis.

184.

a) D, **b)** C, **c)** B, **d)** A

185.

Z	Q	U	E	T	Q	C	P
G	U	S	T	Q	U	O	Ù
A	I	Ù	N	U	A	A	O
C	O	M	M	E	N	T	N
O	N	T	T	L	D	E	Z
C	O	M	B	I	E	N	X
P	O	U	R	Q	U	O	I
C	A	R	D	J	R	O	S

a) que, où, comment, combien, pourquoi;
b) qui, quel, quand

186.

a) B, **b)** B, **c)** B, **d)** C

187.

a) Quand est-ce que ses parents sont allés au théâtre ?
b) Où est-ce que ses parents sont allés hier soir ?
c) Qui est-ce qui est allé au théâtre hier soir ?
d) Qu'est-ce qu'elle a offert à sa mère ?
e) À qui est-ce qu'elle a offert des fleurs ?

188.

a) Qui est-ce que tu vois ?
b) À qui est-ce que tu penses ?
c) De qui est-ce que tu parles ?
d) Pour qui est-ce que tu travailles ?

189.

a) D, **b)** A, **c)** B, **d)** C, **e)** E

190.

b) -il, **c)** -elles, **d)** -t-il, **e)** -t-il, **f)** -il, **g)** -t-elle

Der Relativsatz

191.
a) qui, **b)** que, **c)** que, **d)** qui, **e)** que, **f)** qui, **g)** que, **h)** qui

192.
a) B, **b)** C, **c)** A, **d)** C, **e)** C

193.
b) C'est Yann dont nous sommes très fiers.
c) Le film dont je t'ai parlé est génial.
d) Prends mes chaussures de ski dont je ne me sers plus.
e) C'était une camarade de classe dont je me souviens très bien.

194.
a) lequel, **b)** lesquelles, **c)** laquelle, **d)** lequel, **e)** lesquels, **f)** auquel, **g)** laquelle

195.
a) Le village où j'habite s'appelle Château-Thébaud.
b) Le pays où j'aimerais habiter, (c')est l'Angleterre.
c) Il ne sait pas où sont ses lunettes.

196.
a) qui, **b)** auquel, **c)** dont, **d)** que, **e)** où, **f)** qu', **g)** dont, **h)** qui, **i)** Ce qui

Der Bedingungssatz

197.
a) Si, **b)** Quand, **c)** quand, **d)** si, **e)** S'

198.
a) B, **b)** G, **c)** C, **d)** F, **e)** D, **f)** E, **g)** A

199.
a) achèterais, **b)** sortirions, **c)** voudrais, **d)** aurait, **e)** pourrais, **f)** réussirait, **g)** regretterais

200.
b) Si seulement je travaillais moins !
c) Si seulement je vivais au soleil !
d) Si seulement j'avais plus d'amis !
e) Si seulement j'étais en bonne santé !

201.
b) avait... été, aurait pris;
c) avait... eu, aurais fait;
d) était allée, aurait été

202.
a) S'il pleut, je resterai/reste à la maison.
b) Si tu le voyais, tu ne le reconnaîtrais pas.
c) S'il n'était pas parti si tôt, il aurait fait la fête avec nous.
d) Ne m'appelle pas si tu n'as pas le temps.

Die indirekte Rede

203.
a) combien, **b)** pourquoi, **c)** où, **d)** qu', **e)** quand, **f)** si, **g)** que, **h)** s'

204.
a) B, **b)** A, **c)** B, **d)** C

205.
a) avais fini, **b)** avais, **c)** était divorcée, **d)** me sentais, **e)** était

206.
b) Il m'a demandé si je pouvais lui donner la réponse.
c) Il m'a demandé ce que je faisais aujourd'hui.
d) Il m'a demandé où j'étais allé me promener hier après-midi.
e) Il m'a demandé si j'avais déjà réfléchi au problème.

Der Satz im Passiv

207.
b) je suis interrogé(e), je serai interrogé(e), que je sois interrogé(e);
c) je suis pris(e), j'étais pris(e), que je sois pris(e);
d) je suis arrêté(e), j'étais arrêté(e), je serai arrêté(e)

208.
a) La souris est mangée par le chat.
b) La voiture est conduite par Christian.
c) Le magasin est fermé à 18 heures par la boulangère.
d) Une bombe atomique a été lancée sur le Japon par les Américains.
e) La valise de Fabienne est portée par Christophe.

209.
a) L'allemand est aussi parlé en Alsace.
b) Une nouvelle loi a été votée par le Parlement.
c) Ce bâtiment a été financé par l'État.

210.
a) B, **b)** C, **c)** E, **d)** A, **e)** D

ZAHLEN UND ZEITANGABEN

Grund-, Ordnungs- und Bruchzahlen

211.
a) une, **b)** deux, **c)** cinq, **d)** quatre, **e)** dix, **f)** deux

212.
a) quinze, **b)** vingt-huit, **c)** quarante-deux, **d)** soixante-dix-sept, **e)** quatre-vingt-treize, **f)** quatre-vingts, **g)** cinquante-neuf, **h)** soixante et un(e)

213.
a) G, **b)** E, **c)** D, **d)** B, **e)** A, **f)** F, **g)** C

214.
a) quatre-vingt-dix, quinze, vingt-sept, soixante et onze, quatre-vingt-deux;
b) cent un, trois cents, six cent douze, mille sept cents, deux millions

215.
a) trois cents, **b)** trois, **c)** cinquante mille, **d)** vingt, **e)** quatre-vingt-trois, **f)** deux millons, **g)** Un milliard, **h)** zéro

216.
a) mille neuf cent soixante-dix-sept, dix-neuf cent soixante-dix-sept,
b) soixante-seize mille neuf cent quatre-vingt-dix-neuf,
c) deux millions cinq cent mille,
d) un milliard,
e) neuf cent quatre-vingt-sept mille six cent cinquante-quatre

217.
a) C, **b)** A, **c)** D, **d)** F, **e)** G, **f)** B, **g)** E, **h)** I, **i)** H

218.
a) Ier, **b)** seconde, **c)** millième, **d)** vingt et unième, **e)** quatre-vingtième

219.
b) un tiers, **c)** trois quarts, **d)** un quart, **e)** deux dixièmes, **f)** un centième, **g)** deux tiers, **h)** sept huitièmes

220.
a) Je voudrais une douzaine d'œufs.
b) Ils ont invité une dizaine d'amis.
c) Il y a une vingtaine d'années, je vivais en Angleterre.
d) Nous nous reverrons dans une quinzaine de jours. (*14 Tage* = quinze jours)
e) Au spectacle, il y avait un millier de spectateurs.
f) Il y avait une centaine de personnes.

Datum und Zeitangabe

221.
a) cinq, dix-sept; **b)** neuf, vingt et une; **c)** sept, dix-neuf; **d)** onze, vingt-trois

222.
a) C, **b)** D, **c)** A, **d)** B

223.
a) AB, **b)** AC, **c)** BC, **d)** AC

224.
a) Le train part à dix heures trente/et demie.
b) Venez à midi/douze heures pour le déjeuner.
c) Le film commence à huit heures et quart.
d) L'école se termine/finit à seize heures trente/quatre heures et demie.
e) Nous nous rencontrons à cinq heures moins le quart/seize heures quarante-cinq.

225.
b) 15 h 18, **c)** 23 h 30, **d)** 19 h 55, **e)** 0 h 00, **f)** 12 h 30, **g)** 5 h 45/17 h 45, **h)** 7 h 55/19 h 55, **i)** 4 h 15/16 h 15, **j)** d) und h)

226.
b) le premier mars 2013,
c) le quatorze juillet 1789,
d) le deux août 1980,
e) le quinze janvier 1848,
f) le vingt-huit février 2000,
g) le douze juin 1971

227.
a) C, **b)** A, **c)** D, **d)** B, **e)** F, **f)** E

228.
a) Le lundi, **b)** Mardi prochain,
c) jeudi 10 mai, **d)** Dimanche,
e) de septembre à décembre,
f) le 5 octobre, **g)** du 30 juin au 5 septembre,
h) le 1er janvier, **i)** Samedi dernier

PRÄPOSITIONEN, KONJUNKTIONEN

Präpositionen des Ortes und der Zeit

229.
a) à, **b)** dans, **c)** dans, **d)** en, **e)** en, **f)** au, **g)** dans le, **h)** aux, **i)** dans le

230.
a) À demain ! **b)** en août, **c)** pendant les vacances, **d)** pour six mois, **e)** en hiver, **f)** en une semaine, **g)** avant 10 heures, **h)** après le repas

231.
a) à côté de, contre, devant, derrière, autour de, sous;
b) après, avant, depuis, pendant, dès, il y a

232.
a) B, **b)** A, **c)** C, **d)** E, **e)** F, **f)** D, **g)** H, **h)** G

233.
a) à, **b)** en, en; **c)** À partir d', **d)** Dans, **e)** Dès, **f)** en, **g)** jusqu', **h)** Pendant, **i)** pour

234.
a) C, **b)** B, **c)** C, **d)** C, **e)** A, **f)** C, **g)** B, **h)** C

235.
a) Ils vont venir/viendront avant 10 heures.
b) Mettez les verres sur la table.
c) Cet après-midi, je vais/vais aller chez le dentiste.
d) Ne va pas sur la route !
e) J'ai lu le livre en deux heures.

Modale Präpositionen

236.
a) B, **b)** A, **c)** E, **d)** C, **e)** D, **f)** I, **g)** F, **h)** G, **i)** H

237.
a) B, **b)** B, **c)** C, **d)** C, **e)** A, **f)** B, **g)** C, **h)** B, **i)** A, **j)** B

238.
a) en, en; **b)** en/de, **c)** en, **d)** en, **e)** en, en; **f)** en, **g)** en/de, **h)** en, **i)** en

239.
a) semaine, la poste, cœur, personne, pitié;
b) faire plaisir, une semaine, quinze mille euros, personne, deux mois, rien

240.
a) d', **b)** à, **c)** avec, **d)** en, **e)** par, **f)** sur, **g)** sans, **h)** avec, **i)** à, **j)** en

Beiordnende Konjunktionen

241.
a) mais, **b)** ou, **c)** et, **d)** donc, **e)** or, **f)** ni, **g)** car

242.
a) C, **b)** A, **c)** D, **d)** G, **e)** B, **f)** E, **g)** H, **h)** F

243.
a) Il pleut et Keanu reste à la maison.
b) Le dimanche, elle regardait la télé ou elle lisait un livre./Le dimanche, elle lisait un livre ou elle regardait la télé.
c) Il est énervant car il arrive toujours en retard.
d) Je suis fatigué mais je ne suis pas malade.
e) Il ne boit ni de café ni de thé./Il ne boit ni de thé ni de café.
f) Je suis malade donc je reste couchée.

244.
a) B, **b)** C, **c)** A, **d)** C, **e)** B

245.
a) Ils sont allés au café et (ils) ont bu une bière.
b) Vous aimez la campagne ou vous préférez habiter en ville ?
c) Je suis à l'étranger donc je ne peux pas venir à la fête.
d) Je vais souvent au cinéma mais je ne regarde que des comédies.
e) J'ai été déçu(e) car il n'est pas venu.
f) Je ne mange ni viande ni poisson.
g) Je pense donc je suis.

Subordnende Konjunktionen

246.
a) B, **b)** D, **c)** A, **d)** E, **e)** C, **f)** F, **g)** I, **h)** G, **i)** H

247.
a) Malgré qu', **b)** à condition que,
c) jusqu'à ce que, **d)** Au cas où,
e) Comme, **f)** Quand, **g)** pour que,
h) de peur que

248.
a) depuis que, tant que, dès que, après que, vu que;
b) de crainte que, avant que, sans que, bien que, malgré que

249.
a) Pendant que, bois; **b)** jusqu'à ce que, soit;
c) Depuis qu', vit; **d)** parce que, es;
e) Bien que, aimions; **f)** pour que, puissiez

250.
a) Je t'appelle avant que tu (ne) partes en vacances.
b) J'ai tout fait sans que tu me le dises.
c) Pousse-toi pour que je puisse passer.
d) Elle va travailler/au travail bien qu'/malgré qu'/quoiqu'elle soit malade.

DIE EIGENE PERSON

Vorstellung

251.
a) B; **b)** E; **c)** D; **d)** F; **e)** A; **f)** C

252.
a) C; **b)** B; **c)** A; **d)** C

253.
a) femme; **b)** enfant

254.
a) Lafraîchine; **b)** Christelle; **c)** Versailles; **d)** belge; **e)** 28 ans; **f)** divorcée

255.
b) veuve; **c)** divorcés; **d)** mariés; **e)** célibataire

256.
a) C; **b)** A; **c)** B; **d)** E; **e)** F; **f)** D

257.
a) Monsieur Rousseau est un home très intéressant.; **b)** Ils font partie d'un groupe de jeunes.; **c)** On est majeur à l'âge de dix-huit ans.; **d)** Ils se sont connus pendant une formation pour adultes.

258.
a) Hier, j'ai fait la connaissance d'Éric.; **b)** Je me présente : je suis Isabelle.; **c)** Il salue ses invités.; **d)** Pouvez-vous épeler votre nom ?
Est-ce que vous pouvez épeler votre nom ?

Aussehen

259.
a) D; **b)** A; **c)** E; **d)** F; **e)** C; **f)** B

260.
a) courts; **b)** blonde, brun; **c)** petite; **d)** jolie; **e)** chic; **f)** vieil; **g)** roux, bouclés; **h)** rousse, clairs; **i)** corpulent, fort

261.
a) A; **b)** C; **c)** C; **d)** B

262.
a) cheveux; **b)** yeux; **c)** bronzée; **d)** poids; **e)** barbe; **f)** air; **g)** gros

263.
a) Dans cette famille, ils sont tous gros.; **b)** Elle n'aime pas son apparence physique.; **c)** Patricia se trouve laide.; **d)** Les adolescents ont souvent des boutons.

Charakter

264.
a) sympathique; **b)** aimable; **c)** intelligent; **d)** gentil; **e)** gai; **f)** drôle; **g)** sérieux

265.
a) timide; **b)** énergique; **c)** charmant; **d)** optimiste; **e)** calmes; **f)** qualités; **g)** humeur

266.
a) C'est une femme vraiment stupide/bête.; **b)** Christelle est une personne bizarre.; **c)** Il est toujours agressif.; **d)** Vanessa, tu es méchante ! / vache !

267.

R	Ê	S	Y	M	P	A	T	H	I	Q	U	E	G
B	B	A	S	T	U	P	I	D	E	M	É	A	E
Ê	I	F	É	D	X	A	M	D	U	É	N	I	N
T	Z	M	T	R	T	S	I	L	L	C	E	M	T
E	A	V	Q	Ô	R	A	D	H	C	H	G	A	I
I	R	C	A	L	M	E	E	C	H	A	I	B	L
L	R	A	S	É	R	I	E	U	X	N	Q	L	R
S	É	V	È	R	E	I	D	I	O	T	U	E	S
E	A	U	I	N	T	E	L	L	I	G	E	N	T
C	H	A	R	M	A	N	T	S	Z	L	D	Y	S
S	I	D	I	F	F	I	C	I	L	E	F	B	P
S	Ô	J	B	W	O	P	T	I	M	I	S	T	E

waagerecht: sympathique, stupide, gai, calme, sérieux, sévère, idiot, intelligent, charmant, difficile, optimiste
senkrecht: bête, timide, méchant, aimable, gentil

ZU HAUSE

Häuser und Wohnungen

268.
a) maison; **b)** appartement; **c)** immeuble; **d)** studio

269.
a) escalier; **b)** couloir; **c)** porte d'entrée; **d)** cheminée; **e)** fenêtre; **f)** chauffage; **g)** garage; **h)** balcon

270.
a) D; **b)** A; **c)** B; **d)** F; **e)** C; **f)** E

271.
a) plan; **b)** rez-de-chaussée; **c)** sonné; **d)** l'ascenseur; **e)** palier; **f)** l'extérieur; **g)** pièces; **h)** sol

272.
a) Ils font construire une maison.; **b)** Les murs sont peints en blanc.; **c)** Nous avons acheté un grand terrain.

Wohn- und Arbeitsbereich

273.
a) B; **b)** B; **c)** A; **d)** B

274.
a) bibliothèque; **b)** entrée; **c)** fauteuil; **d)** parquet

275.
a) moquette; **b)** décorer; **c)** meubles; **d)** salon; **e)** papier peint

276.
a) A; **b)** B; **c)** A; **d)** C; **e)** C; **f)** A

277.
a) Il me faut le bâton de colle./J'ai besoin du bâton de colle.; **b)** Je ne (re)trouve plus ma règle.; **c)** Les livres sont classés par ordre alphabétique.; **d)** Je suis dans le bureau./Je suis au bureau.; **e)** Les ciseaux se trouvent dans le tiroir.

Schlaf- und Kinderzimmer

278.
a) E; **b)** A; **c)** B; **d)** G; **e)** C; **f)** D; **g)** F; **h)** I; **i)** H

279.
a) chambre; **b)** matelas; **c)** lampe; **d)** oreiller; **e)** draps; **f)** tableau; **g)** armoire

280.
a) se coucher tôt; **b)** Fais de beaux rêves !; **c)** entendre le réveil; **d)** couvrir les enfants; **e)** avoir besoin de beaucoup de sommeil; **f)** changer l'ampoule

Küche und Haushalt

281.

F	O	U	R	B	O	U	I	L	L	O	I	R	E
L	A	V	E	-	V	A	I	S	S	E	L	L	E
I	P	C	A	F	E	T	I	È	R	E	X	N	Z
Y	R	É	F	R	I	G	É	R	A	T	E	U	R
A	É	-	M	I	C	R	O	-	O	N	D	E	S
È	A	G	Z	G	I	U	M	B	É	E	R	T	-
U	T	B	C	O	N	G	É	L	A	T	E	U	R

le four, la bouilloire, le lave-vaisselle, la cafetière, le réfrigérateur, le micro-ondes, le congélateur, le frigo

282.
a) C; **b)** A; **c)** B; **d)** F; **e)** D; **f)** E

283.
a) batteur; **b)** poêle; **c)** plaque; **d)** cocotte-minute®; **e)** récipient; **f)** poubelles

284.
a) Il ne veut jamais ranger sa chambre.; **b)** Nous nettoyons le carrelage avec une brosse.; **c)** Elle essuie la poussière avec un chiffon propre.; **d)** Je déteste les travaux ménagers.; **e)** Elle met son balai dans le placard.

285.
a) B; **b)** A; **c)** F; **d)** C; **e)** D; **f)** E

Im Bad

286.
a) A; **b)** B; **c)** A; **d)** A

287.
a) salle de bains; **b)** baignoire; **c)** WC/ toilettes; **d)** miroir; **e)** douche; **f)** serviette (de toilette); **g)** brosse à dents; **h)** peigne

288.
a) bain; **b)** robinet; **c)** crème; **d)** raser; **e)** essuie; **f)** coiffure

Keller und Außenbereich

289.
a) B; **b)** B; **c)** A; **d)** B

290.
a) outils, sous-sol, utilise, réparer; **b)** clou; **c)** scie; **d)** cave, entreposer; **e)** tournevis

291.
a) balcon; **b)** cour; **c)** pelouse; **d)** L'arrosoir; **e)** ramasser; **f)** dans le hangar

292.
a) planter des fleurs; **b)** utiliser de l'engrais; **c)** tondre la pelouse/le gazon; **d)** cueillir des fruits; **e)** arroser le jardin; **f)** couper du bois; **g)** tailler la haie; **h)** réparer la clôture; **i)** jardiner

ESSEN UND TRINKEN

Kochen, backen, zubereiten

293.
a) baguettes; **b)** fromage; **c)** beurre; **d)** œufs

294.
a) sucre; **b)** jambon; **c)** viande, poisson; **d)** légume; **e)** pain; **f)** sel

295.
a) goûter; **b)** pâtes; **c)** miel; **d)** bœuf; **e)** poivre; **f)** herbes; **g)** tarte; **h)** recette

296.
a) D; **b)** C; **c)** B; **d)** A; **e)** F; **f)** E

Mahlzeiten

297.
a) petit-déjeuner; **b)** déjeuner; **c)** goûter; **d)** dîner

298.
a) la confiture, le croissant, le miel, la tartine; **b)** la tablette de chocolat, la sucette, la glace, le bonbon

299.
a), **b)**, **e)**, **c)**, **d)**, **g)**, **f)**

300.
a) C; **b)** B; **c)** A; **d)** B

Obst und Gemüse

301.
a) tomates; **b)** carottes; **c)** salade; **d)** pommes de terre

302.
a) le chou, le haricot, le concombre; **b)** la poire, la prune

303.
a) G; **b)** A; **c)** F; **d)** C; **e)** D; **f)** E; **g)** B

304.
a) Je n'aime pas les légumes.; **b)** Je fais une salade de fruits.; **c)** Je fais un gâteau aux pommes/une tarte aux pommes.; **d)** J'adore les pommes de terre sautées.

Getränke

305.
a) eau minérale; **b)** vin rouge; **c)** lait; **d)** champagne

306.
a) B; **b)** A; **c)** A; **d)** A

307.

E	A	U	X	T	A	I
J	I	E	R	E	T	O
C	N	B	I	È	R	E
L	M	K	C	A	F	É
A	P	L	S	J	U	S
I	T	P	V	Y	S	D
T	H	C	I	D	R	E
F	É	N	N	U	I	T

a) eau; **b)** cidre; **c)** bière; **d)** lait; **e)** café; **f)** thé; **g)** jus; **h)** vin

308.
a) tisane/infusion; **b)** limonade; **c)** vin blanc; **d)** champagne; **e)** cidre; **f)** lait

FAMILIE, FREUNDE UND FREIZEIT

Familie

309.
a) mère; **b)** sœur; **c)** frère; **d)** père; **e)** parents

310.
a) grand-mère; **b)** neveu; **c)** oncle; **d)** fille; **e)** belle-sœur; **f)** gendre

311.
a) H; **b)** D; **c)** E; **d)** A; **e)** C; **f)** F; **g)** B; **h)** G

312.
a) anniversaire; **b)** Pâques; **c)** Noël; **d)** cadeau

313.
a) F; **b)** F; **c)** F; **d)** V; **e)** F

314.
a) célibataire; **b)** couple, mariés, concubinage; **c)** conjoints; **d)** noces; **e)** divorcer, pension alimentaire; **f)** droit de garde

315.
e), d), b), f), a), c)

316.
a) vous félicite (pour cette soirée très réussie) !; **b)** Je vous présente mes vœux.; **c)** Je vous souhaite bonne chance !; **d)** À votre santé !; **e)** Je porte un toast à Christophe !

Freunde und Sozialverhalten

317.
question, parole, dialogue, conversation, discussion, réponse

318.
a) ami; **b)** camarades; **c)** bise; **d)** recevons; **e)** service; **f)** accompagnes; **g)** Dis; **h)** raconte; **i)** répondu; **j)** prévenir

319.
Bedauern: c), d), f)
Ärger: a), b), e), g)

320.
a) C; **b)** D; **c)** B; **d)** G; **e)** H; **f)** E; **g)** F; **h)** I; **i)** A

321.
a) refusé; **b)** sont contre; **c)** recommandé; **d)** déconseillé; **e)** propose; **f)** Acceptez

322.
a) heureux; **b)** surprise; **c)** mécontent; **d)** satisfait

323.
a) B; **b)** A; **c)** B; **d)** C

324.

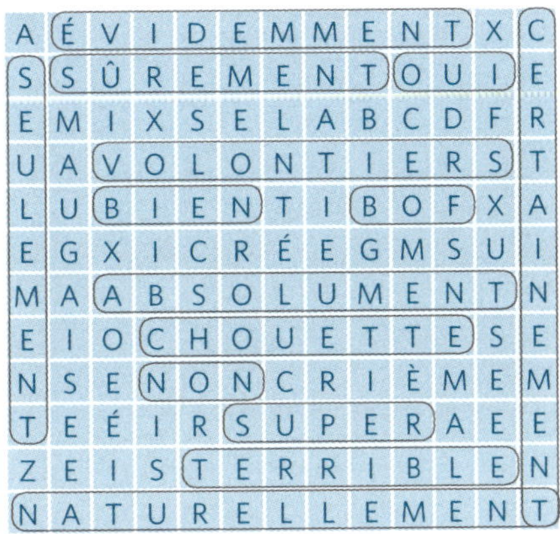

waagerecht: évidemment, sûrement, oui, volontiers, bien, bof, absolument, chouette, non, super, terrible, naturellement
senkrecht: seulement, certainement

325.
a) D; **b)** A; **c)** B; **d)** C; **e)** G; **f)** E; **g)** F

326.
a) touche; **b)** rire; **c)** me sens; **d)** surprenez; **e)** fais confiance; **f)** m'inquiète; **g)** crains; **h)** hésité, me suis décidé(e)

Hobby, Spiel, Sport und Musik

327.
a) B; **b)** A; **c)** B

328.
a) jouer; **b)** gagner; **c)** perdre; **d)** partie; **e)** boules; **f)** cartes; **g)** échecs; **h)** jeu; **i)** tour; **j)** dominos

329.
a) le football, le volley, le tennis, le handball, le ping-pong, le golf, le rugby
b) la natation, le ski, la course, le vélo, l'alpinisme, le judo, le cheval

330.
a) match; **b)** adversaires; **c)** coupe; **d)** équipe; **e)** régate

331.
a) G; **b)** A; **c)** H; **d)** B; **e)** E; **f)** C; **g)** D; **h)** F

332.
a) instrument, musique; **b)** concert; **c)** groupe; **d)** danseuse, danser; **e)** orchestre; **f)** guitare

333.
a) auditeur; **b)** discothèque; **c)** instruments/notes; **d)** billet; **e)** chanson

334.
a) Tu viens faire du jogging/footing avec moi ?; **b)** Tu sais jouer au golf ?; **c)** Tu joues d'un instrument ?; **d)** Tu fais une partie de ping-pong avec moi ?; **e)** Tu relèves le défi ?

335.
a) Le quatorze juillet, il y a des feux d'artifice car c'est la Fête nationale.; **b)** On vient d'ouvrir une nouvelle boîte près d'ici.; **c)** Ils ont acheté deux billets pour le concert de dimanche soir.; **d)** La patineuse a décroché la médaille d'or aux jeux olympiques.

336.
a) compétition; **b)** gagnants; **c)** victoire; **d)** bricolage; **e)** colonie; **f)** promenades

GESUNDHEIT UND WOHLBEFINDEN

Der Körper

337.
dos, cheveux, visage, peau, corps, squelette, tête

338.
a) la main; **b)** l'œil; **c)** les pieds; **d)** la bouche

339.
a) B; **b)** A; **c)** C; **d)** E; **e)** D

340.
a) tête; **b)** ventre; **c)** visage; **d)** oreilles; **e)** yeux; **f)** cœur; **g)** cerveau; **h)** cou;
i) fesses

341.
a) la langue; **b)** la paupière; **c)** le front; **d)** le menton; **e)** les lèvres; **f)** le sourcil; **g)** la gorge

342.
a) doigt; **b)** chevilles; **c)** poing; **d)** orteils; **e)** poils; **f)** aux reins; **g)** poumons

343.
a) C *(einen Frosch im Hals haben)*;
b) C *(lispeln)*; **c)** C *(zublinzeln)*; **d)** B *(sich Auge in Auge wiederfinden)*

344.
a) J'ai froid aux doigts.; **b)** J'ai la peau blanche/claire.; **c)** J'ai une taille fine.;
d) J'ai les nerfs à vif.; **e)** J'ai les cheveux blonds./Je suis blond(e).

Gesundheit

345.
a) être en forme, aller bien, être en bonne santé, avoir bonne mine, avoir toutes ses forces
b) aller mal, être fatigué, être faible, être stressé, avoir le moral au plus bas

346.
a) L'alcool est dangereux pour la santé.; **b)** Le tabac est nocif pour les fumeurs et les fumeurs passifs.; **c)** Défense de fumer dans les toilettes.

347.
a) forme; **b)** stress; **c)** état; **d)** exercice; **e)** mine; **f)** saine; **g)** moral

348.
a) C; **b)** E; **c)** B; **d)** D; **e)** A; **f)** F

349.
a) boit; **b)** alcool; **c)** tabac; **d)** fume, cigarettes; **e)** drogues; **f)** fumeur

Krankheit und Verletzung

350.
a) tousse; **b)** éternue; **c)** a de la fièvre; **d)** a mal au ventre

351.
a) B; **b)** B; **c)** B; **d)** A

352.
a) C; **b)** A; **c)** E; **d)** B; **e)** F; **f)** D

353.
a) malade; **b)** incurable; **c)** chaud; **d)** froid; **e)** allergique; **f)** alarmant; **g)** contagieux

354.
a) accident; **b)** ambulance; **c)** sang; **d)** blessure; **e)** brûlé; **f)** Les pompiers; **g)** blessés

355.

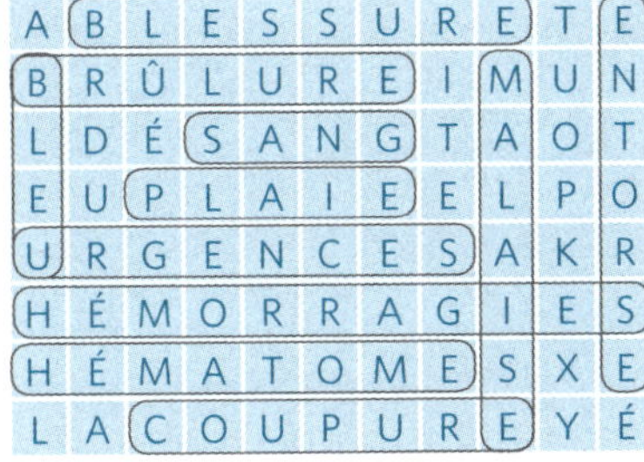

waagerecht: blessure, brûlure, sang, plaie, urgences, hémorragie, hématome, coupure
senkrecht: bleu, malaise, entorse

Beim Arzt und im Krankenhaus

356.
a) médecin; **b)** rendez-vous; **c)** médicaments; **d)** patients

357.
a) E; **b)** A; **c)** B; **d)** C; **e)** D

358.
a) consulte; **b)** salle d'attente; **c)** vacciner, piqûres; **d)** comprimés; **e)** examens; **f)** opéré; **g)** accoucher; **h)** clinique; **i)** infirmière

359.

360.
a) Faux; **b)** Faux; **c)** Vrai; **d)** Vrai; **e)** Faux; **f)** Vrai

LERNEN UND ARBEITEN

Im Klassenzimmer und im Hörsaal

361.
a) crèche; **b)** école maternelle; **c)** école primaire; **d)** collège; **e)** lycée

362.
École primaire: cours préparatoire, cours élémentaire, cours moyen
Collège: troisième, sixième, cinquième, quatrième
Lycée: première, terminale, seconde

363.
expliquer, répéter, apprendre, réfléchir, perfectionner, saisir, concentrer

364.
a) lignes/mots; **b)** carnet/bloc-note; **c)** livres; **d)** tableau

365.
a) B; **b)** A; **c)** A; **d)** B

366.
a) décrit; **b)** comprends, expliquer; **c)** oublié; **d)** arrive; **e)** poser; **f)** aide; **g)** approfondir; **h)** répéter; **i)** réfléchissez; **j)** compter

367.
a) C; **b)** H; **c)** I; **d)** B; **e)** D; **f)** J; **g)** K; **h)** F; **i)** E; **j)** G; **k)** A

368.
a) vacances; **b)** enseignement; **c)** passeras; **d)** directeur; **e)** éducation; **f)** internat; **g)** rentrée; **h)** cours; **i)** exercice; **j)** lire

369.
a) instituteur; **b)** emploi du temps; **c)** surveillant; **d)** permanence; **e)** alphabet; **f)** cantine

370.
Français: a), b), e), g)
Maths: a), c), d), f)

371.
a) Mardi prochain, nous ferons un contrôle de sciences naturelles.; **b)** Vincent a peur de rater son examen d'anglais.; **c)** Ses résultats sont en dessous de la moyenne.; **d)** Il doit malheureusement redoubler la classe de cinquième.

372.

waagerecht: anglais, français, latin, physique, chimie, mathématiques, gymnastique, histoire, grec, biologie
senkrecht: géographie

373.
a) assister à un cours; **b)** s'inscrire à l'université/à la faculté/à la fac;
c) arrêter ses études; **d)** faire des études de médecine; **e)** aller à la fac(ulté) de droit

In der Ausbildung und im Job

374.
a) C; **b)** B; **c)** B

375.
a) D; **b)** C; **c)** A; **d)** E; **e)** F; **f)** B

376.
a) C; **b)** B; **c)** B; **d)** A; **e)** C; **f)** B

377.
a) formation; **b)** apprentissage;
c) spécialisée; **d)** atelier; **e)** métier;
f) devenir; **g)** projet; **h)** spécialité

378.
a) travaille; **b)** gagne; **c)** travailles; **d)** gagnons; **e)** payées; **f)** travaillé; **g)** payés

379.
a) bureau; **b)** congé; **c)** salaire; **d)** impôts; **e)** fériés; **f)** employé; **g)** augmentation

380.
a) B, C; **b)** A, B; **c)** A, C; **d)** A, C

381.
a) B; **b)** C; **c)** D; **d)** E; **e)** F; **f)** A; **g)** K; **h)** G; **i)** H; **j)** I; **k)** J

382.
a) le comité d'entreprise; **b)** les syndicats; **c)** le chômage; **d)** la grève

383.
a) Les syndicats sont nécessaires pour défendre nos intérêts.; **b)** Les employés ont repris le travail ce matin.; **c)** Elle a recommencé à travailler il y a deux ans.; **d)** Il n'a aucune chance sur le marché du travail.; **e)** Mon entreprise va licencier deux cents personnes cette année.;
f) Il faut absolument créer des emplois pour les jeunes.

384.
a) emploi; **b)** licenciement; **c)** renvoyer; **d)** compétent; **e)** dossier; **f)** organiser

385.
a) J'ai étudié/J'ai fait des études aux États-Unis.; **b)** Je travaille dans l'administration.;
c) J'exerce une profession libérale.; **d)** Je travaille à temps partiel.; **e)** Je paye/Je paie trop d'impôts.; **f)** J'ai l'esprit d'équipe.; **g)** Mes conditions de travail sont dures.

UNTERWEGS

In der Stadt

386.
a) poissonnerie; **b)** boucherie; **c)** pâtisserie; **d)** parfumerie; **e)** pharmacie; **f)** marchand de journaux; **g)** librairie

387.
supermarché, épicerie, hypermarché, magasin, boutique

388.
a) A; **b)** B; **c)** B; **d)** C

389.
a) chaussures; **b)** pull; **c)** pantalon; **d)** robe; **e)** manteau; **f)** minijupe

390.
a) lunettes de soleil; **b)** parapluie; **c)** cravate; **d)** écharpe

391.
a) B; **b)** C; **c)** D; **d)** G; **e)** E; **f)** A; **g)** F

392.
a) sac; **b)** bijoux; **c)** tissu; **d)** qualité; **e)** cher; **f)** nettoyer; **g)** laine; **h)** foulard

393.
a) restaurant; **b)** self-service; **c)** bar; **d)** salon de thé; **e)** carte; **f)** menu

394.
a) Faux; **b)** Faux; **c)** Faux; **d)** Vrai; **e)** Faux; **f)** Faux; **g)** Vrai; **h)** Vrai

395.
assiette, verre, tasse, couteau, cuillère, serviette, fourchette

396.
a) Tu as visité l'exposition temporaire du musée du Louvre ?; **b)** Ce tableau est un original de Monet.; **c)** Le film avec Depardieu passe au cinéma depuis jeudi; **d)** Ce spectacle de clowns attire beaucoup de spectateurs.

397.
a) administratif; **b)** publique; **c)** municipale; **d)** civil; **e)** communal

398.
a) montrer ses papiers; **b)** aller au commissariat (de police); **c)** travailler à la mairie; **d)** faire des démarches; **e)** une réunion publique; **f)** faire une demande; **g)** remplir un formulaire; **h)** déclarer un vol

Im Verkehr

399.
a) B; **b)** C; **c)** B; **d)** B

400.
a) C; **b)** F; **c)** B; **d)** E; **e)** D; **f)** G; **g)** I; **h)** A; **i)** H; **j)** K; **k)** J

401.
a) rue; **b)** route; **c)** virages; **d)** arrêt; **e)** autoroute; **f)** tunnel; **g)** bouchons, périphérique; **h)** essence; **i)** rouler

402.
a) voiture; **b)** camions; **c)** locomotives; **d)** vélo; **e)** ferry; **f)** métro

403.
a) B; **b)** C; **c)** C; **d)** A

404.
a) conducteur; **b)** gare; **c)** billet; **d)** station; **e)** supplément; **f)** horaires; **g)** réservation; **h)** quai

405.
la voiture: a), d), g), h)
le train: b), c), i)
l'avion: e), f)

406.
a) Il faut absolument visiter le port du Havre.; **b)** Le capitaine nous a invités à bord du bateau./Le capitaine du bateau nous a invités à bord.; **c)** Son avion ne peut pas décoller à cause du mauvais temps.; **d)** Le vol a été annulé à cause de la grève.; **e)** J'emporte deux valises et un sac/un sac et deux valises en voyage.

407.

Auf Reisen

408.
a) C; **b)** B; **c)** D; **d)** F; **e)** E; **f)** G; **g)** A; **h)** H; **i)** J; **j)** I

409.
a) A; **b)** B; **c)** A; **d)** B; **e)** A; **f)** C; **g)** B

410.
a) français; **b)** anglaise; **c)** espagnols; **d)** italienne; **e)** portugaises; **f)** néerlandais

411.
a) touristes; **b)** plan; **c)** pique-nique; **d)** excursion; **e)** informations

412.
a) passeport; **b)** hôtesse de l'air; **c)** sacs à dos; **d)** tente; **e)** valise; **f)** carte

413.
a) confortable; **b)** calme; **c)** panoramique; **d)** compris; **e)** complète; **f)** commune; **g)** chaleureux; **h)** élevée

414.
a) direction; **b)** milieu; **c)** route; **d)** chemin

415.
a) C; **b)** B; **c)** A; **d)** B

416.
a) indiquer, se trouve; **b)** aller, passer; **c)** traverser; **d)** ai tourné; **e)** prenez; **f)** revenir

417.
a) La cathédrale se trouve à gauche/sur ma gauche.; **b)** Pour aller à la mairie, il faut aller toujours tout droit./Il faut aller toujours tout droit pour aller à la mairie.; **c)** La poste est tout près et on peut y aller à pied.;
d) Le musée est/se trouve à environ cent mètres (d'ici/de là).

In der Natur

418.
a) la montagne; **b)** la mer; **c)** la forêt; **d)** la rivière; **e)** le champ; **f)** la campagne

419.
a) E; **b)** A; **c)** B; **d)** D; **e)** C

420.
la flore: la rose, l'érable, la tulipe, le pin, le marronnier, l'œillet, le platane, le chêne
la faune: le chien, la souris, le poisson, le chat, la vache, le cheval, le tigre, le lion

421.
a) fleurs; **b)** bouquet; **c)** arbres; **d)** poussent; **e)** perroquet; **f)** coq; **g)** singes

422.
beau temps: a), e), g)
mauvais temps: b), c), d), f)

423.
a) Il fait encore froid pour la saison.;
b) La météo a annoncé de gros nuages pour ce soir.; **c)** Il y avait beaucoup de brouillard sur l'autoroute.; **d)** En montagne, il faut faire attention aux avalanches.

424.
a) dangereux; **b)** bruit, pollution; **c)** environnement; **d)** catastrophes; **e)** écologistes

425.

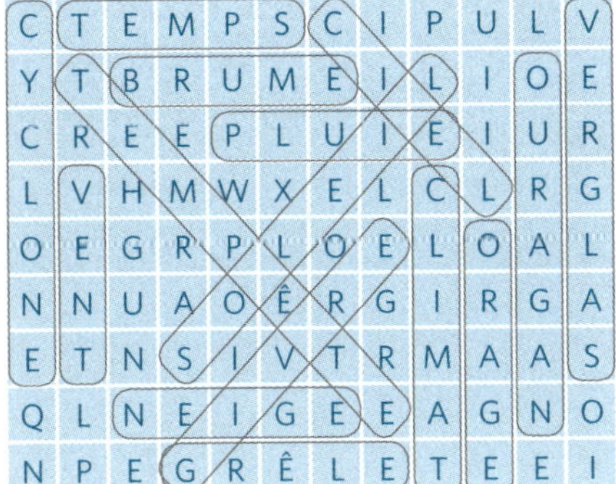

waagerecht: temps, brume, pluie, neige, grêle
senkrecht: cyclone, vent, climat, orage, ouragan, verglas
diagonal: tempête, ciel, givre, soleil

IN DER GESELLSCHAFT LEBEN

Politik und Staat

426.
a) B; **b)** C; **c)** D; **d)** A; **e)** F; **f)** E

427.
a) C; **b)** A; **c)** B; **d)** C; **e)** A

428.
a) nation; **b)** régime; **c)** citoyens; **d)** l'État; **e)** politique; **f)** assemblée; **g)** majorité; **h)** gouvernement

429.
a) Sécurité sociale; **b)** revenu de solidarité; **c)** retraite; **d)** contributions; **e)** impôts; **f)** salaire minimum

430.
a) Mes voisins sont étrangers, ils viennent du Maroc.; **b)** Les immigrés ont souvent des difficultés à trouver du travail.; **c)** Je suis d'origine africaine mais j'ai la nationalité française.; **d)** Il y avait des militaires en permission dans le train.; **e)** Son père est commandant dans l'armée anglaise.; **f)** Dans les camps militaires, on apprend à lutter contre l'ennemi.

431.
a) le système politique; **b)** l'homme politique; **c)** les droits de l'homme; **d)** la Fête nationale; **e)** l'Assemblée nationale; **f)** la majorité absolue; **g)** le ministre des Affaires étrangères; **h)** la double nationalité; **i)** le service militaire

Die Gesellschaft

432.
jeunes, gens, classe, population, société, milieu, ménages

433.
a) B; **b)** C; **c)** B; **d)** C; **e)** A; **f)** B; **g)** C; **h)** A

434.
a) F; **b)** A; **c)** H; **d)** C; **e)** E; **f)** D; **g)** G; **h)** B

435.
les bons: le flic, le policier, la sécurité, protéger, le commissaire, légal
les méchants: voler, le criminel, le voleur, la violence, tuer, illégal

436.
a) groupe; **b)** organisons; **c)** fondé/créé; **d)** manifestation; **e)** soutiens; **f)** ensemble; **g)** aider; **h)** club

437.

waagerecht: solitude, ménages, société, misère, fortune, pauvre, milieu, populaire
senkrecht: riche, social, aisé, classe, bourgeois, population

Wirtschaft und Finanzen

438.
a) C; **b)** A; **c)** E; **d)** F; **e)** D; **f)** B; **g)** H; **h)** G

439.
a) B; **b)** B; **c)** C; **d)** A

440.
a) stratégie; **b)** entreprises, production; **c)** usine; **d)** développement; **e)** coopérative; **f)** viticulteurs; **g)** mine; **h)** ferme

441.
a) matières premières; **b)** paysan; **c)** gaz naturel; **d)** étable; **e)** pétrole; **f)** vignoble; **g)** troupeau; **h)** charbon

442.
a) A; **b)** C; **c)** C; **d)** B

443.
a) marchés; **b)** commerçants; **c)** commerciaux; **d)** demande; **e)** sous-développement

444.
a) Je paie/paye en liquide/en espèces.; **b)** Je voudrais placer de l'argent.; **c)** J'ai une assurance-vie.; **d)** Je ne possède pas de cartes de crédit.

Wissenschaft und Forschung

445.
a) B; **b)** H; **c)** D; **d)** A; **e)** C; **f)** E; **g)** G; **h)** F; **i)** J; **j)** K; **k)** I

446.
a) B; **b)** C; **c)** B; **d)** A; **e)** C; **f)** B

447.
a) siècle; **b)** préhistoire; **c)** résistant; **d)** indépendance; **e)** Antiquité; **f)** guerre; **g)** réunification; **h)** libération

448.
a) A; **b)** C; **c)** B; **d)** C; **e)** B

449.
nom, article, présent, expression, adjectif, verbe, mot, phrase, pluriel, futur

450.
a) titre; **b)** genre; **c)** romans; **d)** vers; **e)** rimes; **f)** contes; **g)** auteur; **h)** chapitre; **i)** héros; **j)** B.D.

451.
a) découverte; **b)** inventeur; **c)** chercheur; **d)** scientifiques; **e)** électricité; **f)** conduit; **g)** additionner

452.
a) astronomie; **b)** Terre; **c)** lune; **d)** comète; **e)** atmosphère; **f)** système solaire; **g)** espace

453.
a) L'histoire me fascine/passionne.; **b)** Je suis vraiment bon(ne)/fort(e) en mathématiques.; **c)** Je n'ai pas du tout la mémoire des chiffres.; **d)** Je travaille dans un laboratoire/en laboratoire.; **e)** Je fais des études de lettres.

Kommunikation und Medien

454.
a) C; **b)** E; **c)** D; **d)** B; **e)** A; **f)** F

455.
a) la souris; **b)** le smartphone; **c)** l'imprimante; **d)** l'ordinateur; **e)** les enceintes; **f)** l'écran

456.
a) B; **b)** C; **c)** A; **d)** B; **e)** B; **f)** C

457.
a) cabine; **b)** aux lettres; **c)** renseignements; **d)** chattent; **e)** passe; **f)** logiciel; **g)** rappeler

458.
regarder: la télévision, le téléspectateur, la photo, la vidéo, zapper
écouter: la radio, l'auditeur, le CD, la chaîne hifi, le mp3

459.
a) enceinte; **b)** casque; **c)** piles; **d)** appareil photo; **e)** console; **f)** micro

460.
a) Tu peux me passer la télécommande, s'il te plaît ?; **b)** Cette chaîne est financée par la publicité.; **c)** Je n'aime pas du tout les variétés, je préfère un bon film.

461.

waagerecht: presse, médias, une, article, journal, annonce, titre, informer, actualité, quotidien, nouvelle
senkrecht: publier, rubrique, sortir, sujet, numéro

RAUM UND ZEIT

Uhrzeit und Tageszeit

462.
a) quatre heures; **b)** six heures et demie; **c)** trois heures et quart

463.
a) A; **b)** C; **c)** B; **d)** B; **e)** A; **f)** C

464.
a) l'heure; **b)** heure; **c)** matins; **d)** matinée; **e)** montre; **f)** vers; **g)** horloge; **h)** avance; **i)** avance; **j)** ponctuelle; **k)** nuit

465.
a) tôt; **b)** retard; **c)** aube; **d)** nuit; **e)** tard; **f)** heure; **g)** avance

466.
a) Je vous souhaite une bonne journée./Bonne journée !; **b)** Quelle heure est-il exactement ?; **c)** Je vous prie de répondre/Veuillez répondre/Répondez le plus tôt possible.; **d)** Je vais arriver/J'arriverai en retard.; **e)** Aujourd'hui, le bus est à l'heure./Le bus est à l'heure aujourd'hui.

Kalender

467.
lundi, mardi, mercredi, jeudi, vendredi, samedi, dimanche

468.
a) décembre; **b)** juillet; **c)** octobre; **d)** juin; **e)** septembre; **f)** janvier; **g)** mai; **h)** avril; **i)** novembre; **j)** août

469.
automne-hiver: la neige, les feuilles mortes, le ski, les champignons, la cheminée, le chauffage, le bonnet
printemps-été: le soleil, les fruits, les fleurs, la plage, la chaleur, la climatisation, la casquette, le maillot de bain

470.
a) C; **b)** B; **c)** A; **d)** C; **e)** C; **f)** B

471.
a) Il a arrêté de fumer du jour au lendemain.; **b)** Les cours de tennis qu'il prend sont hebdomadaires.; **c)** Je m'en rappelle comme si c'était hier.; **d)** Vous pouvez aller chercher votre paquet à partir de dix heures./À partir de dix heures, vous pouvez aller chercher votre paquet.; **e)** Elle vit en permanence de petits emplois saisonniers.; **f)** Je note toujours tous mes rendez-vous dans mon calendrier.

Weitere Zeitbegriffe

472.
a) lieu; **b)** rouler; **c)** sans; **d)** lourd; **e)** loin; **f)** devant; **g)** derrière; **h)** ailleurs; **i)** parler de; **j)** conditionnel; **k)** destin

473.
a) B; **b)** B; **c)** C; **d)** A; **e)** B; **f)** B; **g)** B

474.
a) E; **b)** G; **c)** F; **d)** A; **e)** B; **f)** C; **g)** D

475.
le passé: déjà, avant, jadis, auparavant, il y a
le présent: maintenant, tout de suite, il y a
le futur: bientôt, après, prochain, avenir, suivant, tout à l'heure

476.
a) jusqu'à; **b)** fois; **c)** tarder; **d)** recommence; **e)** Quelquefois; **f)** dès; **g)** cessé; **h)** Entretemps; **i)** en l'espace; **j)** Auparavant

477.
a) Je suis en train de lire un livre.;
b) J'ai prolongé mon séjour en Espagne.; **c)** Je viens de finir/terminer mon travail.

478.
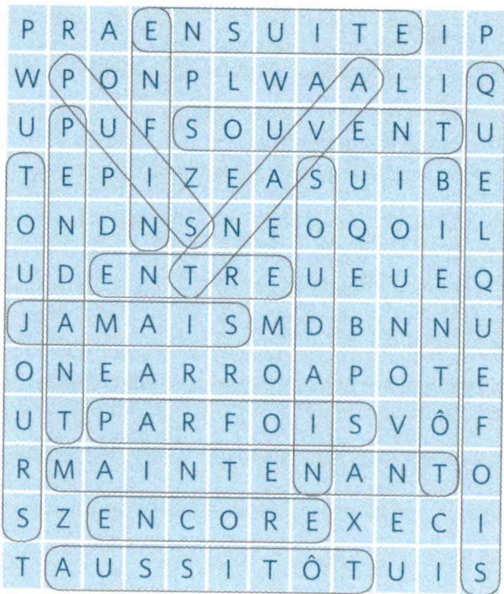

P	R	A	E	N	S	U	I	T	E	I	P
W	P	O	N	P	L	W	A	A	L	I	Q
U	P	U	F	S	O	U	V	E	N	T	U
T	E	P	I	Z	E	A	S	U	I	B	E
O	N	D	N	S	N	E	O	Q	O	I	L
U	D	E	N	T	R	E	U	E	U	E	Q
J	A	M	A	I	S	M	D	B	N	N	U
O	N	E	A	R	R	O	A	P	O	T	E
U	T	P	A	R	F	O	I	S	V	Ô	F
R	M	A	I	N	T	E	N	A	N	T	O
S	Z	E	N	C	O	R	E	X	E	C	I
T	A	U	S	S	I	T	Ô	T	U	I	S

waagerecht: ensuite, souvent, entre, jamais, parfois, maintenant, encore, aussitôt
senkrecht: toujours, pendant, enfin, soudain, bientôt, quelquefois
diagonal: puis, avant

Zahlen und Mengen

479.
a) douze; **b)** seize; **c)** treize; **d)** quinze; **e)** quatorze; **f)** onze

480.
a) cent; **b)** zéro; **c)** vingt; **d)** mille; **e)** cinquante; **f)** soixante; **g)** trente; **h)** quarante

481.
a) H; **b)** D; **c)** E; **d)** A; **e)** C; **f)** G; **g)** F; **h)** B

482.
a) C; **b)** B; **c)** A

Maße und Gewichte

483.
des mesures: mètre, centimètre, millimètre, kilomètre
des poids: kilogramme, gramme, tonne, milligramme, livre

484.
a) C; **b)** A; **c)** E; **d)** B; **e)** D; **f)** H; **g)** F; **h)** I; **i)** G

485.
a) longueur/largeur; **b)** largeur/hauteur; hauteur/largeur/longueur; **c)** profondeur/longueur/largeur; **d)** volume; **e)** superficie; **f)** mesures; **g)** pèse

486.
a) Il me faut un câble de dix-huit millimètres de diamètre.; **b)** Le camion transporte un volume de cent mètres cube.; **c)** Les Alpes, dont certains sommets atteignent plus de quatre mille mètres, sont une région de hautes montagnes./ Les Alpes sont une région de hautes montagnes dont certains sommets atteignent plus de quatre mille mètres.

BEGRIFFE ZUR BESCHREIBUNG

Farben und Formen

487.
a) bleu; **b)** marron; **c)** rose; **d)** blanc; **e)** noir; **f)** jaune; **g)** vert; **h)** rouge

488.
a) D; **b)** E; **c)** B; **d)** C; **e)** A

489.
a) rouges; **b)** gris; **c)** vert; **d)** blanche; **e)** jaunes; **f)** bleue; **g)** noir

490.
a) Il a le teint foncé et les cheveux noirs./Il a les cheveux noirs et le teint foncé.; **b)** Je fais des ronds de fumée avec ma cigarette.; **c)** J'utilise du vernis à ongles incolore quand je sors./ Quand je sors, j'utilise du vernis à ongles incolore.; **d)** Je porte souvent des vêtements de couleur claire.

Grad und Vergleich

491.
assez, trop, mieux, pire, plus, très, même, moins, tellement, peu, environ

492.
a) C; **b)** B; **c)** B; **d)** C; **e)** A; **f)** C

Modalausdrücke

493.
a) vouloir; **b)** pouvoir; **c)** devoir; **d)** falloir

494.
a) Je me suis décidé(e) définitivement.; **b)** Je ne peux plus marcher.; **c)** J'ai provisoirement une voiture.; **d)** Je viendrai peut-être./Je vais peut-être venir.; **e)** Je dois rentrer en taxi.

Ursache und Wirkung

495.
Ursache: parce que, la raison pour laquelle, car, puisque
Wirkung: donc, alors, par conséquent, en effet

496.
a) suite; **b)** entraîné; **c)** effet; **d)** mobile; **e)** résulter; **f)** abouti

Ziel und Zweck

497.
a) C; **b)** D; **c)** A; **d)** B; **e)** F; **f)** E

498.
a) Je te dis cela pour t'encourager.; **b)** Le but de ma recherche est de trouver une solution pratique.; **c)** Cette machine sert à couper le pain.; **d)** Tu dois persévérer pour atteindre ton but.

Zustand und Veränderung

499.
être, avoir, rester, exister, changer, devenir, améliorer, aggraver

500.
a) situation; **b)** immobile; **c)** existent; **d)** il y a; **e)** aggravé; **f)** améliorée; **g)** inchangé; **h)** changé, **i)** restés

A

à	*in*
À bientôt !	*Bis bald!*
aboutir	*führen*
aboyer	*bellen*
absent, -e	*abwesend*
absolument	*unbedingt*
accepter	*akzeptieren, annehmen*
l' **accident (m)**	*Unfall*
accompagner	*begleiten*
accomplir	*erfüllen*
accoucher	*gebären; ein Kind bekommen*
accrocher	*aufhängen*
l' **accueil (m)**	*Empfang*
accueillir	*empfangen*
l' **accusé, -e**	*Verdächtige, -r*
(s') **acheter**	*(sich) kaufen*
à condition que	*unter der Bedingung, dass*
à côté de	*neben*
l' **acteur, -trice**	*Schauspieler, -in*
l' **actualité (f)**	*Zeitgeschehen, (das) Neueste*
actuel, -lle	*aktuell*
l' **addition (f)**	*Rechnung*
admettre	*zugeben*
l' **administration (f)**	*Verwaltung*
l' **adolescent, -e**	*Teenager*
adopter	*annehmen*
adorer	*lieben*
l' **adresse (f)**	*Anschrift; Adresse*
l' **adresse (f) e-mail**	*E-Mail-Adresse*
à droite	*rechts*
l' **adulte (m/f)**	*Erwachsene, -r*
l' **adversaire (m/f)**	*Gegner, -in*
adverse	*Gegen-*
l' **aéroport (m)**	*Flughafen*
les **affaires (fPl)**	*Sachen*
afin de/que	*um ... zu; damit*
à gauche	*links*
l' **âge (m)**	*Alter*
aggraver	*verschlechtern*
agir	*handeln*
agréable	*angenehm*
l' **agriculture (f)**	*Landwirtschaft*
agro-alimentaire	*Lebensmittel-*
aider	*helfen*
l' **ail (m)**	*Knoblauch*
ailleurs	*woanders*
aimable	*freundlich*
aimer	*mögen; lieben*
l' **air (m)**	*Aussehen; Luft*
l' **aire (f) de repos**	*Raststätte*
à la chaîne	*am Fließband*
à la maison	*zu Hause*
alarmant, -e	*kritisch*
l' **alcool (m)**	*Alkohol*
à l'étranger	*im Ausland*
à l'heure	*pro Stunde*
l' **alimentation**	*Ernährung*
l' **Allemagne (f)**	*Deutschland*
aller	*gehen; fahren*
aller bien à qn	*jdm gut stehen/passen*
aller chercher	*(ab)holen*
allumer	*anmachen, einschalten*
alors	*also*
alors que	*während*
alphabétique	*alphabetisch*
l' **Alsace (f)**	*Elsass*
l' **aluminium (m)**	*Aluminium*
l' **ambulance (f)**	*Rettungswagen*
à l'unanimité	*einstimmig*
l' **âme (f)**	*Seele*
l' **âme (f) sœur**	*Seelenverwandte, -r*
améliorer	*verbessern*
américain, -e	*amerikanisch*
l' **Américain, -e**	*Amerikaner, -in*
l' **ami, -e**	*Freund, -in*
amical, -e	*freundlich*
à moins que	*es sei denn*
l' **amour (m)**	*Liebe*
l' **amphithéâtre (m)**	*Hörsaal*
l' **ampoule (f)**	*Glühbirne; Blase*
amuser	*belustigen*
l' **an (m)**	*Jahr*
l' **anglais**	*Englisch (Sprache)*
l' **angle (m)**	*Winkel*
l' **animal (m)**	*Tier*
l' **animal (m) domestique**	*Haustier*
l' **année (f)**	*Jahr*
l' **anniversaire (m)**	*Geburtstag*
l' **anniversaire (m) de mariage**	*Hochzeitstag*
annoncer	*ankündigen; vorhersagen*
annuler	*annullieren; streichen*
l' **anorak (m)**	*Anorak*
août	*August*
à partir de	*ab*
apercevoir	*(flüchtig) sehen*
l' **appareil (m) photo**	*Fotoapparat; Kamera*
apparemment	*scheinbar*
l' **apparence (f)**	*äußerliche Erscheinung*

l' **appartement (m)**	*Wohnung*
appartenir	*gehören*
appeler	*(an)rufen*
s' **appeler**	*heißen*
applaudir	*klatschen; applaudieren*
apporter	*bringen*
apprendre	*lernen*
l' **apprentissage (m)**	*Lehre; Ausbildung*
s' **approcher**	*sich nähern*
approfondir	*vertiefen*
après (que)	*nach(dem)*
l' **après-midi (m/f)**	*Nachmittag*
À quelle heure ?	*Um wie viel Uhr?*
l' **arbre (m)**	*Baum*
l' **architecte (m/f)**	*Architekt, -in*
l' **argent (m)**	*Geld*
l' **armoire (f)**	*Schrank*
l' **arrêt (m)**	*Stopp; Halt; Haltestelle*
arrêter	*aufhören; festnehmen*
s' **arrêter**	*anhalten*
l' **arrivée (f)**	*Ankunft*
arriver	*ankommen; schaffen*
l' **arrondissement (m)**	*Kreis*
l' **arrosoir (m)**	*Gießkanne*
l' **artère (f)**	*Arterie*
l' **artichaut (m)**	*Artischocke*
l' **article (m)**	*Artikel*
l' **artisan (m)**	*Handwerker*
l' **artisanat (m)**	*Handwerk*
l' **ascenseur (m)**	*Aufzug, Lift*
l' **aspirateur (m)**	*Staubsauger*
l' **assemblée (f)**	*Versammlung*
assez	*genug; ziemlich*
l' **assiette (f)**	*Teller*
assister	*teilnehmen*
l' **association (f)**	*Verein*
l' **assurance (f)**	*Versicherung*
l' **astre (m)**	*Stern*
l' **atelier (m)**	*Werkstatt*
à travers	*durch*
attacher	*binden; anschnallen*
atteindre	*erreichen*
attendre	*warten*
s' **attendre**	*erwarten*
l' **attentat (m)**	*Attentat, Anschlag*
Attention !	*Vorsicht!; Achtung!*
atterrir	*landen*
attirer	*anziehen*
attraper	*bekommen; fangen*
au bout de	*am Ende von*
au cas où	*in dem Fall, dass*
au milieu de	*inmitten von*
l' **aube (f)**	*Sonnenaufgang*
l' **auberge (f)**	*Herberge; Gasthof*
l' **aubergine (f)**	*Aubergine*
au-dessus de	*über*
l' **auditeur, -trice**	*Zuhörer, -in*
l' **augmentation (f)**	*Erhöhung*
augmenter	*erhöhen*
aujourd'hui	*heute*
auparavant	*vorher*
auprès de	*bei*
aussi	*auch*
aussi longtemps que	*solange (wie)*
aussi... que	*so ... wie*
aussitôt	*sofort danach; alsbald*
aussitôt que	*sobald*
l' **auteur (m)**	*Autor, -in*
l' **autobus (m)**	*(Reise)bus*
automobile	*Automobil-*
l' **autoroute (f)**	*Autobahn*
autour de	*um ... herum*
autre	*andere, -r, -s*
autrefois	*damals; früher*
l' **avalanche (f)**	*Lawine*
avancer	*vorangehen*
avant	*vor*
avant-hier	*vorgestern*
avant que/de	*bevor*
avec	*mit*
l' **avenir (m)**	*Zukunft*
l' **avion (m)**	*Flugzeug*
l' **avis (m)**	*Meinung*
l' **avocat, -e**	*Rechtsanwalt, -anwältin*
avoir	*haben*
avoir besoin de	*brauchen*
avoir envie	*Lust haben*
avoir honte	*sich schämen*
avoir l'habitude	*gewöhnt sein*
avoir lieu	*stattfinden*
avoir peur	*Angst haben*
avoir raison	*Recht haben*
avoir soif	*Durst haben*
avoir un air	*aussehen*
avoir un empêchement	*verhindert sein*
avril	*April*

B

le **bac à sable** *Sandkasten*
le **baccalauréat** *Abitur*
le **badminton** *Federball*
la **baguette** *Baguette*
se **baigner** *baden*
la **baignoire** *Badewanne*
le **bain** *Bad*
baisser *sinken*
le **bal** *Ball*
se **balader** *spazieren gehen*
le **balai** *Besen*
balayer *kehren, fegen*
le **ballet** *Ballett*
le **ballon** *Ball*
la **banane** *Banane*
la **banque** *Bank*
le **bar** *Bar; Kneipe*
la **barbe** *Bart*
le **basilic** *Basilikum*
le **bateau** *Boot, Schiff*
le **bâtiment** *Gebäude*
le **batteur** *Handrührgerät*
battre *schlagen*
bavard, -e *redselig; geschwätzig*
la **B.D.** *Comic*
beau, belle, bel *schön*
beaucoup *viel; sehr*
le **beau-frère** *Schwager*
le **beau-père** *Schwiegervater; Stiefvater*
le **bébé** *Baby*
beige *beigefarben*
la **belle-mère** *Schwiegermutter; Stiefmutter*
la **belle-sœur** *Schwägerin*
la **béquille** *Krückstock*
bête *dumm*
le **beurre** *Butter*
la **bibliothèque** *Bücherregal*
bien *gut*
bien que *obwohl*
bien sûr *natürlich; selbstverständlich*
bientôt *bald*
la **bière** *Bier*
le **bijou** *Schmuck*
le/la **bijoutier, -ière** *Schmuckverkäufer, -in*
le **billet** *Fahrschein; Eintrittskarte*
le **bisou** *Küsschen*
bizarre *komisch, seltsam; merkwürdig*
blanc, blanche *weiß*
le/la **blessé, -e** *Verletzte, -r*
la **blessure** *Verletzung*
le **bleu** *blauer Fleck*
bleu clair *hellblau*
bleu marine *marineblau*
bleu, -e *blau*
blond, -e *blond*
blotti, -e *angeschmiegt*
le **bocal** *Glas*
le **bœuf** *Rind; Ochse*
boire *trinken*
boire un coup *etwas trinken*
le **bois** *kleiner Wald*
la **boisson** *Getränk*
la **boîte** *Dose; Büchse*
la **boîte (ugs.)** *Disko; Firma*
la **boîte de conserve** *Konservendose*
bombarder *bombardieren*
la **bombe atomique** *Atombombe*
bon, bonne *gut*
le **bonbon** *Bonbon*
le **bonheur** *Glück*
le **bonnet** *Mütze*
la **botte** *Stiefel*
la **bouche** *Mund*
le/la **boucher, -ère** *Metzger, -in*
la **boucherie** *Metzgerei*
le **bouchon** *Stau*
bouclé, -e *gelockt*
la **boue** *Schlamm*
bouger *sich bewegen*
la **bougie** *Kerze*
bouillir *kochen*
la **bouilloire** *Wasserkocher*
le/la **boulanger, -ère** *Bäcker, -in*
la **boulangerie** *Bäckerei*
les **boules (fPl)** *Boule(spiel)*
le **boulot (ugs.)** *Arbeit*
le **bouquet** *(Blumen)strauß*
le **bout** *Ende*
la **bouteille** *Flasche*
le **bouton** *Pickel; Knopf*
la **boxe** *Boxen*
le **bras** *Arm*
bref, brève *kurz*
breton, -ne *bretonisch*
le **bricolage** *Basteln; Werkeln*
brièvement *kurz; knapp*
la **brique** *Ziegelstein*
le **brocoli** *Brokkoli*
bronzé, -e *braun (gebrannt)*

la **brosse**	*Bürste*
le **brouillard**	*Nebel*
le **bruit**	*Lärm; Krach*
brûler	*(ver)brennen*
la **brûlure**	*Verbrennung*
la **brume**	*Nebel*
brun, -e	*dunkelhaarig*
le **bureau**	*Büro; Arbeitszimmer; Schreibtisch*
le **bus**	*Bus*
le **but**	*Ziel*

C

ça (ugs.)	*das*
le **cabaret**	*Kabarett*
la **cabine téléphonique**	*Telefonzelle*
le **câble**	*Kabel*
la **cacahuète**	*Erdnuss*
le **cadeau**	*Geschenk*
le **café**	*Kaffee; Kneipe, Café*
le **café au lait**	*Milchkaffee*
la **cafetière**	*Kaffeemaschine*
le **cahier**	*Heft*
le **caillou**	*Stein*
le **calcul**	*Berechnung*
calculer	*(be)rechnen*
le **calendrier**	*Kalender*
calme	*ruhig*
le/la **camarade**	*Kamerad, -in*
cambrioler	*einbrechen*
le **camion**	*Lastwagen, LKW*
le **camp**	*Lager*
la **campagne**	*Land*
le **camping**	*Campingplatz*
le **Canada**	*Kanada*
le **canapé**	*Couch*
le **caniche**	*Pudel*
la **canne**	*Stock*
la **canne à pêche**	*Angel(rute)*
la **cantine**	*Kantine*
le **capitaine**	*Kapitän*
la **capitale**	*Hauptstadt*
le **capuccino**	*Capuccino*
car	*denn*
le **caractère**	*Charakter*
la **carafe**	*Karaffe*
la **carotte**	*Möhre, Karotte*
le **carrefour**	*Kreuzung*
le **carrelage**	*Fliesen*
la **carrière**	*Karriere*
le **cartable**	*Schulranzen*
la **carte**	*Karte; Spielkarte; Speisekarte*
le **cas**	*Fall*
le **casino**	*Kasino*
le **casque**	*Helm; Kopfhörer*
la **casquette**	*Mütze; Kappe*
la **cathédrale**	*Kathedrale, Dom*
catholique	*katholisch*
la **cave**	*Keller*
Ça y est. (ugs.)	*Geschafft!*
le **CD**	*CD*
ce matin	*heute Morgen*
ce midi	*heute Mittag*
ce soir	*heute Abend*
cela	*das*
célibataire	*ledig*
celui-ci, celle-ci	*diese, -r, -s*
celui-là, celle-là	*jene, -r, -s*
cent	*hundert*
la **centaine**	*um die 100*
le **centre**	*Zentrum*
le **centre-ville**	*Zentrum, Stadtmitte*
certain, e	*gewiss; sicher*
le **cerveau**	*Gehirn*
ces temps-ci	*in letzter Zeit*
c'est	*das ist*
cet après-midi	*heute Nachmittag*
cette nuit	*heute Nacht*
chacun, -e	*jede, -r, -s*
la **chaîne**	*Kette*
la **chaîne hi-fi**	*Stereoanlage*
la **chaise**	*Stuhl*
la **chaise longue**	*Liegestuhl*
la **chaleur**	*Wärme; Hitze*
chaleureux, -euse	*herzlich*
la **chambre**	*Schlafzimmer*
la **chambre individuelle**	*Einzelzimmer*
le **champagne**	*Champagner*
le **champignon**	*Pilz*
la **chance**	*Glück*
le/la **chancelier, -ière**	*Bundeskanzler, -in*
changer	*wechseln*
se **changer**	*sich umziehen*
la **chanson**	*Lied*
le **chant**	*Gesang*
chanter	*singen*
le/la **chanteur, -euse**	*Sänger, -in*
le **chapeau**	*Hut*
le **chapitre**	*Kapitel*

chaque	*jede, -r, -s*
chaque fois que	*jedesmal, wenn*
le **charbon**	*Kohle*
les **charges (fPl)**	*Nebenkosten*
le **chariot**	*Einkaufswagen*
le **chasse-neige**	*Schneepflug*
le **chat**	*Katze*
la **châtaigne**	*Esskastanie*
le **château**	*Burg; Schloss*
chaud, -e	*warm*
le **chauffage**	*Heizung*
chauffer	*heizen*
la **chaussette**	*Socke; Strumpf*
la **chaussure**	*Schuh*
le **chemin**	*Weg*
la **cheminée**	*Kamin*
le **chêne**	*Eiche*
cher, chère	*teuer; lieb*
chercher	*suchen*
le **cheval**	*Pferd*
les **cheveux (mPl)**	*Haar*
la **cheville**	*Knöchel*
chez	*bei, zu*
chic	*schick*
le **chien**	*Hund*
le **chiffon**	*Putztuch, Lappen*
le **chiffre**	*Zahl*
la **chimie**	*Chemie*
le/la **chirurgien, -nne**	*Chirurg, -in*
le **choc**	*Schock*
le **chocolat**	*Schokolade*
choisir	*wählen*
le **chômage**	*Arbeitslosigkeit*
choqué, -e	*schockiert*
la **chose**	*Ding; Sache*
le **chou**	*Kohl*
chouette	*prima*
chrétien, -nne	*christlich*
Chut !	*Psst!*
le **cidre**	*Apfelwein*
le **ciel**	*Himmel*
le **cigare**	*Zigarre*
la **cigarette**	*Zigarette*
le **cil**	*Wimper*
le **cinéma**	*Kino*
cinq	*fünf*
le **circuit**	*Strecke; Parcours*
la **circulation**	*Verkehr*
circuler	*fahren*
les **ciseaux (mPl)**	*Schere*
la **citerne**	*Zisterne*

le/la **citoyen, -nne**	*Bürger, -in*
le **citron**	*Zitrone*
clair, -e	*hell, klar*
la **clarinette**	*Klarinette*
la **clarté**	*Licht; Helligkeit*
la **classe**	*Klasse*
le **classeur**	*Ordner*
classique	*klassisch*
la **clé**	*Schlüssel*
la **clémentine**	*Klementine*
le **client, -e**	*Kunde, -in*
le **climat**	*Klima*
la **climatisation**	*Klimaanlage*
le **clin d'œil**	*Augenzwinkern*
la **clinique**	*Klinik*
la **clôture**	*Zaun*
le **clou**	*Nagel*
le **club**	*Klub; Verein*
le **coca**	*Cola*
le **cochon**	*Schwein*
la **cocotte-minute®**	*Schnellkochtopf*
le **cœur**	*Herz*
le **coffre**	*Kofferraum*
se **coiffer**	*sich kämmen, sich frisieren*
le/la **coiffeur, -euse**	*Friseur, -in*
la **coiffure**	*Frisur*
le **coin**	*Ecke*
la **colère**	*Wut*
le **colis**	*Paket*
le **collège**	*≈ Gesamtschule*
le/la **collégien, -nne**	*≈ Gesamtschüler, -in*
coller	*kleben*
le **colley**	*Collie*
les **colonies (fPl) de vacances**	*Feriencamp*
combien	*wie viel*
le **comité d'entreprise**	*Betriebsrat*
commander	*bestellen*
comme	*wie; als; da*
commencer	*beginnen, anfangen; starten*
Comment ?	*Wie?; Wie bitte?*
le/la **commerçant, -e**	*Händler, -in*
commercial, -e	*Handels-*
commettre	*begehen*
le/la **commissaire**	*Kommissar, -in*
le **commissariat**	*Polizeirevier*
commun,-e	*gemeinsam*
communal, -e	*städtisch*
la **comparaison**	*Vergleich*
compétent, -e	*kompetent*
la **compétition**	*Wettkampf*
complet, -ète	*voll, ganz*

complètement	*vollständig, total, ganz*
la **compote de pommes**	*Apfelmus*
la **compréhension**	*Verständnis*
comprendre	*verstehen*
le **comprimé**	*Tablette*
compris, -e	*inbegriffen*
le/la **comptable**	*Buchhalter, -in*
compter	*zählen; rechnen*
se **concentrer**	*sich konzentrieren*
concerner	*betreffen*
le **concert**	*Konzert*
le **concombre**	*Gurke*
le **concours**	*Zulassungsprüfung*
le **concubinage**	*Partnerschaft; wilde Ehe*
la **condition**	*Bedingung*
la **condition physique**	*körperliche Fitness*
le/la **conducteur, -trice**	*Fahrer, -in*
conduire	*fahren; führen*
la **conférence**	*Konferenz*
la **confiture**	*Marmelade*
confortable	*bequem*
le **congélateur**	*Tiefkühltruhe*
les **connaissances (fPl)**	*Kenntnisse; Wissen*
(se) **connaître**	*(sich) kennen (lernen)*
le **conseil**	*Rat*
conseiller	*empfehlen; den Rat geben*
le/la **consommateur, -trice**	*Verbraucher, -in*
construire	*bauen*
consulter	*Sprechstunde haben; besuchen; um Rat fragen*
contagieux, -euse	*ansteckend*
le **conte**	*Märchen*
content, -e	*zufrieden*
contraindre	*zwingen*
le **contrat**	*Vertrag*
contre	*gegen*
la **contribution**	*Beitrag*
le **contrôle**	*Kontrolle; Test*
le/la **contrôleur, -euse**	*Schaffner, -in*
la **conversation**	*Gespräch; Unterhaltung*
convoquer	*einladen; bestellen*
la **coopérative**	*Genossenschaft*
le/la **copain, copine**	*Freund, -in*
le **coq**	*Hahn*
le **corps**	*Körper*
corpulent, -e	*kräftig*
le/la **correspondant, -e**	*Brieffreund, -in*
le **costume**	*Anzug*
le **côté**	*Seite*
cotiser	*einen Beitrag zahlen*
le **coton**	*Baumwolle*
le **cou**	*Hals; Nacken*
se **coucher**	*sich hinlegen; ins Bett gehen*
coudre	*nähen*
couler	*fließen*
la **couleur**	*Farbe*
le **couloir**	*Flur; Gang*
le **coup**	*Schlag*
coupable	*schuldig*
la **coupe**	*Cup; Pokal*
couper	*schneiden*
le **couple**	*Paar*
la **coupure**	*Schnitt; Schnittwunde*
la **cour**	*Hof*
couramment	*fließend*
courir	*laufen; rennen*
le **cours**	*Kurs; Unterricht*
la **course**	*Laufen; Rennen*
les **courses (fPl)**	*Einkäufe*
court, -e	*kurz*
le/la **cousin, -e**	*Cousin, -e*
le **couteau**	*Messer*
coûter	*kosten*
couvert, -e	*zugedeckt, abgedeckt*
la **couverture**	*Decke*
se **couvrir**	*sich warm anziehen; sich zudecken*
craindre	*(be)fürchten*
la **crainte**	*Furcht; Befürchtung*
la **cravate**	*Krawatte*
le **crayon**	*Stift*
la **crèche**	*Krippe*
créer	*schaffen; gründen*
la **crème**	*Creme*
la **crème solaire**	*Sonnencreme*
la **crêpe**	*Pfannkuchen*
le **crime**	*Verbrechen*
la **criminalité**	*Kriminalität*
le **criminel**	*Krimineller*
critique	*kritisch*
croire	*glauben*
le **croissant**	*Hörnchen*
les **crudités (fPl)**	*Rohkost*
les **crustacés (mPl)**	*Krustentiere*
le **cuir**	*Leder*
cuire	*kochen; braten*
la **cuisine**	*Küche; Kochkunst*
la **cuisse**	*Oberschenkel*
culturel, -lle	*kulturell*
la **cure**	*Kur*
le/la **cycliste**	*Radfahrer, -in*

le **cyclone**	*Zyklon*
cyrillique	*kyrillisch*

D

d'abord	*zuerst*
d'accord	*einverstanden*
la **dame**	*Frau*
le **Danemark**	*Dänemark*
le **danger**	*Gefahr*
dangereux, -euse	*gefährlich*
dans	*in, ins, im*
dans ce cas	*in diesem Fall*
dans le coin	*in der Gegend, in der Nähe*
danser	*tanzen*
le/la **danseur, -euse**	*Tänzer, -in*
d'après	*... nach*
la **date**	*Datum*
la **date de naissance**	*Geburtsdatum*
dater	*stammen*
davantage	*mehr*
de	*aus; von*
de... à...	*von ... bis ...*
débarrasser	*abräumen*
le **débat**	*Debatte*
de bonne heure	*früh*
le **début**	*Beginn*
le **décapsuleur**	*Flaschenöffner*
décembre	*Dezember*
décevoir	*enttäuschen*
les **déchets (mPl)**	*Abfälle*
déchirer	*zerreißen*
décider	*entscheiden; beschließen*
se **décider**	*sich entschließen*
la **décision**	*Entscheidung*
déclarer	*melden; verzollen*
décoller	*abheben; starten*
déconseiller	*abraten*
la **découverte**	*Entdeckung*
découvrir	*entdecken*
décrire	*beschreiben*
décrocher	*bekommen; abnehmen*
déçu, -e	*enttäuscht*
le **défaut**	*Fehler*
défendre	*verteidigen*
se **déguiser**	*sich verkleiden*
déguster	*kosten*
dehors	*draußen*
déjà	*schon*
déjeuner	*(zu) Mittag essen*
le/la **délégué, -e**	*Vertreter, -in*
délicieux, -euse	*köstlich; lecker*
demain	*morgen*
la **demande**	*Bitte; Antrag; Nachfrage*
demander	*fragen; bitten*
de manière que	*so, dass*
démarrer	*starten*
déménager	*umziehen*
la **demi-heure**	*halbe Stunde*
démissionner	*kündigen*
la **dent**	*Zahn*
le **dentifrice**	*Zahnpasta*
le/la **dentiste**	*Zahnarzt, -ärztin*
se **dépêcher**	*sich beeilen*
la **dépense**	*Ausgabe*
dépenser	*ausgeben*
les **dépenses (fPl)**	*Ausgaben*
de peur que	*aus Angst vor*
se **déplacer**	*sich fortbewegen*
déprimé, -e	*deprimiert*
depuis	*seit*
le/la **député, -e**	*Abgeordnete, -r*
déranger	*stören*
le/la **dermatologue**	*Hautarzt, -ärztin*
se **dérouler**	*stattfinden; sich ereignen*
derrière	*hinter*
descendre	*hinuntersteigen, hinabsteigen; heruntertragen*
se **déshabiller**	*sich ausziehen*
désirer	*wünschen*
de sorte que	*damit; so dass*
dès (que)	*sobald*
le **dessert**	*Nachtisch*
le **dessin**	*Zeichnung*
dessiner	*malen; zeichnen*
le **destin**	*Schicksal*
le **détail**	*Detail*
se **détendre**	*sich entspannen*
détester	*hassen*
deux	*zwei*
deuxième	*zweite, -r, -s*
devant	*vor*
le **développement**	*Entwicklung*
développer	*entwickeln*
devenir	*werden*
devoir	*sollen; müssen*
les **devoirs (mPl)**	*Hausaufgaben*
le **diabolo**	*Limonade mit Sirup*
le **dialogue**	*Dialog; Gespräch*
le **diamètre**	*Durchmesser*
le **dictionnaire**	*Wörterbuch*
(le) **Dieu**	*Gott*

la **différence**	*Unterschied*
différent, -e	*unterschiedlich; verschieden*
difficile	*schwer, schwierig*
la **difficulté**	*Schwierigkeit*
dimanche	*Sonntag*
diminuer	*senken; sinken*
dîner	*(zu) Abend essen*
le **dîner**	*Abendessen*
dire	*sagen*
direct, -e	*direct*
le/la **directeur, -trice**	*Schulleiter, -in*
la **direction**	*Richtung; Leitung*
la **discothèque**	*Diskothek*
le **discours**	*Rede*
la **discussion**	*Gespräch*
discuter	*diskutieren*
divorcé, -e	*geschieden*
divorcer	*sich scheiden lassen*
dix	*zehn*
la **dizaine**	*ca. zehn*
d'occasion	*gebraucht*
le **docteur**	*Arzt, Ärztin*
le **documentaire**	*Dokumentarfilm*
le **doigt**	*Finger*
le **domaine**	*Bereich*
donc	*also*
donner	*geben*
dormir	*schlafen*
le **dos**	*Rücken*
le **dossier**	*Akte*
d'où	*woher*
la **douane**	*Zoll*
doubler	*überholen*
la **douche**	*Dusche*
se **doucher**	*(sich) duschen*
doux, douce	*weich; sanft; mild; leicht*
la **douzaine**	*Dutzend*
le **drap**	*Bettlaken*
le **drapeau**	*Fahne*
la **drogue**	*Droge*
le **droit**	*Jura; Recht*
drôle	*lustig*
du / de la / de l' / des	*Teilungsartikel, im Deutschen unübersetzt*
la **dune**	*Düne*
dur, -e	*hart*
durant	*während*
la **durée**	*Dauer*
durer	*dauern*

E

l' **eau (f)**	*Wasser*
l' **eau (f) gazeuse**	*Mineralwasser mit Kohlensäuren*
l' **écharpe (f)**	*Schal*
les **échecs (mPl)**	*Schach*
l' **école (f)**	*Schule*
l' **écologiste (m/f)**	*Umweltschützer, -in*
l' **économie (f)**	*Wirtschaft*
écouter	*(zu)hören, anhören*
écrire	*schreiben*
l' **écriture (f)**	*Schrift(art)*
l' **écrivain (m)**	*Schriftsteller, -in*
l' **éducation (f)**	*Erziehung*
l' **effort (m)**	*Bemühung*
l' **église (f)**	*Kirche*
les **élections (fPl)**	*Wahlen*
l' **électricité (f)**	*Strom*
électrique	*elektrisch*
élégamment	*elegant*
élégant, -e	*elegant*
l' **élevage (m)**	*Viehzucht*
l' **élève (m/f)**	*Schüler, -in*
élevé, -e	*hoch*
l' **embarquement (m)**	*Boarding*
l' **embouteillage (m)**	*Stau*
emménager	*einziehen*
emmener	*mitnehmen*
l' **empêchement (m)**	*Verhinderung*
l' **empereur (m)**	*Kaiser*
l' **emplacement (m)**	*Platz*
l' **emploi (m)**	*(Arbeits)stelle*
l' **emploi (m) du temps**	*Stundenplan*
l' **employé, -e**	*Angestellte, -r*
emporter	*mitbringen*
emprunter	*leihen; ausleihen*
en	*in, innerhalb; nach; aus*
en attendant que	*bis*
en avoir pour...	*... Zeit brauchen*
enchanté, -e	*erfreut*
encore	*noch*
s' **endormir**	*einschlafen*
l' **endroit (m)**	*Ort; Platz*
énergique	*energisch*
énervant, -e	*nervig*
énerver	*nerven; aufregen*
s' **énerver**	*sich aufregen*
en face de	*gegenüber*
l' **enfant (m/f)**	*Kind*
l' **enfer (m)**	*Hölle*

enfin	*schließlich*
enfoncer	*hineindrücken*
en forme	*fit*
enfourner	*in den Ofen schieben*
s' **enfuir**	*fliehen*
l' **engrais (m)**	*Dünger*
enlever	*ausziehen*
en liquide	*bar*
l' **ennemi, -e**	*Feind, -in*
(s') **ennuyer**	*(sich) langweilen*
l' **enquête (f)**	*Untersuchung*
enrhumé, -e	*erkältet*
l' **enseignement (m)**	*Lehre; Unterricht*
enseigner	*lehren; unterrichten*
ensemble	*zusammen*
ensuite	*danach*
entendre	*hören*
entendre parler	*(reden) hören*
l' **entorse (f)**	*Verstauchung*
entraîner	*führen*
l' **entrée (f)**	*Eingang; Vorspeise*
entreposer	*zwischenlagern*
l' **entreprise (f)**	*Firma; Unternehmen*
entrer	*hineingehen; hereintreten*
entre-temps	*in der Zwischenzeit*
entretenir	*pflegen; unterhalten*
l' **enveloppe (f)**	*Umschlag*
l' **envie (f)**	*Lust*
environ	*circa, ungefähr*
l' **environnement (m)**	*Umwelt*
les **environs (mPl)**	*Umgebung*
l' **envol (m)**	*Abflug*
s' **envoler**	*wegfliegen*
en vouloir à	*böse sein auf*
envoyer	*schicken, senden*
épais, -sse	*dick*
épeler	*buchstabieren*
l' **épicerie (f)**	*Lebensmittelgeschäft; Tante-Emma-Laden*
s' **épiler**	*sich epilieren*
les **épinards (mPl)**	*Spinat*
éplucher	*schälen*
l' **époque (f)**	*Epoche; Zeitalter*
l' **époux, -ouse**	*Ehemann, -frau*
équilibré, -e	*ausgewogen*
l' **équipe (f)**	*Mannschaft; Team*
l' **érable (m)**	*Ahorn*
ériger	*bauen*
escalader	*klettern*
l' **escalier (m)**	*Treppe*
l' **espace (m)**	*Weltraum*

l' **Espagne (f)**	*Spanien*
espérer	*hoffen*
l' **esprit (m)**	*Geist*
essayer	*versuchen; (an)probieren*
l' **essence (f)**	*Benzin*
essuyer	*putzen; wischen; abtrocknen*
l' **estomac (m)**	*Magen*
et	*und*
l' **étable (f)**	*Stall*
l' **établi (m)**	*Werkbank*
établir	*aufsetzen*
l' **établissement (m)**	*Einrichtung*
l' **étage (m)**	*Stockwerk*
l' **étagère (f)**	*Regal*
l' **état (m)**	*Zustand*
l' **État (m)**	*Staat*
l' **été (m)**	*Sommer*
éteindre	*ausmachen, ausschalten*
étendre	*aufhängen*
étonné, -e	*erstaunt*
l' **étranger**	*Ausland*
l' **étranger, -ère**	*Ausländer, -in; Fremde, -r*
être	*sein*
être allongé, -e	*liegen*
être assis, -e	*sitzen*
être au chômage	*arbeitslos sein*
être désolé, -e	*leid tun*
être en danger	*in Gefahr sein*
être en panne	*eine Panne haben*
être en retard	*verspätet sein*
être mort, -e de...	*vor ... sterben*
être né, -e	*geboren worden sein*
être pressé, -e	*es eilig haben*
être une fine bouche	*ein Feinschmecker sein*
les **études (fPl)**	*Studium*
l' **étudiant, -e**	*Student, -in*
étudier	*studieren*
l' **euro (m)**	*Euro*
l' **Europe (f)**	*Europa*
européen, -nne	*europäisch*
s' **évanouir**	*in Ohnmacht fallen*
l' **événement (m)**	*Ereignis*
évidemment	*natürlich; selbstverständlich*
exact, -e	*genau*
l' **examen (m)**	*Prüfung; Untersuchung*
l' **excursion (f)**	*Ausflug*
s' **excuser**	*sich entschuldigen*
Excusez-moi.	*Entschuldigen Sie.*
l' **exemple (m)**	*Beispiel*
l' **exercice (m)**	*Übung; Bewegung*

l' **explication (f)**	*Erklärung*
expliquer	*erkären*
l' **exposé (m)**	*Referat*
l' **exposition (f)**	*Ausstellung*
l' **expression (f)**	*Redewendung; Ausdruck*
extérieur, -e	*außen; äußerlich*

F

la **fac (ugs.)**	*Uni (ugs.)*
facile	*leicht*
facilement	*leicht*
la **façon**	*Art; Weise*
le/la **facteur, -trice**	*Briefträger, -in*
la **faculté**	*Fakultät*
faible	*schwach*
faire	*machen; tun*
faire attention	*vorsichtig sein*
faire beau	*schön sein (Wetter)*
faire des courses	*einkaufen*
faire des efforts	*sich bemühen*
faire du bruit	*Krach machen*
faire du sport	*Sport treiben*
faire faire	*machen lassen*
faire la vaisselle	*Geschirr spülen*
faire le tour de...	*um ... gehen*
se **faire mal**	*sich weh tun*
faire peur	*erschrecken*
faire plaisir	*eine Freude machen*
faire un tour	*einen Spaziergang machen, eine Runde drehen*
le **fait**	*Tatsache*
fait, -e à la main	*handgemacht*
la **famille**	*Familie*
la **farine**	*Mehl*
fatigué, -e	*müde*
la **faute**	*Schuld; Fehler*
le **fauteuil**	*Sessel*
faux, fausse	*falsch*
feindre	*so tun als ob; vortäuschen*
féliciter	*gratulieren*
la **femme**	*Frau; Ehefrau*
la **fenêtre**	*Fenster*
le **fer à repasser**	*Bügeleisen*
fermé, -e	*geschlossen*
fermer	*schließen; zumachen*
fermer à clé	*abschließen*
le **ferry**	*Fähre*
la **fesse**	*Pobacke*
les **festivités (fPl)**	*Feierlichkeiten*
la **fête**	*Fest, Feier, Party*
la **Fête nationale**	*Nationalfeiertag*
fêter	*feiern*
le **feu**	*Feuer; Ampel; Scheinwerfer*
la **feuille**	*Blatt*
le **feutre**	*Filzstift*
février	*Februar*
les **fiançailles (fPl)**	*Verlobung*
la **fibre**	*Faser*
fidèle	*treu*
fier, fière	*stolz*
la **fièvre**	*Fieber*
le **fil**	*Faden*
la **fille**	*Mädchen; Tochter*
le **film**	*Film*
le **fils**	*Sohn*
la **fin**	*Ende*
fin, -e	*fein; schmal*
final, -e	*endlich; final*
financer	*finanzieren*
finir	*beenden; aufhören*
la **fleur**	*Blume*
le **fleuve**	*(großer) Fluss*
le **flic (ugs.)**	*Bulle (ugs.)*
la **fois**	*Mal*
follement	*sehr; wahnsinnig*
foncé, -e	*dunkel*
la **fonction publique**	*öffentlicher Dienst*
le **fond**	*Boden; Ende*
le **fonds**	*Fonds*
les **fonds (mPl)**	*Gelder; Vermögen*
le **foot**	*Fußball*
le **footing**	*Jogging; Joggen*
la **force**	*Kraft*
la **formation**	*Ausbildung, Weiterbildung*
la **forme**	*Form*
former	*bilden*
le **formulaire**	*Formular*
fort, -e	*stark*
la **fortune**	*Reichtum*
fou, folle	*verrückt*
le/la **fou, folle**	*Verrückte, -r*
fouiller	*wühlen*
le **foulard**	*Halstuch*
le **four**	*(Back)ofen*
la **fourchette**	*Gabel*
les **frais (mPl)**	*Kosten*
frais, fraîche	*frisch*
la **fraise**	*Erdbeere*
franc, franche	*ehrlich; offen*
le **français**	*Französisch*
le/la **Français, -e**	*Franzose, Französin*

la **France**	*Frankreich*
franco-allemand, -e	*deutsch-französisch*
fréquenter	*treffen; besuchen*
le **frère**	*Bruder*
le **frigo**	*Kühlschrank*
les **frites (fPl)**	*Pommes (frites)*
froid, -e	*kalt*
le **fromage**	*Käse*
le **front**	*Stirn*
le **fruit**	*Frucht*
les **fruits (mPl)**	*Obst*
les **fruits (mPl) de mer**	*Meeresfrüchte*
la **fumée**	*Rauch*
fumer	*rauchen*
le/la **fumeur, -euse**	*Raucher, -in*

G

le/la **gagnant, -e**	*Gewinner, -in*
gagner	*gewinnen; verdienen*
gai, -e	*fröhlich*
la **galette**	*Galette (Pfannkuchen aus Buchweizenmehl)*
le **gant**	*Handschuh*
le **garage**	*Garage; Werkstatt*
le **garçon**	*Junge*
garder	*behalten*
le/la **gardien, -nne**	*Wächter, -in*
la **gare**	*Bahnhof*
la **gare routière**	*Busbahnhof*
garer	*parken*
le **gâteau**	*Kuchen; Keks*
le **gaz**	*Gas*
le **gazon**	*Rasen*
geindre	*stöhnen*
le **gendarme**	*Polizist*
le **gendre**	*Schwiegersohn*
gêner	*stören*
le/la **généraliste**	*Arzt/Ärztin für Allgemeinmedizin*
génial, -e	*genial, toll*
le **genou**	*Knie*
le **genre**	*Art; Genus*
les **gens (mPl/fPl)**	*Leute*
gentil, -lle	*lieb; nett*
la **gentillesse**	*Freundlichkeit*
gentiment	*netterweise*
la **géographie**	*Geografie, Erdkunde*
la **glace**	*Eis*
glissant, -e	*rutschig*
glisser	*rutschen*
la **gomme**	*Radiergummi*
la **gorge**	*Hals; Kehle*
goûter	*probieren*
le **goûter**	*Imbiss; Zwischenmahlzeit*
le **gouvernement**	*Regierung*
gouverner	*regieren*
grand, -e	*groß*
la **grand-mère**	*Großmutter*
le **grand-père**	*Großvater*
les **grands-parents (mPl)**	*Großeltern*
gras, -sse	*fett*
grave	*schlimm*
le **grec**	*Griechisch*
grec, -que	*griechisch*
la **grêle**	*Hagel*
le **grenier**	*Dachboden*
la **grève**	*Streik*
grimper	*klettern*
la **grippe (intestinale)**	*(Magen-Darm-)Grippe*
gris, -e	*grau*
gros, -sse	*dick*
le **groupe**	*Gruppe; Band*
guéri, -e	*geheilt; (wieder) gesund*
guérir	*heilen*
la **guerre**	*Krieg*
le **guichet**	*Schalter*
la **guitare**	*Gitarre*
la **gymnastique**	*Gymnastik; Turnen*
le/la **gynécologue**	*Frauenarzt, -ärztin*

H

(s') **habiller**	*(sich) anziehen*
l' **habitant, -e**	*Einwohner, -in, Bewohner, -in*
habiter	*wohnen*
les **habits (mPl)**	*Kleidung*
l' **habitude (f)**	*Gewohnheit*
la **hache**	*Axt*
la **haie**	*Hecke*
le **hand(-ball)**	*Handball*
le **hangar**	*Halle*
le **hareng**	*Hering*
le **haricot**	*Bohne*
haut, -e	*hoch*
la **hauteur**	*Höhe*
le **haut-parleur**	*Lautsprecher*
hebdomadaire	*wöchentlich*
l' **hématome (m)**	*Hämatom*
l' **herbe (f)**	*Gras; Wiese*

les **herbes (fPl)**	*Kräuter*
hériter	*erben*
le **héros**	*Held*
hésiter	*zögern*
l' **heure (f)**	*Uhrzeit; Stunde*
une heure et demie	*anderthalb Stunden*
l' **heure (f) supplémentaire**	*Überstunde*
heureusement	*glücklicherweise; zum Glück*
heureux, -euse	*glücklich*
le **hibou**	*Eule*
hier	*gestern*
l' **histoire (f)**	*Geschichte*
l' **histoire (f) drôle**	*Witz*
l' **hiver (m)**	*Winter*
le **hold-up**	*Einbruch*
le **hollandais**	*Holländisch (Sprache)*
l' **homme (m)**	*Mann; Mensch*
la **honte**	*Scham*
l' **hôpital (m)**	*Krankenhaus*
les **horaires (mPl)**	*Fahrplan*
l' **horloge (f)**	*Standuhr*
horrible	*schrecklich*
l' **hôtel (m)**	*Hotel*
l' **hôtesse (f) de l'air**	*Flugbegleiterin, Stewardess*
l' **huile (f)**	*Öl*
huit	*acht*
huit jours	*eine Woche*
l' **huître (f)**	*Auster*
l' **humeur (f)**	*Laune*

I

l' **idée (f)**	*Idee*
identique	*identisch*
idiot, -e	*idiotisch*
l' **île (f)**	*Insel*
il faut	*man braucht, man muss*
il pleut	*es regnet*
il y a	*es gibt; vor*
immédiat, -e	*schnell; kurz*
l' **immeuble (m)**	*Hochhaus; Wohnhaus*
l' **immigré, -e**	*Einwanderer, -in*
immobile	*bewegungslos*
l' **impatience (f)**	*Ungeduld*
l' **importance (f)**	*Wichtigkeit; Bedeutung*
important, -e	*wichtig*
l' **impôt (m)**	*Steuer*
l' **impression (f)**	*Eindruck*
l' **imprimante (f)**	*Drucker*
l' **incident (m)**	*Zwischenfall*
l' **inconvénient (m)**	*Nachteil*
incurable	*unheilbar*
l' **indemnité (f) de chômage**	*Arbeitslosengeld*
l' **indépendance (f)**	*Unabhängigkeit*
indiquer	*angeben; anzeigen*
l' **industrie (f)**	*Industrie*
l' **infirmier, -ière**	*Krankenpfleger, -schwester*
l' **informaticien, -nne**	*Informatiker, -in*
l' **ingénieur (m/f)**	*Ingenieur, -in*
l' **ingrédient (m)**	*Zutat*
s' **inquiéter**	*sich Sorgen machen; beunruhigt sein*
l' **inscription (f)**	*Anmeldung*
s' **inscrire**	*sich anmelden; sich einschreiben*
l' **inspecteur, -trice**	*Inspektor, -in*
l' **instant (m)**	*Augenblick*
l' **instituteur, -trice**	*Grundschullehrer, -in*
l' **intelligence (f)**	*Intelligenz*
intelligent, -e	*intelligent*
l' **interdiction (f)**	*Verbot*
interdire	*verbieten*
intéressant, -e	*interessant*
(s') **intéresser**	*(sich) interessieren*
l' **interrogatoire (m)**	*Befragung*
interroger	*befragen*
interrompre	*unterbrechen; abbrechen*
l' **interview (f)**	*Interview*
l' **intestin (m)**	*Darm*
inverse	*anders herum*
investir	*investieren*
inviter	*einladen*
l' **Irlande (f)**	*Irland*
l' **Italie (f)**	*Italien*
italien, -nne	*italienisch*

J

jadis	*damals*
jaloux, -ouse	*eifersüchtig; neidisch*
jamais	*nie*
la **jambe**	*Bein*
le **jambon**	*Schinken*
janvier	*Januar*
le **Japon**	*Japan*
le **jardin**	*Garten*
jaune	*gelb*
jeter	*(weg)werfen*
le **jeu**	*Spiel*
jeudi	*Donnerstag*
jeune	*jung*

le **jogging**	*Jogging*
joli, -e	*hübsch*
jouer	*spielen*
le **jouet**	*Spielzeug*
le/la **joueur, -euse**	*Spieler, -in*
le **joujou (ugs.)**	*Spielzeug*
le **jour**	*Tag*
le **jour férié**	*Feiertag*
le **journal**	*Zeitung*
le/la **journaliste**	*Journalist, -in*
la **journée**	*Tag*
le/la **juge**	*Richter, -in*
juillet	*Juli*
juin	*Juni*
la **jupe**	*Rock*
le **jury**	*Geschworene*
le **jus de pomme**	*Apfelsaft*
le **jus d'orange**	*Orangensaft*
jusqu'à ce que	*bis*
juste	*gerade*
la **justice**	*Justiz*

K

le **Kenya**	*Kenia*
le **kilo**	*Kilo*
le **kilomètre**	*Kilometer*
klaxonner	*hupen*

L

là	*da*
là-bas	*dort*
le **laboratoire**	*Labor*
le **lac**	*See*
laid, -e	*hässlich*
la **laideur**	*Hässlichkeit*
la **laine**	*Wolle*
la **laisse**	*Leine*
laisser	*lassen*
le **lait**	*Milch*
la **lampe**	*Lampe*
(se) **lancer**	*(sich) werfen*
la **langue**	*Zunge; Sprache*
le **lapin**	*Kaninchen*
la **largeur**	*Breite*
la **larme**	*Träne*
le **latin**	*Latein*
le **lavabo**	*Waschbecken*
la **lavande**	*Lavendel*
(se) **laver**	*(sich) waschen*
le **lave-vaisselle**	*Geschirrspüler*
le / la / les	*der / die / das*
la **leçon**	*Lektion*
la **lecture**	*Lesen; Lektüre*
légal, -e	*gesetzlich*
léger, -ère	*leicht*
la **légèreté**	*Leichtigkeit*
le **légume**	*Gemüse*
le long de	*entlang*
les **lentilles (fPl) de contact**	*Kontaktlinsen*
la **lessive**	*Waschmittel*
la **lettre**	*Brief; Buchstabe*
lever	*heben*
se **lever**	*aufstehen*
la **lèvre**	*Lippe*
la **levure**	*Backpulver; Hefe*
libéral, -e	*frei; liberal*
la **libération**	*Befreiung*
la **librairie**	*Buchhandlung*
libre	*frei*
le **licenciement**	*Entlassung*
licencier	*entlassen*
le **lieu**	*Ort*
la **limitation de vitesse**	*Geschwindigkeitsbegrenzung*
limité, -e	*begrenzt; beschränkt*
la **limonade**	*Limonade*
le **linge**	*Wäsche*
le **lion**	*Löwe*
lire	*lesen*
la **liste**	*Liste*
le **lit**	*Bett*
le **litre**	*Liter*
le **livre**	*Buch*
la **livre**	*Pfund*
local, -e	*lokal*
le/la **locataire**	*Mieter, -in*
la **location de vacances**	*Ferienhaus, Ferienwohnung*
le **logement**	*Wohnung; Wohnen*
le **logiciel**	*Software*
la **loi**	*Gesetz*
loin (de)	*weit (von)*
la **Loire**	*Loire*
long, -gue	*lang*
longtemps	*lange*
la **longueur**	*Länge*
lorsque	*während*
le **loto**	*Lotto*
lourd, -e	*schwer*
le **loyer**	*Miete*

la **lumière**	*Licht*
lundi	*Montag*
la **lune**	*Mond*
les **lunettes (fPl)**	*Brille*
les **lunettes (fPl) de soleil**	*Sonnenbrille*
lutter	*kämpfen*
le **lycée**	*Gymnasium (Oberstufe)*

M

le **macaron**	*Macaron*
Madame...	*Frau ...*
le **magasin**	*Geschäft, Laden*
le **magazine**	*Zeitschrift; Magazin*
magnifique	*wunderbar*
mai	*Mai*
le **maillot de bain**	*Badehose; Badeanzug*
la **main**	*Hand*
maintenant	*jetzt*
la **mairie**	*Rathaus*
mais	*aber*
la **maison**	*Haus*
majeur, -e	*volljährig*
la **majorité**	*Mehrheit*
mal	*schlecht*
le **mal**	*Schmerz*
malade	*krank*
la **maladie**	*Krankheit*
le **malaise**	*Schwächeanfall*
malgré que	*obwohl*
malheureusement	*leider*
la **manche**	*Halbspiel; Set*
la **mandarine**	*Mandarine*
manger	*essen*
la **manière**	*Art und Weise*
la **manif(estation)**	*Demo(nstration)*
le **manque**	*Mangel*
manquer	*fehlen*
le **manteau**	*Mantel*
se **maquiller**	*sich schminken*
le/la **marchand, -e**	*Verkäufer, -in*
la **marche**	*Stufe*
le **marché**	*Markt*
le **marché aux puces**	*Flohmarkt*
le **marché du travail**	*Arbeitsmarkt*
marcher	*laufen; gehen*
mardi	*Dienstag*
la **margarine**	*Margarine*
le **mari**	*Ehemann*
le **mariage**	*Hochzeit*
marié, -e	*verheiratet*
se **marier**	*heiraten*
le **Maroc**	*Marokko*
la **marque**	*Marke; Label*
marron	*braun*
le **marronnier**	*Kastanienbaum*
mars	*März*
le **match**	*Spiel*
le **matelas**	*Matratze*
la **maternelle**	*Vorschule; Kindergarten*
les **mathématiques (fPl)**	*Mathematik*
les **maths (fPl) (ugs.)**	*Mathe*
les **matières (fPl) premières**	*Rohstoffe*
le **matin**	*Morgen*
mauvais, -e	*schlecht*
méchamment	*böse*
méchant, -e	*böse; gemein*
mécontent, -e	*unzufrieden*
la **médaille**	*Medaille*
le **médecin**	*Arzt, Ärztin*
la **médecine**	*Medizin*
médical, -e	*medizinisch*
le **meeting**	*Meeting*
meilleur, -e	*beste, -r, -s*
mélanger	*mischen*
même	*sogar*
le **ménage**	*Haushalt*
mener	*führen*
mentir	*(an)lügen*
le **menton**	*Kinn*
le **menu (du jour)**	*(Tages)menü*
la **mer**	*See; Meer*
merci	*danke*
mercredi	*Mittwoch*
la **mère**	*Mutter*
la **merguez**	*scharfe Schafswürstchen*
le **message**	*Nachricht*
la **mesure**	*Maß*
mesurer	*messen; groß sein*
la **météo(rologie)**	*Wettervorhersage*
le **métro**	*U-Bahn*
mettre	*setzen; legen; stellen*
se **mettre en colère**	*sich ärgern; wütend werden*
le **meuble**	*Möbel(stück)*
le/la **meurtrier, -ière**	*Mörder, -in*
le **micro-ondes**	*Mikrowelle*
midi	*Mittag*
le **miel**	*Honig*
mieux	*besser*
mijoter	*köcheln*
le **milieu**	*Mitte*

le **militaire**	*Wehrpflichtiger; Soldat*
mille	*tausend*
le **milliard**	*Milliarde*
le **millier**	*ungefähr tausend, ca. 1.000*
le **million**	*Million*
le/la **millionnaire**	*Millionär, -in*
mince	*schlank*
la **mine**	*Miene; Aussehen; Bergwerk*
minéral, -e	*mineral*
la **minijupe**	*Minirock*
le/la **Ministre de l'Intérieur**	*Innenminister, -in*
minuit	*Mitternacht*
la **minute**	*Minute*
le **miracle**	*Wunder*
le **miroir**	*Spiegel*
la **misère**	*Elend*
le **mobile**	*Motiv, Grund*
le **modèle**	*Modell; Stück*
moderne	*modern*
moi	*ich; mich; mir*
moindre	*geringste, -r, -s*
moins	*weniger*
le **mois**	*Monat*
le **moment**	*Moment*
le **monde**	*Welt; Leute*
le **monsieur**	*Mann; Herr*
la **montagne**	*Berg*
monter	*hineinsteigen; heraufgehen; zusammenbauen*
la **montre**	*Armbanduhr*
montrer	*zeigen*
le **monument**	*Denkmal*
se **moquer**	*sich lustig machen*
la **moquette**	*Teppichboden*
le **morceau**	*Stück; Biss*
la **mort**	*Tod*
mort, -e	*tot*
mortel, -lle	*tödlich*
le **mot**	*Wort*
le **moteur**	*Motor*
la **moto**	*Motorrad*
les **mots (mPl) croisés**	*Kreuzworträtsel*
moudre	*mahlen*
la **moule**	*Miesmuschel*
le **moulin**	*Mühle*
mourir	*sterben*
la **mousse**	*Schaum*
la **mousse au chocolat**	*Mousse au Chocolat*
la **moustache**	*Schnurrbart; Schnäuzer*
la **moutarde**	*Senf*
la **moyenne**	*Durchschnitt*
la **multitude**	*Menge*
le **mur**	*Mauer; Wand*
mûr, -e	*reif*
le **muscle**	*Muskel*
le **musée**	*Museum*
la **musique**	*Musik*
musulman, -e	*moslemisch*
la **mutuelle**	*Zusatzversicherung*

N

nager	*schwimmen*
naître	*geboren werden*
la **natation**	*Schwimmen*
la **nationale**	*Bundesstrasse*
la **nationalité**	*Staatsangehörigkeit*
la **nature**	*Natur*
naturel, -lle	*natürlich*
ne... pas	*nicht*
ne... plus	*nicht mehr*
nécessaire	*notwendig*
néerlandais, -e	*niederländisch*
la **neige**	*Schnee*
neiger	*schneien*
ne plus en pouvoir	*nicht mehr können*
le **nerf**	*Nerv*
ne tenir qu'à un fil	*nur an einem seidenen Faden hängen*
le **nettoyage**	*Reinigung*
nettoyer	*reinigen; putzen; sauber machen*
neuf	*neun*
neuf, neuve	*neu*
le **neveu**	*Neffe*
le **nez**	*Nase*
ni... ni	*weder ... noch*
la **nièce**	*Nichte*
les **noces (fPl)**	*Hochzeit*
nocif, -ive	*schädlich*
noir, -e	*schwarz*
le **nom**	*(Nach)name*
nombreux, -euse	*zahlreich*
non	*nein*
le **nord**	*Norden*
la **Norvège**	*Norwegen*
la **note**	*Note; Rechnung*
noter	*notieren*
(se) **nourrir**	*(sich) ernähren*
la **nourriture**	*Ernährung; Lebensmittel*
nouveau, -elle, -el	*neu*
le **nouveau-né**	*Neugeborene -r, -s*

le **Nouvel An**	*Neujahr*
les **nouvelles (fPl)**	*Nachrichten*
novembre	*November*
le **noyau**	*Kern, Stein*
le **nuage**	*Wolke*
nuageux, -euse	*wolkig*
la **nuit**	*Nacht*
le **numéro**	*Nummer*

O

l' **O.R.L. (m/f)**	*HNO-Arzt, HNO-Ärztin*
l' **objet (m)**	*Gegenstand*
obtenir	*bekommen; erhalten*
l' **occasion (f)**	*Gelegenheit*
occupé, -e	*beschäftigt*
s' **occuper**	*sich kümmern*
l' **océan (m)**	*Ozean*
octobre	*Oktober*
l' **œil (m)**	*Auge*
l' **œillet (m)**	*Nelke*
l' **œuf (m)**	*Ei*
l' **œuvre (f)**	*Werk*
officiel, -lle	*offiziell*
l' **offre (f) d'emploi**	*Stellenanzeige*
offrir	*schenken; anbieten*
l' **oignon (m)**	*Zwiebel*
l' **oiseau (m)**	*Vogel*
olive	*olivefarben*
l' **olive (f)**	*Olive*
olympique	*olympisch*
l' **omelette (f)**	*Omelett*
omettre	*auslassen*
l' **oncle (m)**	*Onkel*
opérer	*operieren*
l' **opposition (f)**	*Opposition*
optimiste	*optimistisch*
or	*aber*
l' **orage (m)**	*Gewitter*
oral, -e	*mündlich*
orange	*orange*
l' **orange (f)**	*Orange, Apfelsine*
l' **orangeade (f)**	*Orangengetränk*
l' **orchestre (m)**	*Orchester*
l' **ordinateur (m)**	*Computer*
ordonner	*befehlen*
l' **ordre (m)**	*Reihenfolge; Befehl*
l' **oreille (f)**	*Ohr*
l' **oreiller (m)**	*Kopfkissen*
organiser	*organisieren*
s' **orienter**	*sich orientieren*
l' **origine (f)**	*Herkunft*
l' **orteil (m)**	*Zeh*
ou	*oder*
où	*wo; wohin*
oublier	*vergessen*
oui	*ja*
l' **ouragan (m)**	*Orkan*
l' **outil (m)**	*Werkzeug*
ouvert, -e	*offen; geöffnet*
l' **ouvre-boîte (m)**	*Dosenöffner*
l' **ouvrier, -ière**	*Arbeiter, -in*
ouvrir	*öffnen; aufmachen*

P

la **page**	*Seite*
le **pain**	*Brot*
pâle	*blass, bleich*
le **palier**	*Zwischenstufe*
le **panier**	*Korb*
la **panne**	*Panne*
le **panneau**	*Schild*
le **pansement**	*Pflaster*
le **pantalon**	*Hose*
le **papier peint**	*Tapete*
les **papiers (mPl)**	*Papiere*
le **papillon**	*Schmetterling*
le **paquet**	*Paket, Päckchen*
par	*durch; per; pro*
paraître	*(er)scheinen*
le **parapluie**	*Regenschirm*
le **parc**	*Park*
parce que	*weil*
par cœur	*auswendig*
par conséquent	*also*
Pardon !	*Entschuldigung!*
les **parents (mPl)**	*Eltern*
parfois	*manchmal*
le **parfum**	*Parfüm; Duft*
la **parfumerie**	*Parfümerie*
parisien, -nne	*Pariser, aus Paris*
le **parking**	*Parkplatz*
le **parlement**	*Parlament*
parler	*sprechen, reden*
la **parole**	*Wort*
le **parquet**	*Parkett*
la **part**	*Stück*
partager	*teilen*
le **parti**	*Partei*
participer	*teilnehmen*
la **partie**	*Spiel*

	partir	*(weg)gehen; abreisen*
	pas du tout	*gar nicht, überhaupt nicht*
	pas grand-chose (ugs.)	*nicht viel*
le	**passeport**	*Reisepass*
	passer	*verbringen; vorbeigehen; reichen*
	passer à...	*zu ... übergehen*
	passer l'aspirateur	*staubsaugen*
	passif, -ive	*passiv*
la	**passoire**	*Sieb*
la	**pâte**	*Teig*
les	**pâtes (fPl)**	*Nudeln*
le/la	**patient, -e**	*Patient, -in*
la	**pâtisserie**	*Gebäck; Konditorei*
la	**patrie**	*Vaterland; Heimat*
la	**paupière**	*Augenlid*
	pauvre	*arm*
	payer	*(be)zahlen*
	payer en liquide	*bar (be)zahlen*
le	**pays**	*Land*
le	**paysage**	*Landschaft*
les	**Pays-Bas (mPl)**	*Niederlande*
le	**péage**	*Zahlstelle*
la	**peau**	*Haut*
la	**pêche**	*Pfirsich*
le/la	**pédiatre**	*Kinderarzt, -ärztin*
le	**peigne**	*Kamm*
	peindre	*malen; streichen*
la	**peinture**	*Malerei*
la	**pelle**	*Schaufel*
la	**pelouse**	*Rasen*
	pendant (que)	*während*
(se)	**pendre**	*(sich) aufhängen*
	pénible	*hart; anstrengend*
	penser	*denken*
la	**pension alimentaire**	*Alimente*
la	**perceuse**	*Bohrmaschine*
	perdre	*verlieren*
le	**père**	*Vater*
	perfectionner	*verfeinern; perfektionieren*
la	**perfusion**	*Infusion*
le	**Périgord**	*Périgord (Region)*
le	**périphérique**	*Ring*
la	**permanence**	*Sprechstunde*
	permettre	*erlauben*
le	**permis de conduire**	*Führerschein*
le	**perroquet**	*Papagei*
	personne	*niemand*
la	**personne**	*Person*
	peser	*wiegen*
	petit, -e	*klein*
le	**petit-déjeuner**	*Frühstück*
le	**pétrole**	*Erdöl*
la	**peur**	*Angst*
le	**phare**	*Scheinwerfer; Leuchtturm*
la	**pharmacie**	*Apotheke*
le/la	**pharmacien, -nne**	*Apotheker, -in*
la	**philosophie**	*Philosophie*
la	**photo**	*Foto*
le/la	**photographe**	*Fotograf, -in*
le/la	**photographie**	*Fotografie*
	photographier	*fotografieren*
la	**phrase**	*Satz*
la	**physique**	*Physik*
le	**piano**	*Klavier*
la	**pièce**	*Zimmer*
le	**pied**	*Fuß*
	pile	*genau*
le	**pilote**	*Pilot*
le	**pin**	*Pinie; Kiefer*
le	**ping-pong**	*Tischtennis*
la	**pipe**	*Pfeife*
le	**pique-nique**	*Picknick*
la	**piqûre**	*Spritze; Stich*
	pire	*schlimmer; schlechter*
la	**piscine**	*Schwimmbad*
la	**piscine couverte**	*Hallenbad*
la	**piste**	*Piste; Spur*
la	**pitié**	*Mitleid*
le	**placard**	*Schrank*
la	**place**	*Platz*
	placer	*anlegen; legen, stellen*
le	**plafond**	*Decke*
la	**plage**	*Strand*
la	**plaie**	*Wunde*
se	**plaindre**	*sich beschweren*
	plaire	*gefallen*
se	**plaire**	*Gefallen finden*
	plaisanter	*scherzen*
le	**plancher**	*Fußboden*
la	**plantation**	*Bepflanzung*
la	**plante**	*Pflanze*
	planter	*bepflanzen*
la	**plaque**	*(Herd)platte*
le	**plat**	*Gericht*
le	**plat principal**	*Hauptgericht*
le	**plâtre**	*Gips*
	plein, -e	*voll*
	pleurer	*weinen*
	pleuvoir	*regnen*
le	**plombier**	*Klempner*
	plonger	*tauchen*

la	**pluie**	*Regen*
la	**plupart**	*die meisten*
	plus	*mehr*
	plusieurs	*mehrere*
la	**poêle**	*Pfanne*
le	**poème**	*Gedicht*
le	**poids**	*Gewicht*
le	**poignet**	*Handgelenk*
le	**poil**	*(Körper)haar*
le	**poing**	*Faust*
le	**point**	*Punkt*
la	**pointure**	*Schuhgröße*
la	**poire**	*Birne*
le	**poisson**	*Fisch*
la	**poissonnerie**	*Fischgeschäft*
le	**poivre**	*Pfeffer*
le	**poivron**	*Paprika*
la	**police**	*Polizei*
la	**pollution**	*Verschmutzung*
la	**pomme**	*Apfel*
la	**pomme de terre**	*Kartoffel*
les	**pompiers (mPl)**	*Feuerwehr*
	ponctuel, -lle	*pünktlich*
le	**pont**	*Brücke*
	populaire	*Volks-*
la	**population**	*Bevölkerung*
le	**porc**	*Schwein*
le	**port**	*Hafen*
le	**portable**	*Handy*
la	**porte**	*Tür*
la	**porte d'entrée**	*Eingangstür*
le	**porte-manteau**	*Garderobe; Kleiderhaken*
	porter	*tragen*
le	**Portugal**	*Portugal*
	poser	*stellen; setzen; legen*
	possible	*möglich*
la	**poste**	*Post(amt)*
le	**poste**	*Stelle*
le	**pot**	*Topf; Glas*
le	**pou**	*Laus*
la	**poubelle**	*Mülleimer, Mülltonne*
le	**pouce**	*Daumen*
la	**poule**	*Henne*
le	**poulet**	*Hähnchen; Hühnchen*
le	**poumon**	*Lunge*
	pour	*für; um …*
	pour que	*um … zu; damit*
	pourquoi	*warum*
	pousser	*schieben; wachsen*
se	**pousser**	*zur Seite gehen*
la	**poussière**	*Staub*
	pouvoir	*können; dürfen*
	précis, -e	*genau*
	préférer	*bevorzugen*
	premier, -ière	*erste, -r, -s*
	prendre	*nehmen*
	prendre des photos	*Fotos machen*
	prendre du poids	*zunehmen*
	prendre un verre	*etwas trinken*
le	**prénom**	*Vorname*
	préparer	*vorbereiten; zubereiten*
	près de	*in der Nähe von*
	prescrire	*verschreiben*
	présenter	*vorstellen*
se	**présenter**	*sich vorstellen*
le/la	**président, -e**	*Präsident, -in*
le	**pressing**	*Reinigung*
	prêt, -e	*bereit*
	prétendre	*behaupten*
	prêter	*(aus)leihen*
	prévenir	*warnen*
	prier	*bitten; beten*
le	**prince, princesse**	*Prinz, Prinzessin*
le	**printemps**	*Frühling, Frühjahr*
	privé, -e	*privat*
le	**prix**	*Preis*
le	**problème**	*Problem; Textaufgabe*
le	**procès**	*Prozess*
	prochain, -e	*nächste, -r, -s*
la	**production**	*Produktion*
le	**produit**	*Produkt*
les	**produits (mPl) laitiers**	*Milchprodukte*
le/la	**professeur**	*Lehrer, -in*
	professionnel, -lle	*beruflich*
	profond, -e	*tief*
la	**profondeur**	*Tiefe*
le	**projet**	*Projekt*
	prolonger	*verlängern*
la	**promenade**	*Spaziergang*
se	**promener**	*spazieren gehen*
	promettre	*versprechen*
	proposer	*vorschlagen*
	propre	*sauber*
la	**propreté**	*Sauberkeit*
le/la	**propriétaire**	*Besitzer, -in*
	protéger	*(be)schützen*
	protester	*protestieren*
la	**province**	*Provinz*
le	**proviseur**	*Schulleiter*
les	**provisions (fPl)**	*Vorräte; Proviant*
	prudemment	*vorsichtig*

prudent, -e	*vorsichtig*
la **prune**	*Pflaume*
public, publique	*öffentlich*
la **publicité**	*Werbung*
puis	*dann*
puisque	*da*
le **puits**	*Brunnen*
le **pull**	*Pulli*
punir	*bestrafen*
pur, -e	*rein*

Q

le **quai**	*Gleis; Kai*
qualifié, -e	*spezialisiert*
la **qualité**	*Qualität*
quand	*als; wenn; wann*
quand même	*trotzdem*
la **quantité**	*Menge*
le **quart**	*Viertel*
le **quartier**	*Viertel*
quatre	*vier*
quatre à quatre	*zwei Stufen auf einmal*
que / qu'	*dass; als; wie; was*
quelqu'un	*jemand*
quelque chose	*etwas*
quelquefois	*manchmal*
quelques	*einige, ein paar*
la **question**	*Frage*
qui	*wer; wen; wem*
la **quiche**	*Quiche*
quitter	*verlassen*
quoique	*obwohl*

R

raccrocher	*auflegen*
raconter	*erzählen*
radieux, -euse	*strahlend*
la **radio**	*Rundfunk; Radio*
raffoler de	*lieben*
la **raison**	*Grund*
ralentir	*bremsen; langsamer werden*
ramasser	*aufheben; sammeln*
la **randonnée**	*Wanderung*
le **rang**	*Reihe*
ranger	*aufräumen*
rapide	*schnell*
se **rappeler**	*sich erinnern (an)*
se **raser**	*sich rasieren*
le **rasoir**	*Rasierapparat*
le **râteau**	*Harke*
rater	*verpassen; durchfallen*
les **raviolis (mPl)**	*Ravioli*
récemment	*kürzlich*
récent, -e	*aktuell; neulich*
la **recette**	*Rezept*
recevoir	*bekommen; empfangen*
la **recherche**	*Forschung*
le **récipient**	*Behälter*
récolter	*ernten*
recommander	*empfehlen*
récompenser	*prämieren; ehren*
reconnaître	*erkennen*
redoubler	*sitzen bleiben*
refaire	*noch einmal machen*
réfléchir	*überlegen; nachdenken*
le **réfrigérateur**	*Kühlschrank*
refuser	*ablehnen*
regarder	*ansehen; sich anschauen*
la **régate**	*Regatta*
la **région**	*Region; Gegend*
la **règle**	*Lineal*
regretter	*bedauern*
régulier, -ière	*regelmäßig*
régulièrement	*regelmäßig*
le **rein**	*Niere*
rejoindre	*treffen auf*
la **relation**	*Beziehung*
se **relaxer**	*sich entspannen*
remercier	*(be)danken*
remettre en ques-tion	*infrage stellen*
la **remorque**	*Anhänger*
remplir	*ausfüllen*
remporter la victoire	*gewinnen; den Sieg erringen*
(se) **rencontrer**	*(sich) treffen*
le **rendez-vous**	*Termin; Treffen*
rendre	*zurückgeben*
se **rendre**	*sich begeben*
le **renseignement**	*Auskunft*
se **renseigner**	*sich erkundigen*
la **rentrée (scolaire)**	*Schulanfang*
rentrer	*zurückgehen; heimkehren; hineinfahren*
renvoyer	*herauswerfen; zurückschi-cken*
réparer	*reparieren*
le **repas**	*Mahlzeit*
répéter	*wiederholen*
le **répondeur**	*Anrufbeantworter*
répondre	*antworten*

la **réponse**	*Antwort*
le/la **reporter**	*Reporter, -in*
se **reposer**	*sich erholen*
reprendre	*wieder aufnehmen*
représenter	*vertreten*
réserver	*reservieren*
la **résistance**	*Widerstand*
résoudre	*lösen*
ressembler	*ähneln*
le **restaurant**	*Restaurant; Gaststätte*
rester	*bleiben; übrig bleiben*
le **résultat**	*Ergebnis*
résulter	*resultieren*
le **résumé**	*Zusammenfassung*
le **rétablissement**	*Genesung*
le **retard**	*Verspätung*
la **retraite**	*Rente; Pension*
se **retrouver**	*sich treffen*
la **réunion**	*Versammlung; Meeting; Besprechung*
réussir	*(es) schaffen; gelingen*
le **rêve**	*Traum*
le **réveil**	*Wecker*
se **réveiller**	*aufwachen*
le **revenu**	*Einkommen*
rêver	*träumen*
revoir	*wiedersehen*
le **rez-de-chaussée**	*Erdgeschoss*
le **Rhône**	*Rhone*
le **rhum**	*Rum*
le **rhume**	*Erkältung*
riche	*reich*
le **rideau**	*Gardine, Vorhang*
rien	*nichts*
la **rime**	*Reim*
rire	*lachen*
le **riz**	*Reis*
la **robe**	*Kleid*
le **robinet**	*Wasserhahn*
le **roman**	*Roman*
le **rond**	*Kreis*
la **rondelle**	*runde Scheibe*
le **rond-point**	*Kreisverkehr*
ronronner	*schnurren*
rose	*rosa*
la **rose**	*Rose*
rosé	*rosé*
le **rôti**	*Braten*
la **roue**	*Rad*
la **roue de secours**	*Ersatzrad*
rouge	*rot*
la **rougeole**	*Masern*
le **rouleau**	*Rolle*
rouler	*fahren*
la **route**	*Straße*
roux, rousse	*rothaarig*
la **rue**	*Straße*
rusé, -e	*schlau*
la **Russie**	*Russland*

S

s'il te/vous plaît	*bitte*
le **sable**	*Sand*
le **sac**	*Tasche*
le **sac à dos**	*Rucksack*
saisir	*(er)greifen, begreifen*
la **saison**	*Jahreszeit*
saisonnier, -ière	*saisonal; jahreszeitlich*
la **salade**	*Salat*
le **saladier**	*Schüssel*
le **salaire**	*Lohn*
le **salami**	*Salami*
la **salle**	*Saal; Raum*
la **salle d'attente**	*Wartezimmer*
la **salle de bains**	*Badezimmer*
la **salle de séjour**	*Wohnzimmer*
le **salon**	*Couchecke*
le **salon de thé**	*Konditorei; Café*
saluer	*begrüßen*
Salut !	*Hallo!; Tschüss!*
le **sang**	*Blut*
sans	*ohne*
sans arrêt	*ununterbrochen; ständig*
sans que	*ohne dass*
la **santé**	*Gesundheit*
le **sapin**	*Tannenbaum; Tanne*
satisfait, -e	*zufrieden*
la **sauce**	*Soße*
la **saucisse**	*Würstchen*
sauter	*springen*
savoir	*wissen; können*
le **savoir**	*Wissen*
le **savon**	*Seife*
le **scanner**	*Computertomograf*
la **scène**	*Bühne; Szene*
la **scie**	*Säge*
la **science**	*Wissenschaft*
scolariser	*einschulen*
le **scotch®**	*Tesafilm®*
se mettre en rangs	*sich in Reihen aufstellen*
sec, sèche	*trocken*

second, -e	*zweite, -r, -s*
le **secret**	*Geheimnis*
le/la **secrétaire**	*Sekretär,-in*
la **sécurité**	*Sicherheit*
le **séjour**	*Aufenthalt*
le **sel**	*Salz*
le **self-service**	*Selbstbedienungsrestaurant*
la **semaine**	*Woche*
sembler	*scheinen*
le **Sénégal**	*Senegal*
le **sens**	*Richtung*
le **sentier**	*Pfad*
sentir	*fühlen; riechen*
se **sentir**	*sich fühlen*
séparé, e	*getrennt*
sept	*sieben*
septembre	*September*
sérieux, -euse	*ernst*
la **serpillière**	*Scheuertuch*
le/la **serveur, -euse**	*Kellner, -in*
le **service**	*Abteilung; Bedienung*
le **service de dépannage**	*Pannendienst*
la **serviette**	*Handtuch; Serviette*
se **servir**	*sich bedienen; benutzen*
seul, -e	*einzige, -r, -s; allein*
seulement	*nur*
sévère	*streng*
le **shampoing**	*Shampoo*
le **shopping**	*Shopping*
si	*doch; wenn*
si... que	*so ..., dass*
le **siècle**	*Jahrhundert*
le **signe**	*Zeichen*
signer	*unterschreiben; unterzeichnen*
s'il te plaît	*bitte (wenn man sich duzt)*
s'il vous plaît	*bitte (wenn man sich siezt)*
silencieusement	*leise*
silencieux, -euse	*still*
le **singe**	*Affe*
six	*sechs*
le **ski**	*Ski*
social, -e	*sozial; gesellschaftlich*
la **société**	*Gesellschaft; Firma*
la **sœur**	*Schwester*
la **soif**	*Durst*
soigner	*behandeln*
le **soir**	*Abend*
la **soirée**	*Abend*
le **sol**	*Boden*
le **soldat**	*Soldat*
les **soldes (fPl)**	*Schlussverkauf*
le **soleil**	*Sonne*
la **solitude**	*Einsamkeit*
sombre	*dunkel*
la **somme**	*Summe*
le **sommeil**	*Schlaf*
le **sommet**	*Gipfel*
son / sa / ses	*sein / seine / ihr / ihre*
la **sorte**	*Sorte; Art*
les **sorties (fPl)**	*Ausgehen*
sortir	*ausgehen; herausgehen; herausziehen*
le **souci**	*Sorge*
soudain	*plötzlich*
souhaiter	*wünschen*
soulagé, -e	*erleichtert*
la **soupe**	*Suppe*
le **sourcil**	*Augenbraue*
la **souris**	*Maus*
sous	*unter*
sous-développé, -e	*unterentwickelt*
le **sous-sol**	*Untergeschoss*
se **souvenir**	*sich erinnern*
souvent	*oft*
la **spécialité**	*Spezialität*
le **spectacle**	*Show; Veranstaltung*
le/la **spectateur, -trice**	*Zuschauer, -in*
le **sport**	*Sport*
sportif, -ive	*sportlich*
le **squelette**	*Skelett*
le **stade**	*Stadion*
le **stage**	*Praktikum*
la **station de métro**	*U-Bahn-Station*
la **station-service**	*Tankstelle*
la **station thermale**	*Kurort*
le **steak**	*Steak*
stressé, e	*gestresst*
le **studio**	*Studio; Ein-Zimmer-Wohnung*
stupide	*dumm*
le **stylo**	*Kuli, Kugelschreiber*
la **sucette**	*Lutscher; Lolli*
le **sucre**	*Zucker*
sucré, -e	*zuckerhaltig; süß*
la **Suisse**	*Schweiz*
la **suite**	*Folge*
suivre	*folgen*
le **sujet**	*Thema*
super	*super*
la **superficie**	*Fläche*
superficiel, -lle	*oberflächlich*
le **supermarché**	*Supermarkt*

supplémentaire	*zusätzlich*
sur	*auf*
sûr, -e	*sicher*
surprendre	*überraschen*
surpris, -e	*überrascht*
la **surprise**	*Überraschung*
surtout	*vor allem; hauptsächlich*
le/la **surveillant, -e**	*Aufsicht*
surveiller	*bewachen*
le **suspect**	*Verdächtige, -r*
sympa (ugs.)	*nett; sympathisch*
sympathique	*nett; sympathisch*
le **syndicat**	*Gewerkschaft*
synthétique	*synthetisch; aus Kunststoff*
le **système**	*System*

T

le **tabac**	*Tabak*
la **table**	*Tisch*
le **tableau**	*Bild; Tafel*
la **tablette de chocolat**	*Schokoladentafel*
la **tache**	*Fleck*
la **taille**	*Größe*
le **taille-crayon**	*Anspitzer*
tailler	*schneiden*
se **taire**	*schweigen*
le **talon**	*Ferse*
tant que	*solange*
la **tante**	*Tante*
taper	*hauen; klopfen*
taper à la machine	*tippen*
le **tapis**	*Teppich; Matte*
tard	*spät*
tarder	*sich verspäten*
la **tartine**	*Brotscheibe*
la **tasse**	*Tasse*
le/la **technicien, -nne**	*Techniker, -in*
la **technique**	*Technik*
la **télé(vision)**	*Fernseher; Fernsehen*
la **télécommande**	*Fernbedienung*
téléphoner	*telefonieren*
tellement	*soviel; so sehr*
le **témoin**	*Zeuge/Zeugin*
la **tempête**	*Sturm*
temporaire	*vorläufig*
le **temps**	*Zeit; Wetter*
tendre	*reichen; geben*
la **tente**	*Zelt*
terminer	*beenden*
le **terrain**	*Grundstück*
la **terre**	*Erde*
terrible	*schrecklich*
terroriste	*terroristisch*
la **tête**	*Kopf*
le **texte**	*Text*
le **T.G.V. (train à grande vitesse)**	*≈ ICE*
le **thé**	*schwarzer Tee*
le **théâtre**	*Theater*
le **thym**	*Thymian*
le **tigre**	*Tiger*
le **tilleul**	*Linde*
le **timbre**	*Briefmarke*
timide	*schüchtern*
le **tire-bouchon**	*Korkenzieher*
tirer	*ziehen*
le **tiroir**	*Schublade*
la **tisane**	*Kräutertee*
le **tissu**	*Stoff*
le **titre**	*Titel*
la **toile de tente**	*Zelt*
les **toilettes (fPl)**	*Toilette, WC*
le **toit**	*Dach*
la **tomate**	*Tomate*
tomber	*fallen*
tondre	*mähen*
la **tonne**	*Tonne*
tôt	*früh*
toucher	*berühren; anfassen*
toujours	*immer (noch)*
le **tour**	*Spaziergang; Streich*
la **tour**	*Turm*
le **tour du monde**	*Weltreise*
la **tour Eiffel**	*Eiffelturm*
le/la **touriste**	*Tourist, -in*
tourner	*abbiegen*
se **tourner**	*sich drehen; sich wenden*
le **tournesol**	*Sonnenblume*
le **tournevis**	*Schraubenzieher*
le **tournoi**	*Turnier*
tous les...	*alle ...*
tout	*alles; ganz*
tout de suite	*gleich, sofort*
le **tracteur**	*Traktor*
le **train**	*Zug*
le **trajet**	*Strecke; Fahrt*
le **tramway**	*Straßenbahn*
la **tranche**	*Scheibe; Schnitte*
tranquille	*ruhig*
transmettre	*übermitteln*
transporter	*transportieren*

le **travail**	*Arbeit*
travailler	*arbeiten*
travailler au noir	*schwarzarbeiten*
le/la **travailleur, -euse**	*Arbeiter, -in*
les **travaux (mPl)**	*Bauarbeiten*
traverser	*überqueren*
très	*sehr*
le **tribunal**	*Gericht*
le **trimestre**	*Trimester*
triste	*traurig*
trois	*drei*
troisième	*dritte, -r, -s*
se **tromper**	*sich irren; sich vertun*
trompeur, -euse	*irreführend*
trop	*zu; zu viel; zu sehr*
le **trou**	*Loch*
le **troupeau**	*Herde*
la **trousse**	*Federmäppchen*
trouver	*finden*
se **trouver**	*sich befinden*
la **truite**	*Forelle*
la **truite meunière**	*Forelle (nach) Müllerinart*
tuer	*umbringen; töten*
se **tuer**	*sich umbringen; umkommen*
la **tulipe**	*Tulpe*
tutoyer	*duzen*
le **tuyau**	*Rohr*

U

un, une	*eins; ein/eine*
l' **unanimité (f)**	*Mehrheit*
une fois que	*als; wenn*
l' **université (f)**	*Universität*
un peu	*ein wenig; ein bisschen*
les **urgences (fPl)**	*Notaufnahme*
l' **usine (f)**	*Fabrik*
utiliser	*verwenden; benutzen*

V

les **vacances (fPl) (scolaires)**	*(Schul)ferien*
vacciner	*impfen*
la **vache**	*Kuh*
le **vainqueur**	*Sieger, -in*
la **vaisselle**	*Geschirr*
la **valise**	*Koffer*
valoir mieux	*besser sein*
la **vanille**	*Vanille*
la **vapeur**	*Dampf*
les **variétés (fPl)**	*Schlagermusik*
le **vase**	*Vase*
le/la **végétarien, -nne**	*Vegetarier, -in*
la **veille**	*Vortag*
veiller	*achten*
le **vélo**	*Fahrrad*
le **velours**	*Samt*
le/la **vendeur, -euse**	*Verkäufer, -in*
vendre	*verkaufen*
vendredi	*Freitag*
venir	*kommen*
le **ventre**	*Bauch*
le **verglas**	*Glatteis*
la **vérité**	*Wahrheit*
le **vernis à ongles**	*Nagellack*
le **verre**	*Glas*
vers	*in Richtung; gegen*
verser	*(be)gießen*
vert, -e	*grün*
vert foncé	*dunkelgrün*
la **veste**	*Jacke*
le **vêtement**	*Kleidungsstück*
veuf, veuve	*verwitwet*
vexé, -e	*beleidigt*
la **viande**	*Fleisch*
la **victime**	*Opfer*
la **victoire**	*Sieg*
vide	*leer*
la **vie**	*Leben*
les **viennoiseries (fPl)**	*Feingebäck*
vieux, vieille, vieil	*alt*
le **vignoble**	*Weinberg*
la **villa**	*Villa*
le **village**	*Dorf*
la **ville**	*Stadt*
le **vin**	*Wein*
le **vinaigre**	*Essig*
la **violence**	*Gewalt*
le **violoncelle**	*Cello*
le **virage**	*Kurve*
la **vis**	*Schraube*
le **visage**	*Gesicht*
la **visite**	*Besuch; Besichtigung*
visiter	*besuchen; besichtigen*
vite	*schnell*
la **vitesse**	*Geschwindigkeit*
le/la **viticulteur, -trice**	*Winzer, -in*
la **vitre**	*Fensterscheibe*
vivre	*leben*
le **vœu**	*Glückwunsch*
voici	*hier ist*

la **voie rapide**	*Schnellstraße*
la **voile**	*Segel*
(se) **voir**	*(sich) sehen*
le/la **voisin, -e**	*Nachbar, -in*
la **voiture**	*Auto*
la **voiture de location**	*Mietwagen*
la **voix**	*Stimme*
le **vol**	*Flug*
le **volant**	*Lenkrad*
voler	*stehlen; fliegen*
le **volet**	*Fensterladen*
le/la **voleur, -euse**	*Dieb, -in*
le **volley(-ball)**	*Volleyball*
volontiers	*gern*
le **volume**	*Volumen*
les **Vosges (fPl)**	*Vogesen*
voter	*abstimmen; verabschieden*
vouloir	*wollen; mögen*
le **voyage**	*Reise*
le **voyage de noces**	*Hochzeitsreise*
vrai, -e	*wahr; echt*
vraiment	*wirklich; echt*
la **vue sur**	*...-Blick auf*
vu que	*da*

Y

y pouvoir qc	*etw. dafürkönnen*
le **yacht**	*Yacht*
les **yeux (mPl)**	*Augen*

Z

la **zone piétonnière**	*Fußgängerzone*

Shutterstock, New York:
18.1 holbox; **18.2** Africa Studio; **18.5** Chrislofoto; **18.6** paul prescott; **33.3, 152.3** Ioannis Pantzi; **33.4** Brasiliao; **38.2** Valeriy Velikov; **38.6** Deklofenak; **45.3** Kenishirotie; **45.4** olly; **65.2** stocknadia; **65.3** Sunny studio - Igor Yaruta; **65.4** Irina Magrelo; **128.1** Niv Koren; **128.2** aaron stein; **128.3** cybervelvet; **148.1** Golden Pixels LLC; **152.2** Goodluz; **152.4** Forewer; **156.4** ARENA Creative; **157.2** Iakov Filimonov; **159.3** Zastolskiy Victor; **166.4** jannoon028; **167.2** sergign; **167.3** Garsya; **167.4** agorulko; **170.1** Jiri Hera; **179.1** Elena Elisseeva; **179.4** Ronen; **184.4** luckyraccoon; **192.1** TaniaZbrodko; **192.2** Kuttelvaserova; **192.3** Valua Vitaly; **192.4** Kurhan; **196.1** Yuri Arcurs; **196.2** Blaj Gabriel; **220.1** Bomshtein; **220.2** tale; **220.3** Karina Bakalyan; **220.4** mimo; **225.1** tovovan; **225.2** JetKat; **233.1** AVAVA; **236.1** Vaclav Volrab; **236.2** Tatiana Grozetskaya; **254.5** Antonio Guillem; **258.1** Elnur; **272.2** „robert paul van beets"; **272.6** Brasiliao; **276.4** ILYA AKINSHIN; **276.6** dusan964; **276.7** Ziga Camernik;
Fotolia, New York:
18.4 jerome signoret; **33.2** Robert Kneschke; **38.1** lunamarina; **38.3** Noam; **38.4** Alexander Raths; **38.5** Konstantin Yuganov; **55.3** liliya kulianionak; **55.4** HLPhoto; **64.1** Ignatius Wooster; **64.2** Mehmet Dilsiz; **64.3** gourmecana; **65.1** Uros Petrovic; **84.2** Robert Kneschke; **85.3** Ackley Road Photos; **85.4** MNStudio; **123.1** Andrzej Tokarski; **123.2** TrudiDesign; **123.3** alain wacquier; **123.4** Olga Struk; **123.5** Palindra; **123.6** Vely; **128.4** Fabian Petzold; **156.1** kosheen; **156.2** victor zastol'skiy; **156.3** Ignatius Wooster; **157.1** Alena Yakusheva; **157.3** MARK BOND; **159.1** Joe Gough; **159.2** science photo; **166.1** Andrey Sheldunov; **166.2** Vladislav Gajic; **170.2** Brad Pict; **174.2** Leonid Nyshko; **174.4** Denis Dryashkin; **176.3** Marius Graf; **179.2** MurielleD; **179.3** JIM RYCE; **184.2** william87; **184.3** Sandra Neumann; **187.3** Monkey Business; **198.2** drubig-photo; **198.3** drubig-photo; **205.1** claireliz; **205.2** zmkstudio; **205.3** PANORAMO; **205.4** Tomasz Trojanowski; **211.1** mangostock; **211.2** Leah-Anne Thompson; **232.1** starush; **232.2** Frog 974; **233.2** philipus; **233.3** HappyAlex; **233.4** laurent davaine; **236.3** Caroll; **236.5** Dreadlock; **236.6** david hughes; **248.1** pass; **249.1** O.M.; **249.2** Nataliya Hora; **254.1** M.studio; **254.2** Leonid Andronov; **254.3** neirfy; **254.4** FotoFrank; **258.2** Aaron Amat; **258.3** Philippe Devanne; **258.5** jamiga images; **262.1** Michael00001; **262.2** Michael00001; **262.3** Michael00001; **272.1** 1stGallery; **272.3** Calek; **272.5** pixelplot; **276.1** lightpoet; **276.2** kyslynskyy; **276.3** Anatolii; **276.5** Eric Isselée **276.8** photostile
iStockphoto, Calgary, Alberta:
33.1 manuel velasco; **45.1** oversnap; **45.2** Andrew Howe; **55.1** Zolnerovichs; **64.4** michele princigalli; **85.1** Edward Bock; **148.2** MomTo3Girls3Boys; **152.1** shae cardenas; **157.4** Tobias Keckel; **159.4** pederk; **167.1** Simon Moran; **170.3** kikabisogno; **170.4** Mark Gillow; **174.1** Paul Johnson; **174.3** Olga Shelego; **176.1** Andrea Leone; **176.2** Donald Gruener; **176.4** mediaphotos; **184.1** LF; **187.2** istockphoto.com; **198.1** clearstockconcepts; **198.4** sinan isik; **211.3** dra_schwartz; **224.1** Tommydickson; **224.2** himalaja; **236.4** omy2; **248.2** amit erez; **258.4** Rafal Zdeb; **18.3, 84.1** Peter Petto
Thinkstock, München:
55.2 Hemera; **85.2** Comstock Images; **166.3** Hemera; **187.1** LuminaStock; **272.4** Hemera
PONS Archiv, Stuttgart:
258.6